Geschichte der

PHILOSOPHIE

Von der Antike bis zu den großen Denkern unserer Zeit

tosa

Geschichte der PHILOSOPHIE

Anne Rooney

Von der Antike bis zu den großen Denkern unserer Zeit

Erstveröffentlichung unter dem Titel:
„The Story of Philosophy"

Genehmigte Lizenzausgabe
tosa GmbH
Industriestraße 19
64407 Fränkisch-Crumbach 2016
www.tosa-verlag.de

ISBN 978-3-86313-221-7

Übersetzung: Elisabeth Liebl

Bildnachweis

The Bridgeman Art Library: 18 (Giraudon), 31 (Glasgow University Library, Scotland), 33, left (Private Collection), 41 (Derby Museum and Art Gallery, UK), 59 (Yale Center for British Art, Paul Mellon Collection, USA), 62 (Petworth House, Sussex, UK/National Trust Photographic Library/ John Hammond), 66 (Hamburger Kunsthalle, Hamburg, Germany), 79 (Private Collection/photo © Christie's Images), 92 (Private Collection)

Corbis: 10 (Monique Jacques), 22 (adoc-photos), 38 (Sylvain Sonnet), 68 (Bettmann), 72 (Bettmann), 76 (Bettmann), 91 (Heritage Images), 98 (Bettmann), 111 (Bettmann), 115 (Cat's Collection), 165 (Stephanie Colasanti), 166 (Alfredo Dagli Orti/The Art Archive), 169 (Silvia Morara), 171 (The Gallery Collection), 176 (Stapleton Collection), 178 (Michael Nicholson), 179 (Stefano Bianchetti), 185 (Christel Gerstenberg), 190 (Kevin Carter/Sygma), 192, unten (Bettmann), 195 (Peter Turnley), 196 (Thierry Orban/Sygma)

Mary Evans Picture Library: 146, 148 (BILL), 150 (English Heritage), 153 (SPR), 186 (Peter Higginbotham Collection)

Getty Images: 65 (Hayley Madden/Redferns), 77 (Oli Scarff), 151, 194 (2011 Sven Loach)

Kobal Collection: 12 (Paramount/Melinda Sue Gordon), 17 (Prana-Film), 56 (Polygram/Universal), 81 (20th Century Fox/Digital Domain), 100 (Warner Bros)

NASA: 14–15, 109

Science Photo Library: 105 (Mehau Kulyk)

Shutterstock: 147 (Angel Simon), 2–3 (Ase + Berkomaster), 152 (Denis Klimov), 56 (Everett Historical), 103 (PIMPUN TAWAKOON), 177 (Spirit of America), 178, oben, 198 (Portokalis), 200 (Clive Chilvers), 205 (SeanPavonePhoto)

TopFoto: 125 (ullstein bild), 189, oben (Socialstock)

Inhalt

Philosophieren heißt einfach nur nachdenken. Jeder kann das. Und Sie müssen sich dafür nicht mal extra einkleiden …

Das **HINTERFRAGTE** Leben

„Was mir eigentlich fehlt, ist, dass ich mit mir selbst ins Reine darüber komme, was ich tun soll, nicht darüber, was ich erkennen soll [...] Es gilt, eine Wahrheit zu finden, die Wahrheit für mich ist, die Idee zu finden, für die ich leben und sterben will.“

Søren Kierkegaard,
Tagebücher

„Ein nicht hinterfragtes Leben ist nicht wert, gelebt zu werden.“

Platon (ca. 427 – 347 v. Chr.)

„Ich zweifle, also denke ich, also bin ich.“

René Descartes,
Abhandlung über die Methode, 1637

Die Geschichte der Philosophie beginnt im 6. Jahrhundert v. Chr. im alten Griechenland.

Die „Wahrheit zu finden, die für mich wahr ist“: Darum geht es in der Philosophie. Sie ist keine elitäre, abgehobene Beschäftigung für Leute, die in ihrem Elfenbeinturm sitzen und zu viel Zeit haben. Sie ist vielmehr ein Werkzeug, das dem Menschen ermöglicht, für sich herauszufinden, wie er sein Leben führen will, wie er dem Leid begegnet, wie er die Welt deutet und wie er mit seinen Mitmenschen umgeht.

In der Philosophie stellen wir Fragen – und zwar die ganz großen Fragen: „Was ist die Wirklichkeit?“ „Gibt es Gott?“ „Wie können wir wissen, ob etwas wahr ist?“ „Bedeutet ‚richtig‘ und ‚falsch‘ für alle überall und zu allen Zeiten dasselbe?“

Die alten Griechen glaubten ebenso fest an die Existenz ihrer Götter wie moderne Christen, Juden, Muslime oder Hindus.

Spielt das denn eine Rolle?

Nun sagen Sie vielleicht, dass Sie mit Ihrem Leben klarkommen, auch ohne sich darüber Gedanken zu machen, wie die Wirklichkeit beschaffen ist. Trotzdem werden Sie immer wieder über philosophische Fragen stolpern, wie sie sich jedem denkenden Menschen im praktischen Leben stellen:

- Haben Tiere Rechte?
- Sollen wir unheilbar Kranken erlauben, selbst zu bestimmen, wann sie sterben wollen?
- Soll man einen Menschen bestrafen, der straffällig wurde, weil er sozial benachteiligt ist?
- Spielt es eine Rolle, ob Sie bei der Steuer schummeln?
- Hat ein Mensch das Recht, etwas zu sagen, das andere verletzt?

Die Philosophie gibt uns einen Rahmen und Methoden, um Antworten auf solche Fragen zu suchen.

Fragen stellen

In diesem Buch geht es um Fragen wie die obigen und verschiedene Ansätze zu einer Antwort, die im Laufe der 2500-jährigen Geschichte der abendländischen Philosophie formuliert wurden. Es liegt in der Natur philosophischer Fragestellungen, dass sie sich nicht mit einem schlichten richtig oder „wahr“ beantworten lassen. Sie zu beantworten ist eine Aufgabe, die einige Schwierigkeiten aufweist, nicht zuletzt deswegen, weil die Philosophen sich nicht einig sind, was „Wahrheit“ ist und was es bedeutet, etwas zu „wissen“. Sie sind nicht einmal über den Stellenwert der Worte einig, in die wir unsere Fragen und Antworten fassen.

Wenn wir über die tieferen Fragen sprechen, die uns ermöglichen, die „Idee zu finden, für die ich leben und sterben will“, führen wir eine Diskussion fort, die in Griechenland mit Sokrates (470–399 v. Chr.) begann und vermutlich niemals enden wird. Im Laufe der Zeit freilich verändert sich unsere Lebenswelt und damit auch die Grundlagen dieser Diskussion. Doch obwohl unsere heutige Welt sich stark von der des Sokrates unterscheidet, die Fragen, die wir uns stellen, sind weitgehend die gleichen. Wir streben immer noch danach, ein tugendhaftes Leben zu führen, fragen uns, ob es einen Gott gibt, und möchten erkennen, wie unsere Welt beschaffen ist. Wissenschaftlicher Fortschritt, der Kontakt mit anderen Kulturen und gesellschaftlicher Wandel haben der Diskussion jedoch mittlerweile eine andere Richtung gegeben.

Eine verzwickte Sache

„Nichts ist.

Wäre etwas, so könnten wir darüber nichts wissen.

Wüssten wir es, so könnten wir es nicht sagen."

Diese düstere Sicht der menschlichen Existenz, die der antike griechische Philosoph Gorgias (ca. 483–375 v. Chr.) vertritt, scheint jedes Philosophieren zu einem ebenso frucht- wie hoffnungslosen Unterfangen zu machen. Doch es ist immerhin ein Ausgangspunkt. 2000 Jahre später bemühte sich der französische Philosoph René Descartes zu bestimmen, was existiert, sofern etwas existiert, und wie wir darüber Gewissheit erlangen können. Bevor wir uns ansehen, wie Philosophen sich der Frage nach der Existenz nähern, werden wir uns damit befassen, was wir unter „Sein" und „Wissen" zu verstehen haben. Beide Begriffe sind untrennbar miteinander verknüpft, auch wenn wir sie im Folgenden getrennt behandeln.

Sein und Wissen

Was, glauben Sie, existiert:

- Sie selbst?
- Der Mensch, mit dem Sie zuletzt gesprochen haben?
- Die Kleidung, die Sie tragen?

Wenn Sie Ihren Sinnen und Ihrem Gedächtnis vertrauen und glauben, dass ein Objekt nicht aufhört zu existieren, nur weil Sie es nicht mehr sehen, dann glauben Sie sicher auch, dass die obigen Dinge existieren.

Doch selbst jemand, der sich solche Fragen gewöhnlich nicht stellt, kann sich der Existenz einiger Dinge nicht vollkommen sicher sein. Die folgenden Dinge haben Sie vermutlich noch nie gesehen. Was existiert Ihrer Meinung nach:

- Narwale?
- Atome?
- Yetis?
- Gott?
- Feen?

Die meisten Menschen glauben, was aus Quellen stammt, denen sie Autorität zubilligen. Wahrscheinlich bezweifeln Sie nicht, dass ich existiere, denn dieses Buch muss ja jemand geschrieben haben, und wenn es nicht das „Ich" ist, dessen Name auf dem Umschlag steht, dann eben ein anderes „Ich".

Selbst wenn Sie noch keinen Narwal gesehen haben, viele andere haben das – außerdem können Sie sich auf YouTube Videos der Tiere anschauen oder Bücher über sie lesen. Es wäre schon eine enorme verschwörerische Energie nötig, um

PHILOSOPHEN IM FOKUS

Der griechische Philosoph Aristoteles (384 – 322 v. Chr.) würde sagen, dass wir mit Sicherheit genügend Beweise haben, um uns darauf zu einigen, dass Narwale existieren.

Der anglo-irische Philosoph George Berkeley (1685 – 1753) würde uns entgegenhalten, dass selbst einen Narwal mit eigenen Augen zu sehen, kein unwiderlegbarer Beweis für dessen Existenz ist.

Narwale zu erfinden und die Täuschung über Jahrhunderte aufrechtzuerhalten. Für die Wale ist es eindeutig leichter zu existieren, als nicht zu existieren (was aber noch kein Beweis für ihre Existenz ist).

Die meisten Menschen glauben ja, dass uns die etablierten Wissenschaften eine exakte Beschreibung der Welt liefern. Keiner von uns hat je Atome gesehen, doch gibt es zahlreiche Anzeichen, die für ihre Existenz sprechen, und alles zusammen ergibt ein sinnvolles Bild.

Nun gibt es Anzeichen, welche möglicherweise die Existenz von Yetis beweisen, doch diese Anzeichen wurden vielleicht falsch interpretiert. Niemand hat bisher zweifelsfrei einen Yeti gesichtet. Wenn es Yetis gibt, müsste man sie irgendwann doch gesehen haben. Dadurch ist ihre Existenz zweifelhaft, keinesfalls jedoch widerlegt.

Wie steht es dann mit Gott? Manche Menschen sind von der Existenz Gottes so fest überzeugt wie von ihrer eigenen. Andere bestreiten die Existenz Gottes. Sehr viel weniger Menschen glauben an Feen – aber einige tun es und früher taten es noch weit mehr. Hier haben wir es mit „Beweisen“ anderen Ursprungs, nämlich mit persönlichen Überzeugungen oder Instinkt, zu tun. Und manchmal besitzt für ein Individuum ein inbrünstig gehegter Glaube mehr Überzeugungskraft als alle Beweise, die Wissenschaft oder Vernunft vorbringen können.

Die meisten Revolutionen werden im Namen der Freiheit oder Gleichheit geführt. Doch was ist darunter zu verstehen? Sind damit Jahrhundert für Jahrhundert immer dieselben Werte gemeint?

Machen wir's noch ein bisschen schwieriger. Welches der folgenden Dinge existiert Ihrer Meinung nach:

- Ein Gespräch, das Sie letzte Woche hatten?
- Gerechtigkeit?
- Das Loch in einem Donut?
- Das Gedicht, das Sie sich ausgedacht, aber weder zu Papier gebracht noch laut vorgetragen haben?

Hiermit sind wir ins Reich der Dinge gelangt, denen wir logisch zwar eine Existenz absprechen müssen, von denen wir aber dennoch das Gefühl haben, dass sie irgendwie existieren. Wir werden hier mit der Frage konfrontiert, was wir eigentlich unter „existieren“ verstehen – zum einen, was es heißt zu „sein“, zum anderen, was das Wort „existieren“ für uns bedeutet.

WAHR IST, WAS WIR FÜR WAHR HALTEN

„Konsenswirklichkeit" bezeichnet die durch gesellschaftliche Übereinkunft geschaffene Vorstellung von Wirklichkeit. Glaubt eine hinreichende Anzahl von Menschen, dass etwas existiert, so wird es als wirklich betrachtet. In der Geschichte der Menschheit wurden Menschen, welche die geltende Konsenswirklichkeit ablehnten, verspottet, verfemt, als Geisteskranke oder Kriminelle gebrandmarkt, verbannt oder gar hingerichtet. In einem religiös bestimmten Umfeld lautet die Konsenswirklichkeit, dass Gott existiert, und wer die herrschende Gottesvorstellung nicht teilt, muss mit Verfolgung rechnen.

Das Gespräch von letzter Woche hat die Luft in Schwingungen versetzt, die jetzt verebbt sind. Gleichzeitig wurden bei Ihnen und Ihren Gesprächspartnern chemische und elektrische Impulse im Gehirn ausgelöst, die nicht länger vorhanden sind. Dennoch existiert dieses Gespräch in Ihrem Gedächtnis und dem der anderen beteiligten Personen.

„Gerechtigkeit" besitzt keinerlei physische Existenz, sondern existiert nur als Konzept im menschlichen Geist und als etwas, das in Gesetzesform verankert ist. Über das, was Gerechtigkeit ausmacht, herrscht aber keine allgemeine Übereinstimmung.

Das Loch in einem Donut ist eher die Abwesenheit von Donut als ein Teil des Donut selbst, sozusagen ein Bereich von Nicht-Donut. Doch auch Ihre Hand ist so ein Nicht-Donut. Das Loch ist ein Loch, weil wir es als Lücke in dem Raum wahrnehmen, den eigentlich der Donut einnehmen sollte. Das Loch ist eigentlich nur Luft, wird aber durch das definiert, was es umgibt, doch im Wechselspiel mit dem Donut wird es zum „Nicht-Donut".

Nehmen wir das Gedicht, das Sie ersonnen, doch nicht aufgeschrieben haben. Es existiert in Ihrem Geist, bis Sie es vergessen oder sterben. Besitzt es irgendeine Form von Existenz a) jetzt oder b) wenn Sie es vergessen haben bzw. sterben? Was, wenn Sie es vergessen haben, es Ihnen aber wieder einfällt? Hat es in der Zwischenzeit existiert?

Existiert das Loch im Donut?

ES ODER WAS?

Wie jeder Wissenszweig hat auch die Philosophie ihre eigene Terminologie. Andererseits verwenden Philosophen die Alltagssprache gern in einer Form, die sie schwer verständlich macht. Statt zu sagen: „Was existiert und warum existiert ‚es'?", könnte ein Philosoph sich wie folgt ausdrücken: „Was existiert und warum existiert, was existiert?" Diese Ausdrucksweise ist genauer, aber leider ein bisschen schwieriger zu verstehen. Was ich mit „es" bezeichnet habe, steht in Wirklichkeit für „Was jetzt, in der Vergangenheit oder in der Zukunft existiert." Aber aus praktischen Gründen und weil wir uns in der Philosophie Sachen ausdenken dürfen, sprechen wir im Weiteren von „es" oder „was".

Es hat den Anschein, als würden bestimmte Dinge als Worte oder Konzepte (Ideen), aber nichts als physische Phänomene „existieren“.

Wir sehen also, dass wir uns der Existenz der Dinge nicht so selbstverständlich sicher sein können, wie es zunächst scheint. Die Philosophen machen uns das Leben zusätzlich schwer, indem sie die Grundlagen unserer Urteile und Überzeugungen infrage stellen und für alle Dinge einen Beweis ihrer Existenz fordern, sogar für den hinterfragenden Geist selbst, ehe sie dessen Schlussfolgerungen akzeptieren.

Selbst wenn wir an die Existenz von etwas glauben, müssen wir uns dennoch eine weitere Frage stellen: Was können wir über dieses Ding wissen? Wir sehen die Sterne am Himmel, aber sind es Lichter, die an der Himmelskugel befestigt sind, wie man in der Antike glaubte, oder Gaskugeln, in denen Kernfusionsprozesse ablaufen, wie die moderne Wissenschaft lehrt? Wie können wir wissen, wer recht hat? Mit dieser Frage befasst sich die Erkenntnistheorie, die untersucht, wie Wissen zustande kommt (*siehe* Kapitel 4).

Und das Leben?

Haben wir akzeptiert, dass es uns gibt, dann müssen wir nur noch irgendwie mit diesem Leben zurechtkommen. Wie sollen wir leben? Gibt es universell gültige moralische Gesetze für unser Verhalten? Oder hängen Moralgesetze von Zeit, Ort und Umständen ab? Mit anderen Worten: Sind die Gebote der Moral absolut oder relativ? Bei einigen Moralvorschriften scheinen die Dinge klar. In den meisten Ländern gilt es als Unrecht, andere

PHILOSOPHEN IM FOKUS

Platon würde sagen, dass es ein Ideal der Gerechtigkeit gibt, zu dem alle menschlichen Versuche, Gerechtigkeit zu verwirklichen, hinstreben, ohne es je zu erreichen.

Der französische Philosoph und Essayist Michel de Montaigne (1533–1592) würde sagen, dass jede Gesellschaft unter Gerechtigkeit etwas anderes versteht und absolut betrachtet keine dieser Auffassungen besser ist als die andere.

DIE TRUMAN SHOW

In Peter Weirs Film *Die Truman Show* (1998) entdeckt ein Versicherungsangestellter, dass sein ganzes bisheriges Leben nur eine Fernsehserie war und nichts, was er für wirklich hielt, real war. In seinem dreißigsten Lebensjahr nämlich fallen Truman gewisse Anomalien in seiner „Wirklichkeit“ auf und er beginnt, ihnen auf den Grund zu gehen, um schließlich aus seiner Scheinwelt auszubrechen.

DIE EINZELNEN ZWEIGE DER PHILOSOPHIE

Metaphysik/Ontologie – beschäftigt sich mit der Existenz: Was existiert? Was heißt existieren?

Erkenntnistheorie/Epistemologie – beschäftigt sich mit dem Wissen: Was können wir wissen und wie erlangen wir Wissen?

Logik – beschäftigt sich mit schlüssiger Beweisführung.

Ethik – beschäftigt sich mit richtigem und falschem Handeln: Was sollen wir tun?

Politik – beschäftigt sich mit gesellschaftlicher Machtausübung: Was ist rechtens?

Ästhetik – beschäftigt sich mit Kunst bzw. dem Schönen.

Menschen zu töten. Nun gibt es aber in einigen Ländern die Todesstrafe, dort gibt es also eine „Tötung per Gesetz". Viele glauben auch an einen „gerechten Krieg" – dass wir um einer „guten Sache" willen, etwa, um einen Diktator zu stürzen, in den Krieg ziehen und unvermeidlich auch Menschen töten dürfen. Die Opfer von Todesstrafe oder Kriegen wollen in den seltensten Fällen sterben, haben aber ebenso selten eine Wahl. Wie aber sieht es mit unheilbar Kranken aus, die Sterbehilfe fordern? Darf sie ihnen gewährt werden? In den meisten Ländern ist aktive Sterbehilfe verboten. Doch wie kann man einen „gerechten Krieg", der das Leben eines spielenden Kindes zum Kollateralschaden macht, gutheißen, den Todeswunsch eines Menschen, der unheilbar erkrankt ist und an starken Schmerzen leidet, jedoch nicht? Solche Fragen nach „richtig" oder „falsch" und nach welchen Kriterien wir moralische Entscheidungen treffen, fallen in den Zuständigkeitsbereich der Ethik (siehe ▸▸ Kapitel 5).

Die Frage, wie wir leben sollen, kann aus dem Blickwinkel des Einzelnen oder einer ganzen Gesellschaft betrachtet werden. In letzterem Falle, wenn es um sozialen Zusammenhalt, Gesetz und Regierungsformen geht, befinden wir uns auf dem Gebiet der politischen Philosophie (*siehe* ▸▸ Kapitel *6*).

Die ganze Geschichte

Im Gegensatz zu anderen Disziplinen bauen Philosophen nicht unbedingt auf den Ideen ihrer Vorgänger auf. In der Physik wäre Einstein ohne Newton vor ihm nicht denkbar. Ein Philosoph hingegen kann jederzeit bei Null anfangen. Martin Heidegger verwarf in seinem 1927 veröffentlichten zentralen Werk alles, was die Philosophen vor ihm gesagt hatten, und zog aus, die Philosophie von Grund auf neu zu erschaffen, und dasselbe könnte morgen ein anderer tun. Das vorliegende Buch gibt keine Antworten. Es stellt nur Antworten vor, die frühere (und heutige) Philosophengenerationen gegeben, verteidigt und manchmal wieder verworfen haben. Damit will es Ihnen einen Einstieg ermöglichen, damit Sie Ihre Antworten selbst finden – die „Idee, für die [Sie] leben und sterben wollen."

„Wieweit meine Bestrebungen mit denen anderer Philosophen zusammenfallen, will ich nicht beurteilen. […] und darum gebe ich auch keine Quellen an, weil es mir gleichgültig ist, ob das was ich gedacht habe, vor mir schon ein anderer gedacht hat."

Ludwig Wittgenstein, *Tractatus logico-philosophicus*, 1918

KAPITEL 1

WAS IST DA?

„Nichts existiert, nur Atome und der leere Raum. Alles andere ist Ansichtssache.“

Demokrit zugeschrieben (ca. 460 – 370 v. Chr.)

„Warum ist überhaupt Seiendes und nicht vielmehr Nichts? Das ist die Frage.“

Martin Heidegger (1889 – 1976)

Schließt die Frage „Was ist da?“ auch planetarische Nebel in 10 000 Lichtjahren Entfernung zur Erde ein?

Das Problem mit dem „Sein“

Die Natur des Seins beschäftigt die Philosophen seit 2500 Jahren, wenn nicht länger. Obwohl Sein und Realität eng verknüpft sind, bestreiten manche Philosophen, dass sie identisch sind. Wie so viele philosophische Begriffe steht auch dieses Begriffspaar zur Diskussion.

Das „Sein“ als Existenz bezieht sich nicht nur auf den Menschen, sondern auch auf seine äußere, physische Welt sowie auf die innere Welt des Denkens, Fühlens und Empfindens.

Die Wirklichkeit könnte das sein (oder auch nicht), was sich außerhalb von uns ausdehnt. Wie Wirklichkeit erschaffen wird (d. h. wie unser Bewusstsein eine Wahrnehmung der Realität erzeugt) und was bzw. ob dies irgendetwas mit dem Realen „da draußen“ zu tun hat, sind Fragen, die uns direkt zum Kern des Seins und dessen, „was ist“, führen. Es besteht nämlich durchaus die Möglichkeit, dass das, was wir „Realität“ nennen, nicht existiert.

Ist da jemand?

Der griechische Philosoph Parmenides (ca. 510–440 v. Chr.) war einer der Ersten, der gefragt hat, was „ist“. In seinem nur fragmentarisch überlieferten, in Form einer göttlichen Offenbarung gehaltenen Lehrgedicht *Über die Natur* beschreibt er die Wirklichkeit als eins, unteilbar und unveränderlich. Es sei unmöglich, sich etwas vorzustellen oder zu beschreiben, das nicht existiert, denn es nur zu denken verleihe ihm schon eine Art Existenz. Das leuchtet ein, stellt uns aber sofort vor die Frage, was wir unter „sein“ denn verstehen.

Ausgehend von der Überlegung, dass etwas nur zu denken schon heißt, dass es „ist“, liefert uns Parmenides das erste bekannte Beispiel für einen deduktiven Schluss in der westlichen Philosophie. Hier seine Beweiskette:

- Zu denken, dass etwas „ist“, impliziert die Existenz von etwas, das „nicht ist“. Wenn wir sagen, etwas „ist“ ein Hund, so heißt das gleichzeitig: Es „ist nicht“ eine Katze.
- Doch dass etwas „nicht ist“, können wir, wie er schon gezeigt hat, nicht sagen.
- Folglich können wir nicht sagen, dass ein bestimmtes Ding existiert (weil die Aussage, dass es etwas „ist“, implizieren würde, dass es etwas anderes „nicht ist“).
- Also können wir nicht zwischen verschiedenen Dingen in der Welt unterscheiden, sondern sie nur als Teil einer homogenen Wirklichkeit sehen, die die Eigenschaft des Seins hat.

Sie könnten jetzt einwenden, dass dies nur Wortspielereien sind. Gäbe es die Wörter „Hund“ und „Katze“ nicht, hätten wir dieses Problem gar nicht. Aber das hieße über 2000 Jahre vorauseilen.

Ebenso wenig können Dinge sich verändern. Wenn wir denken, dass etwas in der Zukunft existieren wird, verleihen wir ihm jetzt Existenz in unserem Bewusstsein. Dasselbe gilt für die Vergangenheit. Erinnern wir uns an etwas Vergangenes, so bekommt es Existenz in unserem Gedächtnis. Tatsächlich existiert alles

SO ETWAS WIE MONSTER GIBT ES NICHT...

Nehmen wir an, Sie erschaffen in Ihrem Geist ein Monster. Sie wissen, dass das Monster nicht „wirklich" existiert – es besitzt keine äußere, physische Existenz in der Welt –, weil Sie es sich ja gerade erst ausgedacht haben. Doch durch den Akt des Vorstellens verleihen Sie ihm eine Art von Dasein. Offensichtlich besteht ein großer Unterschied zwischen der Existenz im Bewusstsein, in der Sprache oder in der Welt.

Wir können sagen, dass Katzen existieren, weil sie uns aus der realen Welt vertraut sind. Wir können sagen, dass Einhörner existieren, denn in Literatur und Kunst wird ihr Aussehen beschrieben. Besitzt aber das von Ihnen erfundene namenlose, unbeschriebene und ungezeichnete Monster irgendeine Form der Existenz? Wenn ja, welche? Diese Frage beschäftigt die Philosophie bis heute.

Der Film Nosferatu *(F. W. Murnau, 1922) jagte den Zuschauern richtig Angst ein, obwohl sie wussten, dass es keine Vampire gibt.*

Denkbare, wenn vielleicht auch nur im einzelnen Bewusstsein – und ist Teil eines unveränderlichen, ewigen Ganzen.

Die Schöne und das Biest: Ideale Formen und die Welt der Mängelexemplare

Platon (ca. 427–347 v. Chr.) übernahm Parmenides' Sicht der Wirklichkeit als unveränderlich und ewig. Doch er erkannte auch, dass wir die Welt nicht so wahrnehmen und diese Diskrepanz zwischen unserer Wahrnehmung der Welt und ihrem tatsächlichen Charakter der Erklärung bedarf.

Platon zog daraus den Schluss, dass die Welt der Sinneserfahrung illusorisch ist. Es gäbe, sagte er, ein Reich ewiger, unveränderlicher idealer Formen oder „Ideen", die als Blaupause für alles dienen, das in der physischen Welt existiert. Was unseren Sinnen entgegentritt, sind mannigfache, individuelle Instanzen oder Kopien dieser Ideen. Nichts davon ist eine perfekte Kopie. Obwohl es viele voneinander verschiedene Pferde, Hunde und Katzen gibt, so sind sie doch alle, so Platon, nur Abbilder der einen universalen Idee „Pferd", „Hund" und „Katze". In seinem berühmten Gleichnis setzt er die Phänomene, die wir wahrnehmen, mit Schatten an einer Höhlenwand gleich, die von einem flackernden Feuer hinter den Objekten geworfen werden. Die Idee entspricht dem Objekt, das den Schatten wirft. Wir jedoch können nur den Schatten sehen und nie das Objekt selbst. Es ist uns nicht einmal bewusst, dass das, was wir sehen, nicht die „Wirklichkeit" ist. Damit gehört Platon zu den Idealisten, die sagen, „Realität" sei das, was sich in unserem

DAS HÖHLENGLEICHNIS

In Platons berühmtem Dialog *Der Staat* (ca. 380 v. Chr.) wird die Geschichte von Menschen erzählt, die ihr ganzes Leben gefesselt in einer Höhle verbracht haben. Alles, was sie je sahen, sind Schattenbilder, die Dinge wie Holztiere, welche für sie nicht sichtbare Menschen vor einem Feuer hin und her tragen, an die Höhlenwand werfen. Im Lauf der Zeit machen sich die Gefesselten eine Vorstellung von der Wirklichkeit, doch diese beruht auf eben jenen Schattenbildern und den Schlussfolgerungen, die sie daraus ziehen. Gelänge es nun einem von ihnen, sich zu befreien und die tatsächlichen Zusammenhänge zu sehen, wäre er zunächst vom Licht geblendet. Er wäre verwirrt von dem, was er sieht, und hätte Mühe, es zu verarbeiten. Kehrte er dann in die Höhle zurück, wäre es schwer für ihn, die anderen davon zu überzeugen, dass das, was sie sehen, nicht die Wirklichkeit ist. Sie würden seine Aussagen zurückweisen, ihn sogar für verrückt erklären. Derjenige, der entkommen konnte, so Platon, gleicht dem Philosophen, der versucht, hinter die Schatten der Formen zu schauen – auf die wahre Wirklichkeit hinter dem, was wir sehen.

Geist oder Bewusstsein abspielt, und nicht die uns umgebende physische Welt, die nur ein Produkt unseres nach Erkenntnis der Wirklichkeit strebenden Geistes sei.

Da Platon seine Ideenlehre auf die gesamte sichtbare Welt ausdehnt, folgt daraus, dass auch der Mensch nach einem solchem Urbild geschaffen ist. Diese Vorstellung besitzt Ähnlichkeit mit dem christlichen Dogma, wonach der Mensch als Ebenbild Gottes geschaffen wurde, sodass spätere christliche Denker sie problemlos übernehmen konnten. Sie gestattete einem der frühen Kirchenväter,

Augustinus von Hippo (354–430), Platons Metaphysik ins christliche Weltbild zu integrieren, wodurch er Platons Einfluss auf die europäische Philosophie fortschrieb.

Platon beschränkte seine Theorie nicht auf die physische Welt. Ihm zufolge steht auch hinter abstrakten Objekten wie Schönheit, Gerechtigkeit, Wahrheit oder mathematischen Begriffen wie Zahl oder Klasse eine Idee. In letzterem Punkt findet Platon sogar im 20. Jahrhundert noch die Zustimmung von Mathematikern wie Gottlob Frege (1848–1925) und Kurt Gödel (1906–1978), die Zahlen eine absolute Existenz zubilligen.

Platon lehrte weiter, es gebe einen zweiten, von der Welt des Sichtbaren getrennten Bereich, wo diese Ideen beheimatet seien. Wo könnte dieser Ort sein? Eine Möglichkeit ist, dass er außerhalb von Raum und Zeit liegt. Neuplatoniker wie Plotin und Augustinus behaupteten später, die Ideen hätten ihren Ort im Geist Gottes.

Der Universalienstreit: Existiert „Rot"?

Der englische Mönch und Philosoph William von Ockham (ca. 1288–1347) vertrat eine Position, die der Platons diametral entgegengesetzt ist. Er behauptete, Universalien bestünden nicht außerhalb des menschlichen Verstandes, und in Begriffen wie „Röte" oder „Mensch" würde nur eine Vielzahl von Einzeldingen zusammengefasst, um sie leichter handhabbar zu machen. In Wirklichkeit handele es sich ausschließlich um Einzeldinge und sämtliche Kategorisierungen seien willkürlich und aufgezwungen.

Nach heutiger Terminologie ist Ockham ein *Nominalist*, d. h. jemand, für den Universalien nur als Name, als begriffliche

FACHBEGRIFFE: NOMINALISMUS

Der Nominalismus sagt, dass Konzepte wie „Gerechtigkeit", „grün" oder „zwölf" keinerlei Existenz jenseits der Begriffe besitzen, mit denen sie bezeichnet werden. Man unterscheidet strikte und weniger strikte Formen von Nominalismus.

Der **Prädikatennominalismus** postuliert, dass grüne Dinge nur grün sind, weil sie das Prädikat „grün" haben. (Unter *Prädikat* versteht man einen Begriff, der eine bestimmte Eigenschaft eines Subjekts bezeichnet.) „Grün" besitzt keinerlei Existenz außerhalb des Wortes und grünen Dingen ist allein der Begriff „grün" gemeinsam. Offen bleibt dabei, wann wir ein Objekt mit dem Prädikat „grün" belegen. Die Möglichkeit aber, dass zwei Personen beim Betrachten von etwas „Grünem" Unterschiedliches empfinden, ist gegeben.

Der **Ähnlichkeitsnominalismus** postuliert, dass wir Dinge als „grün" bezeichnen, wenn sie hinreichend Ähnlichkeit mit einer Exemplifikation von „Grün" (Platons Ideen) aufweisen, der sie ähnlicher sind als einer anderen, konkurrierenden Exemplifikation, wie zum Beispiel „Violett".

Bezeichnung, existieren. Platon dagegen ist *Realist*, also jemand, für den die Existenz von Universalien feststeht.

Der griechische Philosoph Aristoteles ist ebenfalls Realist, wenn auch anderer Ausprägung. Aristoteles glaubte, dass Universalien nur existieren, wenn es von ihnen konkrete, wahrnehmbare Instanzen gibt. Platon hingegen glaubte, Universalien besitzen absolute Existenz, unabhängig davon, ob sie als etwas Konkretes existieren. Für Platon haben Universalien wie Kindheit, Grausamkeit oder Zucht eine eigene Existenz, für Aristoteles nicht, da diese Dinge nicht konkret werden können.

Alles, nichts oder etwas?

Platons Schüler Aristoteles vertritt eine Position, wie sie die meisten Menschen in Berufung auf den gesunden Menschenverstand im Umgang mit der Welt einnehmen. Er sagt, die Wirklichkeit existiert unabhängig vom menschlichen Bewusstsein, und sie besteht aus den physischen Objekten und Erscheinungen, die uns umgeben. Aristoteles zufolge existiert die Materie und nimmt durch Einwirkung eines organisierenden Prinzips Form an. Dieses organisierende Prinzip verleiht den unterschiedlichen Ausprägungen der Materie ihre unterscheidenden Merkmale und ihre Potenzialität oder ihr „Vermögen". Der Stoff, aus dem vom Tisch bis zur Giraffe alles besteht, ist also immer derselbe, während die Form manche Dinge mit „Tisch-heit" und andere mit „Giraffen-heit" ausstattet.

Kurz gesagt, gibt es zwei entgegengesetzte Positionen, was die „Wirklichkeit" angeht:

FACHBEGRIFFE: NEOPLATONISMUS

Unter Neoplatonismus versteht man eine philosophische Richtung, die auf Plato gründet, seine Ideen aber weiterentwickelt oder verändert, wobei der Schwerpunkt auf spirituellen und mystischen Aspekten liegt. Der Neoplatonismus setzt nach allgemeiner Auffassung mit den Schriften Plotins (ca. 204–270) ein.

Idealismus (Platon): Alles, was wir in der Welt wahrnehmen und für wirklich halten, ist in Wahrheit eine Illusion, die durch unsere mangelhaften Sinnesorgane geschaffen wird. Die Welt der Ideen ist uns nicht direkt zugänglich.

Realismus (Aristoteles): Die äußere Welt existiert, unabhängig von einem

Aristoteles, Platons Schüler, verwarf viele der Thesen seines Lehrers.

Wahrnehmenden. Universalien existieren nur insoweit, als sie Instanzen bilden können – wenn alle roten Dinge verschwinden, existiert auch die Röte nicht länger.

Diese beiden Positionen erfuhren seit der Zeit der alten Griechen zahlreiche Abwandlungen mit unterschiedlich gesetzten Schwerpunkten. Zwischen den beiden Extremen Idealismus – Realismus gibt es auch eine dualistische Position, die sowohl der Materie als auch dem Nicht-Substanziellen Existenz zubilligt. Korrekterweise müsste man sagen, dass es mehrere dualistische Positionen gibt. Doch im Wesentlichen geht es immer darum, dass versucht wird, die wahrgenommene Trennung zwischen dem Physischen und dem Nicht-Physischen zu überbrücken. Die Frage, die die Vertreter des Dualismus am meisten beschäftigt, ist: Wie kann das Physische auf das Nicht-Physische einwirken und umgekehrt? Doch sagt uns die alltägliche Beobachtung, dass diese Einwirkung stattfindet. Wenn Sie sich ein Bein brechen, hat dies schmerzhafte körperliche Auswirkungen zur Folge. Gleichzeitig fühlen Sie sich elend und sind zornig. Diese seelischen Zustände werden offensichtlich durch eine physische Gegebenheit ausgelöst. In Kapitel 3 gehen wir genauer auf diese dualistischen Positionen ein.

MULTIPLE WIRKLICHKEITEN

Der amerikanische Philosoph David Kellogg Lewis (1941 – 2001) geht mit seiner Position „mehr als alles" über das „Alles-oder-nichts"-Konzept hinaus. In Rückgriff auf die „Viele-Welten"-Theorie des Physikers Hugh Everett behauptete er, dass alle möglichen Welten real existieren, räumlich und zeitlich aber getrennt sind. (Sie können also nicht schnell mal in eine Parallelwelt entschlüpfen, wenn hier etwas schiefgeht.) Kellogg glaubte, dass diese Welten entsprechende konkrete Wirklichkeit besitzen. Dass wir von der Existenz dieser Welten ein intuitives Wissen besitzen, wird offensichtlich, so Kellogg, wenn wir jemals einen Satz wie den folgenden als wahr betrachtet haben: „Hätte ich dieses vergammelte Sandwich gegessen, wäre ich krank geworden." (In der Philosophie heißen solche Aussagen „Kontrafaktuale".) Diese Aussage geht davon aus, dass es eine andere Welt gibt, in der „ich" das Sandwich gegessen habe und krank wurde.

Stimmt die Multiple-Welten-Theorie, so gibt es Welten, in denen Deutschland den 2. Weltkrieg gewonnen hat, die Dinosaurier nicht ausstarben und Sie nie geboren wurden.

Jetzt aber zur Sache: das Sein

Mit Aristoteles hörten die Philosophen auf, sich mit dem „Sein" selbst zu befassen, und wandten sich vermehrt erkenntnistheoretischen Fragen zu. 1927 stellte Martin Heidegger (1889–1976) die Behauptung auf, die abendländische Philosophie habe sich seit Platon mit den falschen Fragen beschäftigt. Drehten sich Platons Metaphysik und Aristoteles' erkenntnistheoretischer Ansatz um die Frage, was existiert, was wir darüber wissen können und welche Eigenschaften es hat, so meint Heidegger, wir müssten einen Schritt zurücktreten und uns zuerst fragen, was wir unter „Existenz" oder „Sein" verstehen. Bei seiner Beschäftigung mit der Frage „Was ist das Sein?" erkannte er, dass wir uns fragen müssen, warum da etwas ist und nicht nichts. Wenn wir die Philosophie auf feste Grundlagen stellen wollen, müssen wir uns zuerst damit beschäftigen. Heidegger verwarf entschlossen 2500 Jahre philosophisches Erbe und begann bei Null.

Aristoteles spricht vom „Sein als solchem" und meint damit die Essenz des Seins ohne Bezug auf ein bestimmtes Sein (weder ein belebtes „Sein" wie zum Beispiel ein Mensch oder ein Hund, noch ein unbelebtes Sein wie ein Tisch oder ein Stift.) Hier setzte Heidegger an.

Martin Heidegger gilt als einer der bedeutendsten Philosophen des 20. Jahrhunderts.

FACHBEGRIFFE: METAPHYSIK

Metaphysik bedeutet „jenseits der Physik". Dieser Zweig der Philosophie setzt sich mit Fragen nach dem Sein, der Wirklichkeit und der Existenz auseinander. Aristoteles nannte die Metaphysik die „erste Philosophie" überhaupt.

In der Welt sein

Mit dem Begriff „Dasein" bezeichnet Heidegger das Sein, das existiert. Er verwirft die Idee, dass es eine äußere, vom bewussten Beobachter getrennte Welt gibt (eine Ansicht, die im kartesianischen Dualismus wurzelt). Er entwirft dagegen eine phänomenologische Sicht, wonach unsere Auffassung der Dinge stets Bezug zu uns selbst hat. Wenn Sie beispielsweise einen bestimmten Pullover anziehen, dann deshalb, weil Sie darin nicht frieren bzw. gut aussehen, und nicht, weil er aus Wolle ist bzw. dick oder dünn – dies ist für Sie weder von Interesse noch von Bedeutung. Genauso verhält es sich mit Wissen. Wir lesen ein Buch über Politik, weil es uns interessiert oder weil wir besser verstehen, was um uns herum geschieht, wenn wir über Politik Bescheid wissen. Wir sehen unser Wissen als Werkzeug, als etwas, das ein Bedürfnis befriedigt. Für Heidegger ist das (menschliche) *Dasein* immer gänzlich in der Welt, die es bestimmt und deren Teil es ist. Es ist nicht möglich, zwischen

ERSTE IRRTÜMER

Etwa um das Jahr 60 v. Chr. trug der griechische Philosoph Andronikos von Rhodos die Schriften des Aristoteles zusammen. Man glaubt, dass er die Schriften über die „erste Philosophie" hinter dessen Büchern zur Physik anordnete und sie τὰ μετὰ τὰ φυσικὰ βιβλία *(ta meta ta physika biblia)* nannte, „die Bücher, die nach [den Schriften] zur Physik kommen". Diese Bezeichnung wurde später leicht verwirrend zu „meta physika" oder „jenseits der Physik" verkürzt, woraus unser Begriff „Metaphysik" entstand.

Bewusstsein und dem, was es umgibt, zu trennen.

„Da sein" bedeutet, dass das „da" – der Zusammenhang, in dem wir stehen – unser Sein bestimmt. Wir sind nicht durch einen in sich verkapselten Geist von der Welt abgetrennt, den Heidegger „Gehäuse des Bewusstseins" nennt. Für ihn ist die Unterscheidung zwischen „da draußen" (in der Welt) und „drinnen" (in unserem Geist) falsch.

Doch gibt es einen Unterschied im „Sein" zwischen etwas Belebtem und etwas Unbelebtem. Ein Stuhl z. B. hat ein statisches Sein, während sich der Mensch der vergänglichen, endlichen Zeit bewusst ist – ein Augenblick in der Zeit ist Teil des „da", in dem wir leben. Unser Bewusstsein im Hinblick auf unser Dasein ist bestimmt durch die Zeit und das Wissen um unsere Sterblichkeit. Dieser Gedanke Heideggers wurde später von den Existenzialisten wie Jean-Paul Sartre (1905 – 1980) und Albert Camus (1913 – 1960) übernommen.

Warum ist da etwas?

Die Frage „Was ist da?" führt uns, soweit wir sie nicht mit „nichts" beantworten, unweigerlich zu der Frage: „Warum ist da etwas?" (was immer „da" heißen mag) und „Warum bin ich?"

Wir werden nie erfahren, wann der Mensch sich zum ersten Mal gefragt hat: „Warum existiere ich?" oder „Was macht mich lebendig?" Vermutlich geschah das lange vor der Erfindung der Schrift. Die ersten uns bekannten Antworten auf diese Fragen sind religiöser Natur. Vielleicht war es unvermeidlich, dass die Menschen auf ein übermenschliches Wesen schlossen, sobald sie anfingen, selbst Figuren aus Lehm oder Holz herzustellen. Waren sie nicht auch selbst so entstanden?

„Das Vernehmen des Erkannten ist nicht ein Zurückkehren des erfassenden Hinausgehens mit der gewonnenen Beute in das „Gehäuse" des Bewusstseins, sondern auch im Vernehmen, Bewahren und Behalten bleibt das erkennende Dasein als Dasein draußen. Im „bloßen" Wissen um einen Seinszusammenhang des Seienden, im „nur" Vorstellen seiner, im „lediglich" daran „Denken" bin ich nicht weniger beim Seienden draußen in der Welt als bei einem originären Erfassen. Selbst das Vergessen von etwas, in dem scheinbare jede Seinsbeziehung zu dem vormals Erkannten ausgelöscht ist, muss als eine Modifikation des ursprünglichen In-Seins begriffen werden, in gleicher Weise jede Täuschung und Irrtum."

Martin Heidegger, *Sein und Zeit*, 1927

Ein Mensch, der über die Wunder des Daseins staunt, Liebe, Hass, Hoffnung und Verzweiflung empfindet und sich vom Geist beseelt glaubt, gelangt am Ende auch zu der Auffassung, dass dieser Geist Ursache und Zweck seines Daseins ist.

Der erste Beweger

Das, worin alle Dinge Ursprung und Ursache haben, wird oft als „erster Beweger" bezeichnet. Für die Religionen ist dieser erste Beweger Gott. Damit kann eine Religion alle unerwünschten Fragen ihrer Gläubigen nach Herkunft oder Zweck ihres Gottes unterbinden. Die Griechen hatten Mythen, die den Ursprung ihrer Götter erklärten, dennoch brauchten sie eine Instanz, mit der alles anfing. In einigen Versionen übernehmen Chronos (Zeit) oder Chaos (Leere) diese Rolle, wobei die ersten Götter entweder von einer oder beiden Wesenheiten abstammen. Die Vorstellung, dass das Universum aus Raum und Zeit entstanden ist, klingt bemerkenswert modern.

Ein „Warum" ohne Götter

Der Erste, von dem wir wissen, dass er nach einer nicht mythologischen Erklärung für den Ursprung der Dinge gesucht hat, ist Thales (ca. 624–546 v. Chr.) von Milet. Er gilt als Vater der abendländischen Philosophie. Sollte er Schriften verfasst haben, so sind sie uns nicht überliefert. Über sein Leben und Denken

Diese 31 000 Jahre alte Höhlenmalerei aus Frankreich ist ein Ausschnitt aus einer Darstellung von 13 verschiedenen Tierarten und eines der ältesten bekannten Beispiele für von Menschenhand angefertigte Abbildungen von lebenden Wesen.

wissen wir nur durch die Berichte des Aristoteles und die Geschichtsschreiber Herodot (484–425 v. Chr.) bzw. Plutarch (ca. 46–120), vor allem aber durch seinen Biografen Diogenes Laertius (3. Jahrhundert v. Chr.). Aus deren Schriften gewinnt man den Eindruck, dass Thales ein revolutionärer Neuerer war. In einer Zeit, in der Geschichten über launenhafte anthropomorphe Götter die Natur des Daseins enträtseln sollten, suchte er nach einem allgemeinen, grundlegenden Prinzip, das die Welt, in der er lebte, erklären konnte.

Aristoteles zufolge dachte Thales, dass die Erde wie ein Stück Holz auf dem Wasser

Die einfachste Erklärung dafür, warum etwas existiert, ist die Annahme eines Schöpfergottes. Doch das verschiebt die Frage nur einen Schritt nach hinten: Warum existiert Gott?

treibe. Erdbeben seien nicht dem Zorn der Götter zuzuschreiben, sondern würden von unterirdischen Wellen verursacht, die die Erde erschüttern – diese Erklärung weist eine erstaunliche Nähe zur modernen Plattentektonik auf, die Erdbeben durch die Bewegungen der Erdplatten auf einem Bett flüssigen Magmas beschreibt.

Nun, mit dem Wasser lag er zwar falsch, doch mit seiner Vorstellung, dass physikalische Prozesse auf natürliche und nicht auf übernatürliche Ursachen zurückgeführt werden können, legte er die Grundfesten der modernen Wissenschaft.

Keine Bohnen

Als Thales circa 546 v. Chr. starb, war der griechische Philosoph und Mathematiker Pythagoras (ca. 570–495 v. Chr.) etwa 25 Jahre alt. Auch er suchte nach einer rationalen Erklärung der natürlichen Welt und fand sie in den Zahlen, ähnlich wie unsere heutigen Wissenschaftler versuchen, die im Universum wirkenden Kräfte in mathematische Formeln zu fassen. Pythagoras freilich versetzte seine Mathematik mit einer ordentlichen Dosis Mystik, und die Schule, die er gründete, hatte klaren Kultcharakter. Seine Anhänger durften keinen weißen Hahn anfassen, nicht in Spiegel schauen, neben denen ein Licht stand, und keine Bohnen essen.

Pythagoras glaubte an Seelenwanderung, also dass die Seele nach dem Tod in ein anderes Lebewesen (Mensch oder Tier) übergeht. Dieser Glaube führte zwangsläufig zum Vegetarismus, denn das Schlachttier könnte ja die Seele eines früheren (oder künftigen) Freundes bzw. Verwandten beherbergen.

Metaphysik und Physik

Thales und Pythagoras führten die Menschheit auf den Weg zu dem, was wir heute exakte Wissenschaft nennen. Wissenschaftliches Denken ist ein Teilgebiet der Philosophie und tatsächlich bezeichnete man bis ins späte 19. Jahrhundert die wissenschaftliche Beschäftigung mit der Natur als „Naturphilosophie". Der Gegenstand der Naturphilosophie schälte sich zusammen mit dem wissenschaftlichen Denken heraus: Man zielt darauf ab, etwas herauszufinden, das nachweislich korrekt ist. Als Pythagoras die Behauptung aufstellte, dass das Universum von Gesetzen regiert werde, die unabhängig davon sind, ob der Mensch sie kennt, konnte er diese Aussage nicht beweisen. Es war eine Theorie, die geglaubt werden musste, ähnlich wie die Existenz der griechischen Götter. Als Newton zu demselben Schluss kam, konnte er auf Mathematik und wissenschaftliche Instrumente zurückgreifen, um zu belegen, dass solche Gesetze allem Anschein nach tatsächlich existieren. Die Bewegung der Planeten gehorcht bestimmten Gesetzmäßigkeiten, ebenso wie die Flugbahn eines Geschosses.

Nicht ganz da

Die Wissenschaft liefert uns eine nichtmystische Erklärung für die Entstehung des Universums und des Lebens auf der Erde, trotzdem bleibt sie die Antwort auf grundlegende Fragen schuldig. Woher kommt der Urknall? Wie kam es dazu? Wie und warum konnte Leben aus unbelebten Chemikalien entstehen? Ob wir nun ein religiöses oder wissenschaftliches Erklärungsmodell bevorzugen, beide haben dasselbe Problem: Woher kommt der „erste Beweger" (Gott/Materie des Urknalls)? Und aus welchem Grund entstand er? Die Religion sagt: „Stell keine Fragen, das ist ein Mysterium, das der Mensch nicht fassen kann." Die Wissenschaft sagt: „Das wissen wir noch nicht." Von beiden hört man mitunter: „Das Universum war immer schon da." Oder: „Raum und Zeit/Gott haben keinen Anfang und kein Ende." Daher schließen Religion und Wissenschaft einander nicht notwendig aus.

SPRICH DER BOHN' NICHT HOHN!

Dem Pythagoras galt die Bohne als heilig und darum verbot er seinen Anhängern den Genuss derselben ebenso wie den von Fleisch. Für dieses Verbot wurden verschiedene Erklärungen vorgebracht: weil Bohnen aussähen wie Hoden oder wie die Pforten des Hades (da unter allen Pflanzen allein ihr Stiel keine Knoten aufweise, beides nach Aristoteles). Letzteres hängt vermutlich damit zusammen, dass der hohle Bohnenstängel als eine Art Kanal betrachtet wurde, durch den die Seele des Verstorbenen wanderte. Dafür spricht eine andere alte Vorstellung, nämlich dass „Bohnen zu essen dasselbe sei, wie die Köpfe der eigenen Eltern zu essen." Dies würde erklären, warum Pythagoras seinen Schülern gebot, Tiere daran zu hindern, Bohnen und Bohnenpflanzen zu fressen, und auch die Legende, wonach er sich eher von seinen Feinden töten lassen wollte, als durch ein Bohnenfeld zu flüchten und dabei Bohnen zu zertrampeln.

Dieses Gemälde von Peter Paul Rubens aus dem 17. Jahrhundert zeigt Pythagoras (sitzend mit übereinandergeschlagenen Beinen), wie er vor seinen Anhängern eine vegetarische Lebensweise lehrt.

KAPITEL 2

Gibt es einen **GOTT?**

„Sähe ich in ihr [= der Natur] nichts, was auf eine Gottheit hindeutete, so würde ich mich gegen sie entscheiden: Sähe ich überall die Zeichen eines Schöpfergottes, so würde ich ruhig im Glauben verharren. Da ich aber zu viel sehe, um zu verleugnen, und zu wenig, um Gewissheit zu haben, bin ich in einem beklagenswerten Zustand, in dem ich hundertmal gewünscht habe, dass, wenn ein Gott die Natur erhält, sie unzweideutig auf ihn hinwiese."

Blaise Pascal, *Gedanken*,1669

„Das Interesse, das ich habe, an ein bestimmtes Ding zu glauben, ist noch kein Beleg für seine Existenz."

Voltaire, *Bemerkungen über Pascal XI*

Wird das Universum von einem göttlichen Wesen geordnet und gelenkt?

Existiert Gott?

Eine gängige Antwort auf die Frage: „Warum ist etwas da?" lautet „Gott". Die Frage nach Gott ist schließlich ebenfalls eine Frage nach dem Sein: Schließt das, was wir uns als „immer da" denken, auch Gott ein? Und wenn ja, wie ist dieser Gott beschaffen?

Die Existenz Gottes wurde mit unterschiedlichen Ansätzen zu beweisen versucht:

- Die Komplexität der Welt/des Universums und dessen, was darin ist, deutet auf einen Urheber desselben hin, denn es ist unvorstellbar, dass ein derartiges System durch Zufall entstanden ist (kosmologischer Gottesbeweis).
- Da alles aus Ursachen entstanden ist, muss es eine erste Ursache geben, und diese bezeichnen wir als Gott (teleologischer Gottesbeweis).
- Da wir Gott denken können, muss es ihn geben (ontologischer Gottesbeweis).
- Glaube: Meine innere Gewissheit sagt mir, dass es Gott gibt, also muss es ihn geben.

Aus philosophischer Sicht ist keiner dieser Beweise zufriedenstellend. Zudem verbindet sich mit dem Begriff „Gott" eine Reihe von Problemen, die die Philosophie zu lösen versuchte – auch diese Versuche sind nicht wirklich schlüssig. Für einen Gläubigen ist der Mangel an Beweisen für die Existenz Gottes kein Grund, seinen Glauben aufzugeben. Ja, es liegt in der Natur des Glaubens, dass er außerhalb der Vernunft steht. Wenn ich mir der Existenz Gottes gewiss bin, muss seine Existenz nicht beweisbar sein.

FACHBEGRIFFE: THEISMUS

Theismus bezeichnet den Glauben an Götter, Monotheismus den Glauben an einen einzigen Gott. Judentum, Christentum und Islam sind monotheistische Religionen.

Ich denke, also ist er

In der Vergangenheit war für viele Philosophen der Glaube an einen Gott der Normalfall, lebten sie doch in Kulturen, in denen die Existenz Gottes nicht bezweifelt wurde. Dies zu tun wurde häufig sogar als Verbrechen geahndet. Anselm von Canterbury (1033 – 1109) hat als Erster versucht, die Existenz Gottes logisch zu beweisen.

In Anselms Lebenszeit fällt die Wiederentdeckung der Werke von Platon und Aristoteles. Die christliche Philosophie oder Scholastik arbeitete daran, deren Ideen in ihr theologisches System zu integrieren.

Es heißt, dass Anselms Schüler, welche die Werke der griechischen Philosophen studierten, einen vernunftgemäßen Gottesbeweis forderten. Aristoteles und Platon führten die Komplexität der Welt als Beweis für die Existenz ihrer Götter an. Anselm aber entwarf einen ontologischen Gottesbeweis, der zu einem der meistdiskutierten Probleme in der Philosophie werden sollte:

Angenommen, wir bezeichnen mit dem Begriff „Gott" das, „über das nichts Größeres gedacht werden kann". Die

Existenz Gottes scheint aus dieser Definition zwangsläufig zu folgen, da:

- ein nicht existierender vorgestellter Gott nicht so groß sein kann wie ein existierender vorgestellter Gott;
- es ein Widerspruch wäre anzunehmen, dass Gott das Größte ist, was gedacht werden kann, aber gleichzeitig nicht existiert;
- wir Gott denken und seine Existenz annehmen können, er also existieren muss.

Offensichtlich ist an dieser Beweisführung irgendetwas falsch.

Anselms erster Kritiker war ein Zeitgenosse, der Benediktinermönch Gaunilo von Marmoutiers. Er argumentierte, wenn Anselms Beweis richtig sei, dann könnten wir uns eine Insel vorstellen, die die vollkommenste aller Inseln sein soll. Weil sie aber vollkommen ist, muss sie auch existieren, sonst wäre sie nicht vollkommen. Da Anselms Beweisführung die Existenz aller möglichen Vorstellungsobjekte zur Folge hätte, muss sie falsch sein. Anselm entgegnete darauf, dass Vollkommenheit nur Gott zukomme, die ontologische Beweisführung also nicht verwendet werden könne, um etwas anderes als die Existenz Gottes zu beweisen.

Anselm von Canterbury war ein berühmter Lehrer und gilt als einer der Begründer der Scholastik.

FACHBEGRIFFE: SCHOLASTIK

Als Scholastiker bezeichnet man die christlichen Philosophen, die an den mittelalterlichen Universitäten von etwa 1100 bis 1500 tätig waren. Die scholastische Methode benutzt eine dialektische Argumentationsstruktur – Frage, Antwort, Widerlegung der Antwort, usw. –, um zu gültigen Antworten zu gelangen. Die Scholastik trachtete danach, zwei große Autoritätsquellen miteinander zu verbinden: die christliche (Bibel und Schriften der Kirchenväter) und die antike (hauptsächlich Aristoteles und Platon, Letzterer in neuplatonischer Lesart).

Die Debatte geht weiter

Viele Philosophen sind sich einig, dass bei Anselms Gottesbeweis das Problem darin liegt, dass er aufgrund der Bedeutung eines Begriffs oder Konzepts entscheidet, ob das bezeichnete Ding existiert, ein Einwand, den Thomas von Aquin (1225 – 1274) vorbrachte. Doch Philosophen und Logiker diskutieren weiter darüber, welche Art von Trugschluss hier vorliegt. Dass ein

FACHBEGRIFFE: ONTOLOGIE

Ontologie fragt nach der Existenz und dem, was existiert.

Argument allem Anschein nach unsinnig ist, reicht in der Philosophie nicht aus, um es zu verwerfen, es muss schlüssig widerlegt werden.

Der französische Philosoph und Mathematiker René Descartes (1596–1650) wird oft als Vater der modernen Philosophie bezeichnet. Von ihm stammt eine Neuauflage des ontologischen Gottesbeweises, die so einfach ist, dass sie sich quasi von selbst versteht. Er sagt, da es zur Natur eines höchsten Wesens gehöre, dass es existiert, muss Gott existieren. Diese Argumentation baut unter anderem auf seiner These auf, dass die Idee Gottes eine dem menschlichen Geist eingeborene Idee sei.

Immanuel Kant (1724–1804) hat aufgezeigt, dass die Essenz der Existenz nicht vorangehen muss. Die Essenz eines höchsten Wesens kann wie immer geartet sein, doch das bedeutet nicht, dass dieses Wesen existiert. Darüber hinaus setzt dieser Beweis voraus, dass Existenz ein Attribut

> *„Denn ich suche nicht zu verstehen, um zu glauben, sondern ich glaube, um zu verstehen. Daher glaube ich auch, dass ich, wenn ich nicht erst glaube, nicht verstehen werde."*
>
> Anselm von Canterbury, *Proslogion*

der Vollkommenheit ist, was sie vielleicht gar nicht ist. Wie auch immer, viele Philosophen betrachten den ontologischen Gottesbeweis immer noch als gültig.

In den Sechzigerjahren präsentierte der amerikanische Philosoph Norman Malcolm seine Version des ontologischen Gottesbeweises, die frühere Kritikpunkte zu vermeiden sucht. Ausgehend von seiner Definition Gottes als „absolutem und unbegrenztem Wesen" argumentiert er weiter:

- Jedes Wesen, dessen Existenz von etwas anderem abhängt oder davon an seiner Existenz gehindert werden könnte, wäre begrenzt und daher nicht Gott.
- Für jedes angenommene Wesen kann Existenz möglich (aber nicht notwendig), notwendig oder unmöglich sein.
- Wenn seine Existenz möglich, aber nicht notwendig ist, existiert dieses Wesen in manchen möglichen Welten, in anderen aber nicht. Seine Nicht-Existenz in diesen anderen Welten legt den Schluss nahe, dass dort etwas ist oder nicht ist, das es an der Existenz hindert, also ist es kein unbegrenztes Wesen.
- Wenn etwas, das „möglich, aber nicht notwendig" ist, kein unbegrenztes

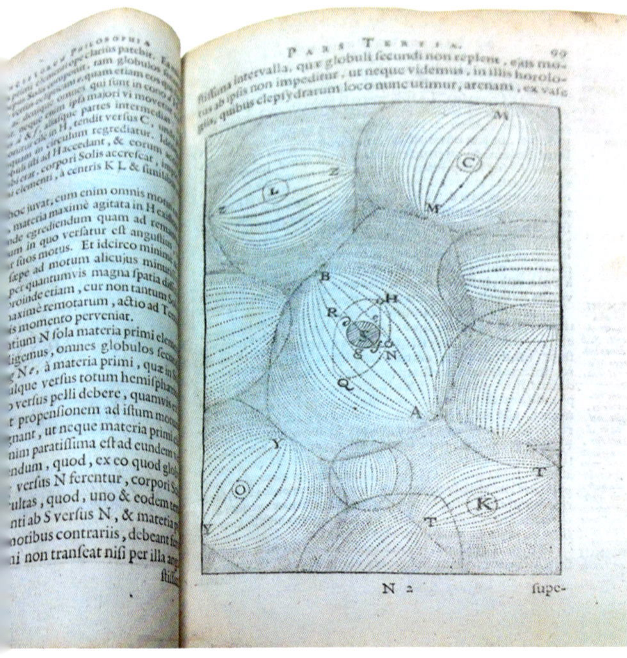

Diese Ausgabe von René Descartes' Principia philosophiae *wurde im Jahr 1656 gedruckt.*

Immanuel Kant behauptete, dass das, was ein Ding seinem Wesen nach ist, nichts damit zu tun hat, ob es existiert.

Wesen ist, kann die Existenz Gottes nicht unter die Kategorie „möglich, aber nicht notwendig“ fallen.

- Gott ist daher entweder unmöglich oder er existiert notwendig.

Der Beweis, dass Gott nicht unmöglich ist, steht noch aus.

Ground Zero

Thomas von Aquin kritisierte ebenfalls den ontologischen Gottesbeweis Anselm von Canterburys. Ihm missfiel die Voraussetzung, dass Gott, der transzendent und unfassbar ist, von gewöhnlichen Sterblichen begriffen werden konnte. Tatsächlich erschütterte seine Kritik den ontologischen Gottesbeweis in seinen Grundfesten. Canterburys Position blieb für ein paar Jahrhunderte indiskutabel, bis Descartes sie wieder vorbrachte, nur um damit selbst abgekanzelt zu werden.

Thomas von Aquin selbst hat vielleicht die brillantesten und präzisesten logischen Argumente für eine Existenz Gottes vorgebracht. Seine „quinque viae“, oder „fünf Wege“, sind in seiner *Summa Theologica* (1266–1273) enthalten. Er sah darin keine absoluten Beweise, sondern nur Schritte hin zu einem möglichen Beweis. Er knüpft mit seiner Argumentation an Aristoteles und dessen Behauptung an, es müsse einen „ersten Beweger“ geben, der alles andere in Bewegung setzt.

Der erste Weg, die Existenz Gottes zu beweisen, ist der „Bewegungsbeweis“ (auch „Veränderungsbeweis“):

- Die Dinge verändern sich.
- Diese Veränderung muss durch etwas anderes verursacht werden, denn Dinge können sich nicht spontan von selbst ändern.
- Diese Ursache muss ihrerseits durch etwas verursacht worden sein.
- Diese Ursache-Wirkungskette würde sich ins Unendliche fortsetzen, wenn wir keinen „ersten Beweger“ annehmen. Dieser erste Beweger ist Gott.

Der zweite Weg, der „Kausalitätsbeweis“, ähnelt dem ersten. Er basiert auf der Annahme, dass ein Ding sich nicht selbst verursachen kann, sondern eine äußere

Thomas von Aquin wurde zum zentralen Philosophen der katholischen Kirche.

Ursache haben muss. Die etwas paradox anmutende Schlussfolgerung lautet dann aber, dass es am Ende der Kette ein Ding geben muss, das sich selbst verursacht, und dieses Ding ist eben Gott. Thomas wurde mehrfach mangelnde logische Konsequenz vorgeworfen, da er das, was er beweisen will, zunächst verneint.

Der dritte Weg ist der sogenannte „Kontingenzbeweis“:

- Wir beobachten, dass Dinge entstehen und wieder vergehen.
- Doch kann nicht alles flüchtig sein, denn sonst müsste es eine Zeit gegeben haben, in der nichts existierte. Dann aber könnte auch nichts entstanden sein, denn etwas kann nicht aus nichts entstehen.
- Etwas muss also immer existiert haben, und dieses etwas ist das, was wir Gott nennen.

> *„Der Stock bewegt nichts anderes, wenn er nicht von einer Hand bewegt wird.“*
>
> Thomas von Aquin, *Summa Theologica*, 1266 – 1273

THOMAS VON AQUIN (1225 – 1274)

Thomas von Aquin, geboren nahe dem Städtchen Aquino in Italien, studierte an den Universitäten von Neapel und Köln und lehrte in Paris und Neapel. 1323 wurde er von Papst Johannes XXII. heiliggesprochen.

Vieles in seinem Werk geht auf Aristoteles zurück und ist ein Versuch, dessen Schriften mit der christlichen Lehre zu versöhnen (wie Augustinus es mit Platon getan hatte). Thomas präzisierte und entwickelte Aristoteles' Ideen weiter. In seinem Mammutwerk *Summa Theologica* oder *Summe der Theologie* sind auch die „fünf Wege“ enthalten. Teil 1 der *Summe* behandelt Gott, Schöpfung und die Natur des Menschen, in Teil 2 geht es um die Morallehre und Teil 3 setzt ein mit der Christologie und den Sakramenten. Thomas von Aquin stellte die Arbeit an Teil 3 ein, nachdem er eine Vision gehabt hatte. Alles, was er geschrieben habe, so sagte er später, sei ihm im Vergleich dazu wie leeres Stroh vorgekommen.

Das erinnert an die Theorie des Parmenides, wonach nichts von nichts kommen kann, also immer etwas existiert haben muss. Die ersten drei Wege sind also Variationen des kosmologischen Gottesbeweises.

Der vierte Weg, der „Stufenbeweis“, ist eine Abwandlung von Anselms ontologischem Gottesbeweis:

- Alle Dinge können Abstufungen bestimmter Qualitäten zeigen, z. B. mehr oder weniger heiß oder gut etc. sein.
- Diese Abstufungen werden von etwas verursacht, das selbst das Maximum dieser Qualitäten verkörpert, wie z. B. die Sonne, die am heißesten ist und ihre Wärme an andere Dinge abgibt.
- Da es Abstufungen der Eigenschaft des Gutseins gibt, muss es etwas geben, das vollkommen gut ist, und dieses eine ist Gott.

Der „fünfte Weg“ oder „Finalitätsbeweis“ baut auf dem aristotelischen Begriff des *telos*, Zweck, auf:

- Alle Dinge streben einem höchsten Ziel oder Zweck zu.

NICHT DER ERSTE ...

Thomas von Aquin war nicht der erste nachantike Vertreter der Lehre von der ersten Ursache. Bereits der muslimische Philosoph Avicenna oder Ibn Sīnā (ca. 980 – 1037) versuchte, Elemente aristotelischer und platonischer Philosophie mit dem Glauben an einen Schöpfergott zu verbinden. Die Kommentare Avicennas und anderer muslimischer Gelehrten fanden in lateinischer Übersetzung über Spanien den Weg ins Abendland und sollten großen Einfluss auf das Werk Thomas von Aquins und auf die Scholastik entfalten.

Der Gottesbeweis Avicennas hat bemerkenswerte Ähnlichkeit mit dem thomistischen:

- Dinge treten ins Dasein und wieder heraus, folglich ist „Dasein" selbst keine Eigenschaft der Essenz.
- Dass Dinge ins Dasein treten, muss einen Grund haben.
- Es kann keine unendliche Kette von bedingten Ereignissen geben ohne eine erste Ursache, die sie in Gang gesetzt hat.
- Diese erste Ursache existiert aus sich selbst heraus und ist natürlich Gott.

- Dieses Streben nach einem höchsten Ziel muss von irgendetwas gelenkt oder gewollt sein; es ist Gott, der dahintersteht.

Wenn auch die moderne Philosophie die fünf Wege Thomas von Aquins weitgehend verworfen hat, hält die katholische Kirche daran in abgewandelter Form immer noch fest.

Mit Ausgang des 13. Jahrhunderts lagen die wesentlichen kosmologischen, teleologischen und ontologischen Gottesbeweise vor. Was danach kam, war entweder Präzisierung und Verteidigung dieser Beweise oder kritischer Angriff. Was sonst noch an Argumenten vorgebracht wurde, zum Beispiel, dass Wunder die Existenz Gottes bewiesen, taugt nicht

FACHBEGRIFFE: TELEOLOGISCH

Eine **teleologische** Beweisführung unterstellt einen Zweck, eine Absicht oder ein Ziel.

wirklich als Beweis. (Angenommen, es stünde fest, dass ein Wunder geschehen ist, so würde das nur die Existenz von Wundern, aber nicht diejenige Gottes beweisen.)

Wehe dir, wenn nicht: die Pascal'sche Wette

Ob Gott existiert oder nicht, ist nicht nur eine philosophische Frage. Für jemanden, der – möglicherweise – an einen Gott glaubt, der Anteil am Menschen nimmt und diesen bestraft oder belohnt, ist die Existenz bzw. Nicht-Existenz Gottes gewöhnlich mit der Möglichkeit eines Lebens nach dem Tod und damit mit ewiger Verdammnis oder Seligkeit verknüpft. Und das interessiert die Leute schon mehr als die rein theoretischen Überlegungen zur Existenz Gottes.

Der französische Rationalist Blaise Pascal (1623–1662) vertrat zwar einen streng wissenschaftlichen Ansatz des Erkenntnisgewinns, war aber der Ansicht, dass, sobald es um Gott gehe, andere Regeln gelten. In Dingen, die unser Verstand nicht fassen kann, könnten wir uns nur, so Pascal, auf die Autorität heiliger Schriften stützen. Pascal war ein zutiefst religiöser Mensch und verbrachte die letzten Jahre seines Lebens hauptsächlich mit der Abfassung seiner *Pensées (Gedanken)*. In diesem Text, der tatsächlich mehr Gedankensammlung ist als fortlaufend entwickelte Argumentation, versucht Pascal eine Apologie des Christentums, indem er den Beschränkungen des Verstandes und dem Mangel an absoluter Gewissheit nachgeht.

> **FACHBEGRIFFE: APOLOGIE**
> Unter einer *Apologie* versteht man die argumentative Verteidigung einer bestimmten Lehre oder Position.

Die Überlegung in den *Pensées*, die den größten Einfluss nach sich zog, ist die sogenannte Pascal'sche Wette bezüglich der Existenz Gottes. Sie ist eigentlich kein Argument für die Existenz Gottes, sondern für den Glauben an Gott als vernunftgemäße Haltung.

Entweder Gott existiert oder er existiert nicht. Welche Aussage wahr ist, können wir mittels unseres Verstandes nicht beantworten, doch wir müssen uns entscheiden, welche wir als wahr akzeptieren. Wir müssen also eine Wette eingehen.

- Wenn Gott nicht existiert, verlieren wir nichts, wenn wir glauben, dass er existiert – der Tod ist das absolute Ende, ob wir nun glauben oder nicht.
- Wenn Gott aber existiert, können wir, wenn wir an ihn glauben, alles gewinnen (Seligkeit) bzw. alles verlieren (Verdammnis), wenn wir es nicht tun.
- Folglich ist es vernünftig, so zu handeln, als würde er existieren: „Wenn du gewinnst, gewinnst du alles, wenn du verlierst, verlierst du nichts."

Etwa hundert Jahre später brachte der französische Philosoph Denis Diderot (1713–1784) gegen die Pascal'sche Wette einen naheliegenden Einwand vor, nämlich dass wir zahlreiche solcher Wetten eingehen müssten. Pascal hatte nur den katholischen Gott im Sinn, die Geschichte kenne aber zahlreiche Götter und Glaubenssysteme, zwischen denen wir zu entscheiden hätten. Pascal könnte also seine Wette abschließen und gemäß den Geboten der katholischen Kirche leben, nur um nach dem Tod

Die Maori glauben, dass der Gott Tāne den Himmel von der Erde trennte, die Sterne an den Himmel hängte und, einigen Versionen zufolge, auch die ersten Menschen erschuf. Sollte dies die wahre Religion sein, so kämen einige von uns nach dem Tod wohl in Schwierigkeiten.

trotzdem der Verdammnis anheimzufallen, weil er eigentlich Krishna, Thor oder Zeus hätte anbeten sollen.

Die bessere Option

Der amerikanische Psychologe und Philosoph William James (1842–1910), Bruder des Schriftstellers Henry James, schlug eine andere, pragmatische Herangehensweise an Glaubensfragen vor. Er betrachtete das Leben als bestimmt von Entscheidungen, von denen manche „zwingend" seien. Damit meinte er, dass wir zu einer Antwort finden müssen, da wir nicht dauernd zwischen zwei Stühlen sitzen könnten. Der Glaube an Gott war für ihn eine solche zwingende Entscheidung: Wenn Sie sich nicht für einen Glauben entscheiden, haben Sie sich für das Gegenteil, den Nicht-Glauben, entschieden.

Einige Entscheidungen seien auch „dringend" – sie haben tief greifende Folgen. Die Entscheidung an Gott zu glauben betrachtete er als dringend, da, so seine Argumentation, die Entscheidung für den Glauben dem Betreffenden moralisch und psychologisch ein Gerüst gibt, sein Leben bereichert und ihm eine Sinnperspektive verleiht. Aus seiner Sicht bringt Nicht-Glauben keinerlei Vorteil, daher würde ein vernünftiger Mensch sich immer für den Glauben entscheiden. Diese Argumention steht auf noch wackligeren Füßen als jene Pascals, da sie nicht nur keine Argumente liefert, warum eine Religion einer anderen vorzuziehen sei, sondern auch die Begründung schuldig bleibt, warum Religion einem anderen sinnstiftenden System vorzuziehen sei.

Kein Beweis notwendig

Einige Philosophen aber betrachten die Bemühungen, einen Beweis für die Existenz Gottes erbringen zu wollen, entweder als unsinnig oder als bedeutungslos. Einer von ihnen war der Niederländer Desiderius Erasmus (1466–1536), auch bekannt als Erasmus von Rotterdam. Der christliche Humanist verurteilte die Heuchelei und Verweltlichung der katholischen Kirche und hatte nichts übrig für die Scholastik und ihre

> *„Ich hätte viel größere Angst, wenn ich mich irrte und entdeckte, dass die christliche Religion wahr ist, als wenn ich mich irrte, indem ich sie wahr glaube."*
>
> Blaise Pascal, *Gedanken*, 1669

WIE VIELE ENGEL KÖNNEN AUF DER SPITZE EINER NADEL TANZEN?

Scholastische Debatten wurden meist spitzfindig geführt. Doch dafür, dass man tatsächlich darüber debattiert haben soll, wie viele Engel auf der Spitze einer Nadel tanzen können, gibt es keinen zeitgenössischen Beleg. Erst ein Text aus dem 17. Jahrhundert erwähnt diese angebliche Streitfrage:

„So sagen Schibler und andere, der Unterschied, wie viel Raum sie einnehmen, sei der, dass Engel ihre gesamte Substanz in einem Punkt im Raum zusammenziehen können und daher keine partes extra partes *haben. Dagegen haben die Scholastiker gefragt, wie viele Engel auf eine Nadelspitze passen."*

Aus: Richard Baxter, *The Reasons of the Christian Religion*, 1667

Möglicherweise sollte diese Frage den jungen Gelehrten bloß Gelegenheit bieten, sich in der Kunst des Debattierens zu üben, vielleicht wollte man sich aber auch nur über die Pedanterie und die Absurdität der ganzen Frage lustig machen.

Über die Natur der Engel wurden viele Debatten geführt, sogar ihr Tanzverhalten soll zum Thema genommen worden sein.

„Da wird nun [vor dem großen Richterstuhl] der eine auf seinen Schmerbauch weisen, das prallvolle Massengrab jeder Art Fisch. Der schüttet hundert Scheffel Psalmen aus. […] Aber Christus wird dazwischen fahren und wird sprechen: ‚Wehe euch, ihr Schriftgelehrten und Pharisäer. Ein einziges Gebot erkenne ich an als das meine, und von diesem allein höre ich kein Wort: […] den Taten der Liebe.'"

Desiderius Erasmus, *Lob der Torheit*, 1509

Beschäftigung mit Aristoteles und Platon. Er hielt es mit Augustinus und dessen schlichten Glaubensbekundungen. Für Erasmus war der Glaube an Gott keine Frage des Verstandes, sondern der gläubigen Hingabe.

In seinem Buch *Lob der Torheit* (1509), eine Satire auf die Missstände innerhalb der Kirche, spottet er über die Orden, die offensichtlich glaubten, ein gutes religiöses Leben bestünde darin, darauf zu achten, wie viele Knoten ihre Sandalen haben müssten. Dem hält er entgegen, wahre Religiosität sei eine Sache des Herzens und brauche nicht die Kirche als Vermittlerin. Wahre Religion sei eine Form der Torheit, da sie schlicht und unmittelbar sei und keinen Wust von Lehrsätzen benötige. Religiosität muss auf vollkommener, reiner Menschlichkeit basieren – auf dem Vertrauen in den menschlichen Geist und seine Fähigkeit, Gott zu erkennen und zu verehren.

Erasmus war an der Institution Kirche ebenso wenig gelegen wie am Erbringen eines Gottesbeweises, doch die Vorstellung, der menschliche Geist erkenne und strebe von Natur aus nach Gott, wurde zu einem wichtigen, nicht-rationalen Argument für die Existenz Gottes.

Glaube und Vernunft

Erasmus kritisierte zwar die Praktiken der Kirche, rüttelte aber nicht an zentralen christlichen Glaubenssätzen wie der realen Existenz Gottes, der Fleischwerdung Christi usw. Das Abrücken von kirchlichem Dogma setzt erst mit der Aufklärung ein, die bald nach Erasmus' Tod beginnt.

Die meisten mittelalterlichen Gelehrten brachten die Wissenschaft – speziell Astronomie, Astrologie und Geometrie – in Verbindung mit dem Göttlichen.

Der französische Philosoph François-Marie Arouet (1694–1778), besser bekannt als Voltaire, war einer derer, die ein liberaleres Gottesbild formulierten. Um zu einem Verständnis des Göttlichen zu kommen, war es seiner Ansicht nach nicht nötig, einer der etablierten Glaubensrichtungen zu folgen. Doch ebenso wenig hielt er blinde Frömmigkeit für angeraten. Er vermochte seinen Glauben an das Göttliche mit dem Vertrauen darauf zu verbinden, dass sowohl die konkrete als auch die geistig-moralische Welt nach erklärbaren, wenn auch nicht immer bereits entdeckten Gesetzen geordnet sind: Voltaire fragt nach der Natur des Glaubens. Könne damit der Glaube an das Offensichtliche gemeint sein? Er verneint dies und sagt, dass der Glaube an die Existenz eines ewigen, intelligenten und höchsten Wesens eine Sache der Vernunft sei.

Auch der niederländische Philosoph Baruch Spinoza (1632–1677) bejahte die Existenz einer göttlichen Wesenheit (unter Rückgriff auf den ontologischen Gottesbeweis). Spinoza, der einer jüdischen Familie entstammte, wollte sich aber keiner bestimmten Religion anschließen. Er wird oft, etwas zu sehr vereinfachend, als der Pantheist schlechthin betrachtet. Spinoza glaubte, dass alle Dinge Formen eines Ganzen seien und dieses Ganze ein oberstes göttliches Wesen sei. Mit anderen Worten: Die natürliche Welt *ist* Gott, doch ist sie nicht alles, was Gott ist. Sie ist so etwas wie eine Untermenge Gottes. Sein Gottesbild ist jüdisch-christlichen Glaubensvorstellungen diametral entgegengesetzt insofern, als Spinozas Gott keinerlei anthropomorphe Eigenschaften besitzt: Er ist kein persönlicher Gott, wird nicht Mensch, besitzt weder Wille noch

Absicht oder Bewusstheit. Alles, was geschieht, drückt weniger den Willen, denn die Natur Gottes aus und folgt unveränderlichen Gesetzen, deren Urheber er nicht ist. Diese Position macht Spinoza in der Vorstellung des 17. Jahrhunderts zum Atheisten. 1656 wird über ihn wegen seiner „schrecklichen Taten" und „abscheulichen Ketzereien" der *cherem* verhängt, der Ausschluss aus der jüdischen Gemeinde.

Sah Voltaire im Glauben an Gott einen Akt der Vernunft, so war für Søren Kierkegaard die Religion zwangsläufig eine Sache der Leidenschaft, nicht der Vernunft. Der Verstand könne den Glauben nur untergraben, behauptete er, nicht begründen. Rationalistische Gottesbeweise, wie etwa Anselm von Canterbury oder Thomas von Aquin sie aufgestellt haben, hätten nichts mit dem Glauben an Gott zu tun. Wahrer Glaube beziehe seine Kraft aus dem Inneren, durch einen „Glaubenssprung", ohne sich mittels Vernunft der Richtigkeit seines Tuns zu versichern. Wäre die Existenz Gottes rational fassbar, wäre der Glaube entbehrlich und nutzlos.

DAS ZEITALTER DER AUFKLÄRUNG
Als Aufklärung bezeichnet man die Epoche, die etwa 1650 beginnt und die gekennzeichnet ist durch ein wachsendes Vertrauen in die Macht der Vernunft und die Möglichkeiten, die neue wissenschaftliche Denkmodelle bieten. Skeptizismus, wissenschaftliches Denken und Logik treten nun an die Stelle von Glauben bzw. Aberglauben und fraglosem Akzeptieren der alten Autoritäten. Die Denker, mit denen die Aufklärung einsetzt, sind Spinoza, Voltaire, Newton und Locke. Ausgehend hauptsächlich von Frankreich und England, breiten sich aufklärerische Ideen auf das übrige Europa sowie Amerika aus.

FACHBEGRIFFE: PANTHEISMUS
Der Pantheismus glaubt, dass das gesamte natürliche Universum eine Manifestation Gottes und untrennbar von ihm ist. Gott trägt keinerlei menschliche Züge und besitzt weder Willen noch Absicht oder Bewusstheit.

Seinem zutiefst religiösen Naturell zum Trotz attackierte Kierkegaard die Amtskirche, in der er die Antithese des Christentums sah. Äußerlichkeiten, wie der Messe beizuwohnen oder die Bibel zu rezitieren, hätten nichts mit wahrer Religion zu tun, der unmittelbaren, persönlichen Begegnung mit dem Göttlichen.

Gott ist tot – wenn es ihn je gegeben hat

Warum es gar so schwierig ist, die Existenz Gottes zu beweisen, könnte auch daran liegen, dass es ihn gar nicht gibt. Eine solche Position zu vertreten war in der Geschichte vielerorts problematisch. In Gesellschaften, die sich gänzlich auf den Glauben an Gott gründen, muss sich ein Philosoph, der dessen Existenz verneint, zumindest auf schallendes Gelächter, wenn nicht auf den Scheiterhaufen gefasst machen. Erst im 18. Jahrhundert, mit dem Erstarken der Aufklärung und dem Schwinden kirchlicher Macht, konnte man sich mit dieser These hervorwagen.

Tatsächlich wurde es in manchen Kreisen richtiggehend trendy, Atheist zu sein.

Der schottische Philosoph David Hume (1711–1776) war einer der ersten Philosophen, welche die Existenz Gottes offen verneinten. Hume war Skeptiker durch und durch und ließ nichts gelten, was nicht durch eigene sinnliche Erfahrung erfasst werden konnte. Das freilich hieß nun das Jesuskind mit dem Bad ausschütten, wobei im Badewasser auch die Existenz des Selbst, logische Notwendigkeit, die Ursache-Wirkungsbeziehung und die Gültigkeit induktiv erlangten Wissens herumschwammen. In *Dialoge über natürliche Religion* (1779) lässt Hume den Skeptiker Philo Gegenargumente gegen alle wichtigen Gottesbeweise vorbringen. Allerdings war die Zeit noch nicht ganz reif für Humes provokanten Standpunkt, weshalb seine Schrift erst drei Jahre nach seinem Tod veröffentlicht wurde.

Zu der Zeit, als Friedrich Nietzsche (1844–1900) seine Schriften verfasste, war es vielleicht unpopulär, die Existenz Gottes zu verneinen, doch nicht mehr riskant, wie es das für Spinoza gewesen war. Nietzsches Vater, ein protestantischer Geistlicher, starb, als der Sohn vier war. Der

Während der Aufklärung erfuhren die Wissenschaften bzw. die Entwicklung wissenschaftlicher Methoden wachsendes Interesse.

> *„Die Religion ist der Seufzer der bedrängten Kreatur, das Gemüth einer herzlosen Welt, wie sie der Geist geistloser Zustände ist. Sie ist das Opium des Volks."*
>
> Karl Marx,
> *Deutsch-Französische Jahrbücher,*
> hrg. v. Arnold Ruge u. Karl Marx, 1844

Junge wurde von seiner Mutter und seiner Schwester im Geiste nüchtern-protestantischer Frömmigkeit erzogen und entwickelte eine ausgeprägte Abneigung gegen das Christentum, das er als „Sklavenmoral" bezeichnete. Er sah darin ein Produkt aus dem Ressentiment und der Verbitterung der Ohnmächtigen und Schwachen. Statt gegen ihre niedrige soziale Stellung aufzubegehren oder ihr Ressentiment durch innere Stärke zu überwinden, hätten sie ein System ersonnen, das die Bestrafung ihrer Unterdrücker in ein künftiges Leben verlegt und den Schwachen so doch noch die Rache verschafft, die sie in diesem Leben nicht vollziehen können. Kennzeichen der Sklavenmoral sei es, so Nietzsche, dass Sklaven solche Eigenschaften, die ihren Herren Macht über sie geben, als schlecht bezeichnen und die diesen entgegengesetzten Eigenschaften als gut. Wohlstand und Macht sind schlecht, Armut und Bescheidenheit gut. Der Reiche und Mächtige wird nach dem Tod bestraft, der Arme und Bescheidene belohnt.

Nietzsche war nicht der Einzige, der in der Religion ein Mittel sah, um die Massen ruhig zu halten. Aus dem berühmten Satz des deutschen politischen Philosophen Karl Marx, dass Religion „das Opium des Volks" sei, spricht eine ähnliche Einstellung zur Religion, nur liegt für Marx der Ursprung der Religion nicht in der Mentalität der Ohnmächtigen. In seinen Augen wurde diese dem Proletariat von den Herrschenden aufoktroyiert.

Marx folgt dabei der These des Philosophen und Anthropologen Ludwig Feuerbach (1804–1872), dass der Mensch Gott nach seinem Ebenbild geschaffen habe und die Verehrung Gottes ihn vom Einsatz seiner menschlichen Fähigkeiten abhalte. Dennoch kritisierte Marx Feuerbach, weil dieser nicht verstanden habe, was Menschen dazu treibe, einer Religion zu folgen. Nach Marx ist es das Gefühl der Entfremdung, das sie konkret im Leben erfahren und sie Trost in der Religion suchen lässt. „Entfremdung" meint zum einen die Entfremdung der Arbeit, zum anderen soziale Entfremdung, womit das Versagen der modernen Gesellschaft gemeint ist, der angeborenen sozialen Natur des Menschen Rechnung zu tragen. Der Mensch bildet Gemeinschaften und kann nur überleben, wenn er sich auf ein breites Netzwerk sozialer und ökonomischer Beziehungen stützen kann. Nach Marx findet dieses Bedürfnis nach Gemeinschaft seine pervertierte Anwendung in der Religion, die dem Menschen fälschlich eine Gemeinschaft vorheuchelt, in der vor Gott alle gleich sind.

Der bürgerliche Staat liefert eine weitere Illusion der Gemeinschaft: die Gleichheit aller vor dem Gesetz. Marx aber ging davon aus: Wenn der Mensch seine Ketten abwirft und zu echter Gemeinschaft findet, wird sich die Religion ganz von selbst auflösen. Der russische Anarchist und Revolutionär Michail Bakunin (1814–1876) war in der Ablehnung

Gottes noch radikaler. Gott war für ihn schlicht der Inbegriff aller Übel, die je die Menschheit heimgesucht hätten.

Wir haben Gott geschaffen, weil es keinen gab

Der österreichische Psychologe Sigmund Freud (1856–1939) sah in Gott ebenfalls ein Produkt des menschlichen Geistes, allerdings geboren aus einem menschlichen Bedürfnis und nicht aus politischer Manipulation. Religion sei eine notwendige Illusion, die dem Menschen helfe, seine sexuellen und destruktiven Triebe zu kontrollieren. Sie entstamme der Sehnsucht nach einer Vaterfigur, die dazu beitragen solle, „die Schrecken der Natur zu bannen, mit der Grausamkeit des Schicksals [...] zu versöhnen und für die Leiden und Entbehrungen zu entschädigen, die dem Menschen durch das kulturelle Zusammenleben auferlegt werden."

> *„Die Gottesidee enthält die Abdankung der menschlichen Vernunft und Gerechtigkeit in sich, sie ist die entschiedenste Verneinung der menschlichen Freiheit und führt notwendigerweise zur Versklavung der Menschen in Theorie und Praxis."*
>
> Michail Bakunin, *Gott und der Staat*, 1882

Eher anti-realistisch als nicht real

Einen weiteren Ansatz verfolgt Georg Wilhelm Hegel (1770–1831). Er schlägt vor, Gott neu zu definieren. Sein anti-realistischer Gottesbegriff besagt, dass Gott nicht etwas unabhängig Existierendes sei, sondern eine Ansammlung von moralischen oder spirituellen Vorstellungen beschreibt. Dieser Standpunkt wurde als verkappter Atheismus kritisiert und erfordert eine Generalrevision unserer Begriffe von Gott und Religion. Existiert Gott nicht auf dieselbe Weise wie die Außenwelt existiert, dann gilt das auch für Himmel und Hölle. Dann hätten auch Wunder nichts mehr mit Religion zu tun. Diese Sicht ist bei vielen modernen Denkern, sogar Geistlichen populär.

Michail Bakunin war ein russischer Philosoph und Revolutionär und gilt vielen als der Begründer der anarchistischen Theorie. Der Anarchismus lehnt alle Formen staatlicher Organisation ab.

Das Alte Testament berichtet, wie Gott dem Menschen seine Gebote gab, die er befolgen sollte, kurz und bündig eingemeißelt in steinerne Tafeln, welche Moses den (meist des Lesens unkundigen) Israeliten bringen sollte.

> *„Von Gott zu reden heißt von moralischen und spirituellen Zielen zu reden, die wir anstreben sollten, davon, zu was wir werden sollten ... Der wahre Gott ist nicht Gott als malerische, übernatürliche Gegebenheit, sondern Gott als religiöses Ideal."*
>
> Don Cupitt, *The Sea of Faith*, 1988

Ein Gott zum Aussuchen

Akzeptieren wir irgendeinen Gottesbeweis als wahr, so erhält unsere Religiosität zwar einen Ansatzpunkt, doch ist damit noch lange nicht die Existenz eines speziellen Gottes bewiesen. Selbst wenn wir einen Ersten Beweger, einen intelligenten Gestalter akzeptieren oder glauben, Gott müsse existieren, weil wir ihn denken können, so ist damit nicht bewiesen, dass dieser existierende Gott der Gott der Bibel, des Korans oder einer anderen Religion ist. Hier stehen wir wieder vor dem Problem von Pascals pragmatischer Wette.

Für die Anhänger von Christentum, Judentum und Islam steht die Existenz Gottes bzw. seiner Natur nicht zur Debatte. Philosophen hingegen hat diese Frage sehr wohl beschäftigt.

Wie ist Gott denn so?

Thales von Milet suchte nach einer natürlichen Erklärung für die sichtbare Welt. Dennoch glaubte auch er noch, dass Gott der Weltgeist sei, der alle Dinge beseele. Xenophanes (ca. 570–475 v. Chr.) glaubte an ein einziges göttliches Wesen, das dem Menschen weder an Gestalt noch an Gedanken ähnlich ist, aber alle Dinge durch seine Denkkraft verursacht.

Das ist entschieden ein anderes Gottesbild als bei Homer, wo sich anthropomorphe, oft nur allzu menschlich agierende Götter ständig in die Angelegenheiten der Sterblichen mischen. Auch der griechische Philosoph Epikur (341–270 v. Chr.) lehnte die Vorstellung intervenierender Götter ab. Bei ihm finden wir zum ersten Mal das „Problem des Bösen" angesprochen: „Ist Gott willens, aber nicht fähig, das Böse zu verhindern?", fragt er. Dann ist er nicht allmächtig. Ist er fähig, aber nicht willens? Dann ist er grausam. Ist er willens und fähig? Warum gibt es dann aber das Böse? Epikur kam zu dem Schluss, dass die Götter sich nicht für menschliche Belange interessierten.

Etwa fünfhundert Jahre später gab der aus Ägypten stammende Plotin (ca. 204–270) eine Neuinterpretation der Lehren Platons, in deren Mittelpunkt eine dreifaltige Gottheit steht. Damit findet er – und mit ihm Platon – unmittelbar Eingang ins christliche Denken. Platon, dessen Werk jahrhundertelang in erster Linie durch Plotins Vermittlung bekannt ist, avanciert zum für die christliche Theologie akzeptablen heidnischen Denker.

ARGUMENTE FÜR RELIGIÖSE TOLERANZ

Der englische Arzt und Philosoph John Locke (1632–1704) führt in *Ein Brief über Toleranz* (1689–1692) drei Gründe an, warum man sich in religiöser Toleranz üben sollte. Erstens könne kein Sterblicher die Aussagen sämtlicher Religionen zuverlässig bewerten. Und selbst wenn wir uns sicher sein könnten, welches die wahre Religion sei, könne zweitens doch niemand zum Glauben gezwungen werden. Dies hätte bestenfalls eine rein äußerliche Zustimmung bei massiver innerer Ablehnung zur Folge. Drittens würde Zwang zu mehr Streit und Gewalt führen als Toleranz.

Die erste Dreifaltigkeit

Plotins Dreifaltigkeit besteht aus dem Einen, dem *Nous* (Geist, Intellekt) und dem Seelischen. Im Gegensatz zur christlichen Dreifaltigkeit handelt es sich nicht um gleichrangige Kräfte, sondern um aufeinanderfolgende Stufen eines kontemplativen Wesens. Das Eine, manchmal auch Gott genannt, entzieht sich der Beschreibung und ist die mystische Quelle der Wirklichkeit. Plotin glaubte, die Vereinigung mit dem Einen sei durch Kontemplation möglich. Der Nous, der göttliche Geist oder die Vernunft, geht

Diese Karikatur von James Gillray aus dem Jahr 1790 zeigt den „atheistischen Revolutionär“ Richard Price: „Atheist“, weil er als Unitarier die Dreifaltigkeit leugnete, „Revolutionär“, weil er die amerikanische Unabhängigkeit unterstützte.

als Erstes aus dem Einen hervor. Aus dem Nous wiederum geht die Weltseele hervor und aus dieser die Einzelseelen und die Materie. Alles ist daher eine hierarchische Schöpfungskette, die vom Einen nach unten geht. Gleichzeitig ist sie Teil des Einen, weil sie aus ihm hervorgegangen ist.

Mit Ausbreitung des Christentums und später des Islams hatten alle Fragen zur Natur Gottes erst einmal für über ein Jahrtausend zu verstummen. Erst als Denker wie Spinoza und Voltaire es wagten, das herrschende Dogma herauszufordern, lebte diese Debatte wieder auf. Die Frage, die mit Pascals Wette aufgeworfen wurde – auf welchen Gott man wetten solle –, ließ die Wahl zwischen den verschiedenen jüdisch-christlichen Strömungen und dem Islam sowie dem pantheistischen Gott Spinozas. Dieser Gott war an keine der bestehenden Lehren gebunden und interessierte sich nicht für menschliche Belange. In gewisser Weise ist dies eher ein Gott der Philosophen als der Gläubigen. Zu einem Gott zu beten, der nicht ins Weltgeschehen eingreift, ja nicht einmal daran interessiert ist, hat wenig Sinn. Solch ein Gott erfüllt weder Kierkegaards Verlangen nach einer Idee, für die es sich zu leben und zu sterben lohnt, noch gibt er ein gutes Fundament für ethische und soziale Gefüge. Andererseits stellt sich mit diesem Gotteskonzept eine Frage nicht mehr, deren Beantwortung jeden Philosophen, der die Existenz eines wohlwollenden, eingriffsbereiten Gottes zu verteidigen sucht, vor eine enorme Herausforderung stellt: Warum gibt es das Böse?

Gott und das Böse

Die Frage, wie das Böse existieren kann in einer Welt, die von einem gütigen, allmächtigen Gott geschaffen wurde und gelenkt wird, stellte als Erster Epikur vor 2300 Jahren. Ähnlich verhält es sich mit dem Problem des Leidens, obwohl aus philosophischer Sicht leichter zu beantworten. Leiden kann Teil eines größeren Plans sein, den wir nicht verstehen. Es kann auf reiche Belohnung nach dem Tod hoffen lassen. Mit dem Bösen ist das nicht so einfach. Warum lässt ein unendlich guter Gott das Böse zu, ja erschafft es sogar selbst? Hier einige Antworten verschiedener Philosophen:

Irenäus von Lyon (ca. 135–202) sagte, ohne das Böse in der Welt würden wir nicht zu moralischer Gutheit und Gottesliebe finden. Das Böse ist also notwendig, um uns seelisch zu läutern.

Augustinus argumentierte, das Böse sei durch den Sündenfall in die Welt gekommen, existiere aber nicht *per se* – es sei ein Abweichen vom Guten bzw. die Abwesenheit desselben, ähnlich wie Blindheit nicht etwa ein „Ding an sich“ ist, sondern fehlendes Sehvermögen. Adam und Eva hätten Gott herausgefordert und sich damit entschieden, nicht gut zu sein.

Augustinus argumentierte, dass das Böse mit dem Sündenfall Adam und Evas in die Welt gekommen sei und eher die Abwesenheit des Guten als das Vorhandensein seines Gegenteils darstelle.

DIE BESTE ALLER MÖGLICHEN WELTEN

In seiner satirischen Erzählung *Candide* (1759) macht Voltaire Leibniz' Theorie der besten aller möglichen Welten zur Zielscheibe seines Spotts. Es geht darin um den naiven Jüngling Candide, der eine Flut von Katastrophen mit heiterem Gleichmut hinnimmt, weil er fest auf die Worte seines Lehrers Pangloss vertraut, der ihm versichert, in der besten aller möglichen Welten zu leben. Doch das Maß des Leidens, das über Candide und seine Gefährten hereinbricht, ist so groß, dass er schließlich seinen Glauben verliert. Enttäuscht und ernüchtert verbringt er seine letzten Tage damit, seinen Garten zu bestellen.

Diese Entscheidung stehe auch jedem anderen Menschen offen.

Thomas von Aquin folgt weitgehend Augustinus, fügt aber hinzu, dass das Böse nicht als objektive Tatsache, sondern nur als subjektives Urteil existiere. Etwas ist nur böse, wenn man es in Beziehung zu anderen Geschehnissen, Dingen oder Menschen so beurteile. Alle Dinge seien von Natur aus gut, könnten aber zufallsbedingt schlechte Resultate hervorbringen. Somit ist die Ursache aller Dinge, auch des Bösen, letztlich gut. Es sei Teil der unendlichen Güte Gottes, dass er die Existenz des Bösen zulässt und daraus Gutes entstehen lässt.

Auch die Reformatoren Martin Luther (1483–1546) und Johannes Calvin (1509–1564) erklärten das Böse zur Folge des Sündenfalls. Beide glaubten an die göttliche Vorherbestimmung, daher war der Sündenfall (wie alle weiteren Übel) notwendig Teil des göttlichen Plans, den der Mensch nicht verstehen kann.

Gottfried Leibniz (1646–1716), heute vor allem als Mathematiker bekannt, sagte, Gott habe die bestmögliche aller Welten geschaffen und Mängel seien in allen möglichen Welten unvermeidlich. Er behauptete, dass moralisches und körperliches Übel (d.h. Sünde bzw. Leid) daher kämen, dass unvollkommene Menschen mit unvollkommener Einsicht handelten und von ihrem freien Willen nicht in der bestmöglichen Weise Gebrauch machten. Ein gewisses Maß an Übel aber sei notwendig, um die bestmögliche aller Welten hervorzubringen, denn Tugenden wie Mut oder Anstand würden nicht als solche gelten, wenn sie nicht das Übel als Gegenpart hätten. Gott aber bemesse Gut und Böse so, dass die beste aller Lösungen dabei herauskomme.

Der britische Geistliche Thomas Malthus (1766–1834) vertrat die Ansicht, das Böse sei dazu da, um die Menschen zu harter Arbeit und tugendhaftem Verhalten anzuspornen, um so Hunger und Armut zu entgehen. Das Böse existiere, nicht um die Menschen in die Verzweiflung zu treiben, sondern sie zum Handeln zu ermutigen.

Die Debatte, warum es das Böse gibt, ist längst nicht abgeschlossen. Gläubige begnügen sich häufig mit der Erklärung, dass dies ein Geheimnis sei, doch damit kann sich die Philosophie natürlich nicht zufriedengeben. Die besten Antworten auf diese Frage scheinen zu sein, dass entweder Gott nicht existiert oder unsere Definition von Gott falsch ist – dass er

also nicht zugleich unendlich gut und allmächtig ist. Das bedeutet aber, dass Gott, wie wir ihn sehen, nicht existiert. Das wiederum bedeutet, dass es entweder etwas anderes geben muss oder gar nichts.

Martin Luther, hier zusammen mit einem Kardinal dargestellt, war der Wegbereiter der Reformation, die zur Entstehung des Protestantismus führte.

KAPITEL 3

Was heißt **MENSCH SEIN?**

„Welch ein Meisterwerk ist der Mensch! Wie edel durch Vernunft! Wie unbegrenzt an Fähigkeiten! In Gestalt und Bewegung wie ausdrucksvoll und wunderwürdig! Im Handeln wie ähnlich einem Engel! Im Begreifen wie ähnlich einem Gott! Die Zierde der Welt! Das Vorbild der Lebendigen! Und doch, was ist mir diese Quintessenz von Staub?“

William Shakespeare (1564 – 1616),
Hamlet (II, 2)

„Du bist das Ding selbst. Der natürliche Mensch ist nichts mehr als solch ein armes, nacktes, zweizinkiges Tier wie du.“

William Shakespeare,
König Lear (III, 4)

Existiere ich? Oder Sie?

Was sind Sie? Ein Geist? Ein Körper? Ein Geist und ein Körper? Ein Geist in einem Körper? Existieren Sie überhaupt? Und warum existieren Sie?

Nun, es mag pingelig scheinen, zuerst beweisen zu wollen, dass Sie existieren, doch die Existenz ist eine Vorbedingung des Auf-eine-bestimmte-Weise-Seins. Schließlich hat es keinen Sinn, herausfinden zu wollen, was das Mensch-Sein ausmacht, wenn wir unserer Existenz nicht sicher sind.

Viele Philosophen haben die Existenz mit Bewusstsein in Verbindung gebracht. Dass wir uns unserer Existenz bewusst sind, scheint ihnen ein hinlänglicher Beleg dafür, dass wir existieren, denn schließlich müssen wir existieren, um darüber nachdenken zu können, ob wir existieren. Aristoteles jedenfalls sah das so: Wenn wir uns bewusst sind, dass wir wahrnehmen oder denken, sind wir uns bewusst, dass wir existieren. Der Hl. Augustinus wiederum meint, wir könnten nicht anführen, dass wir nicht existierten, denn allein dass wir das können, zeige doch schon, dass wir existieren. Was nicht da ist, kann nicht argumentieren.

Der islamische Philosoph Avicenna, der im heutigen Usbekistan zur Welt kam, ersann, während er im Gefängnis saß, ein Gedankenexperiment, das als „schwebender Mensch“ bekannt wurde: Wenn ein Mensch einfach so ins Dasein träte, in der Luft schwebend ohne Sinneseindrücke von irgendetwas, auch nicht von seinem eigenen Körper, hätte er immer noch Bewusstsein und könnte denken. Avicenna schloss daraus, dass der reine Akt des Denkens und Bewusstseins diesem Mann beweisen würde, dass er existiert. Außerdem belege dieses Gedankenexperiment, dass der Geist bzw. die Seele vom Körper getrennt sei, da er ohne Vermittlung des Körpers handeln könne. Das ursprünglichste Gewahrsein, das der schwebende Mann/Geist von sich hätte, wäre das seiner eigenen Existenz oder seiner Essenz. Dieses Selbst aber sei eindeutig unabhängig von einem physischen Körper. Aus diesem Grund müssten Geist und Körper getrennt sein und der Geist immateriell.

Der berühmteste derartige Existenzbeweis stammt zweifellos von René Descartes: *Cogito, ergo sum*. (*Ich denke, also bin ich*. Genauer gesagt: „Ich zweifle, also denke ich, also bin ich.“) Im Grunde wiederholt sich darin die Position des Aristoteles bzw. des Augustinus, doch die Kurzfassung ist natürlich eindrucksvoller. Kants Version ist sehr viel länger, meint aber im Grunde dasselbe.

Obwohl also Philosophen von Rang und auch unser gesunder Menschenverstand für die Tatsache der Existenz zu sprechen scheinen, gibt es auch Zweifler. Zum Beispiel heißt es, dass das Faktum,

> *„Die Wirklichkeit äußerer Gegenstände ist keines strengen Beweises fähig; dagegen die des Gegenstandes unserer inneren Sinne (meiner selbst und meines Zustandes) unmittelbar durchs Bewusstsein klar ist.“*
>
> Immanuel Kant, *Kritik der reinen Vernunft*, 1781

Welcher Teil in uns erweckt den Wunsch, Kunst zu schaffen und uns von ihr rühren zu lassen?

dass ich denke, ja nur heißt, dass das „Ich“ denkt, aber nicht, dass es existiere. Der finnische Philosoph Jaakko Hintikka (1929–2015) wies darauf hin, dass die Verneinung des Arguments einen unauflösbaren Widerspruch ergibt: „Ich existiere nicht, aber ich liege falsch“ – Sie können nicht falsch liegen, wenn Sie nicht existieren. Der französische Philosoph Pierre Gassendi (1592–1655) meinte, die Tatsache, dass gedacht wird, beweise nur die Existenz des Denkens – nämlich, dass Denken geschieht. Friedrich Nietzsche, Søren Kierkegaard und David Hume stießen ins selbe Horn. Von da aus zur Existenz des Ich zu gelangen, wie Descartes es tut, sei ein zu großer Sprung. Die Existenz von Gedanken sei kein Beleg dafür, dass jemand ein bestimmter Denker ist. Der Denker des „Ich denke, also bin ich“ könnte genausogut eine Kaulquappe sein wie Descartes. Und er könnte sich in seinem Gefühl persönlicher Identität täuschen.

21 GRAMM

Der amerikanische Arzt Dr. Duncan McDougall (1866–1920) versuchte, das Gewicht der menschlichen Seele zu ermitteln. Er wog sechs ältere Patienten, die an Tuberkulose starben, vor und nach dem Tod. Im Mittel verloren sie beim Sterben 21 Gramm. Nachdem er dasselbe Experiment mit Schafen durchgeführt hatte, behauptete McDougall, dass sie zuerst zunähmen, um dann wieder abzunehmen. Das erklärte er dadurch, dass sich kurz vor dem Tod eine Seelenpforte öffne, was den Körper kurzfristig schwerer werden ließe. Er vergiftete für seine Zwecke auch Hunde und Mäuse, bei denen er allerdings keinen Gewichtsverlust feststellte. Daraus schloss er dann, dass die menschliche Seele im Durchschnitt 21 Gramm wiege, Hunde jedoch keine Seele besäßen (Schafe hingegen schon).

Seine Resultate gelten als unwissenschaftlich.

Kierkegaard allerdings führte nicht an, dass Descartes nicht existiere, nur dass es sich bei seinem berühmten Satz um einen Zirkelschluss handle. Wir müssen notwendig davon ausgehen, dass ein Denker existiert, damit er denken kann. Das Denken als Beleg für seine Existenz zu nehmen, sei daher unsinnig. Letztendlich landen wir also doch wieder bei der Frage, was das „Ich" ist. Was oder wer sind Sie?

Das Rad der Wiedergeburt (China 1177–1249) zeigt, wie ein Wesen in menschlicher und nichtmenschlicher Gestalt wiedergeboren wird.

Körper und Geist

Vermutlich haben Menschen sich schon früh Gedanken gemacht über den Unterschied zwischen Toten und Lebenden. Bei toten Menschen ist „etwas" nicht mehr da. Sie haben keine Seele mehr oder was es auch immer sein mag, was uns zu der Auffassung bringt, dass etwas ein lebendes, denkendes Wesen ist. Jahrtausendelang haben die Menschen Geschichten und religiös gefärbte Erklärungen dafür ersonnen, wohin der „lebendige" Teil des Menschen verschwindet. Zum Beispiel, dass er zurückkehrt zum Einen. Oder dass er in irgendeiner Form doch noch auf Erden lebt und seinen Nachfahren zur Seite steht. Oder dass er seine Persönlichkeit behält und nur auf eine andere Ebene übergeht. Oder dass er sozusagen recycelt und irgendwo in einem neuen – nicht unbedingt menschlichen – Körper wiedergeboren wird. Am schrecklichsten war wohl die Vorstellung, dass er einfach so ins Nichts verschwindet. Jedenfalls prägte der Dualismus von Geist und Körper in verschiedenen Formen alle Kulturen der Welt. Philosophie und Religion mühen sich, ihn zu erklären.

Die Religion lebt von dieser Unterscheidung: hier der Körper, da die Seele oder der Geist, beides ohne Substanz. Und von der Vorstellung, dass der Geist seine Hülle lenkt oder umgekehrt von den pervertierten Gelüsten des Körpers zu sündhaftem Handeln getrieben wird. Für die Philosophie stellt sich die Frage, wo wir das, was wir „ich" nennen, lokalisieren sollen und ob wir Wissen und Weisheit eher durch die körperverhafteten Sinne erlangen oder durch die wenig körperliche Vernunft.

Das Geist-Körper-Problem

Das Geist-Körper-Problem ist letztlich die Frage, wie die Beziehung zwischen Geist und Körper (oder zwischen

> *„Was ist es, was doch dem Leibe einwohnt und ihn lebend macht? Die Seele."*
>
> Platon, *Phaidon*

körperlichen und geistigen Phänomenen) aussieht. Klar ist, dass es zwei „Zustände" zu geben scheint: körperlich und geistig. Alles, was körperlich ist, ist auch öffentlich. Wir können sehen, ob jemand zum Beispiel dick oder schlank ist, groß oder klein. Alle anderen Fragen wurzeln in diesem Grundproblem: Was sind körperliche und geistige Phänomene? Wie beeinflusst der Geist den Körper und umgekehrt? Was bin „ich" und wo ist das Ich, die Person, für die ich mich selbst halte, angesiedelt – im Geist oder im Körper? Was ist Bewusstsein und wie hängt es mit Geist und Körper zusammen?

Die Antworten auf diese Fragen lassen sich in drei verschiedene Kategorien einteilen: Die materialistische Sicht ist, dass alles körperlich ist, selbst der Geist. Die Idealisten hingegen behaupten, alles sei geistig. (Dazu gehört z. B. die Auffassung, dass wir unsere Wirklichkeit durch unser Denken erschaffen.) Dualisten wiederum gehen davon aus, dass sowohl Geist als auch Körper real sind.

Ein, zwei oder drei Teile?

Platon geht in seinem *Phaidon* davon aus, dass der Mensch aus drei Teilen besteht: Seele, Geist und Körper. Die Seele ist Teil des absoluten Einen und damit unsterblich. Während wir leben, ist sie zusammen mit dem Geist im Körper gefangen. Der Geist strebt nach Erkenntnis der idealen Formen (Ideen), doch der Körper zeigt sich durch sinnliche Freuden dem Weltlichen zugeneigt. Die Aufgabe der Seele ist es, Körper und Geist zu leiten, damit sie gut zusammenarbeiten, ähnlich wie ein Wagenlenker, der Pferd und Wagen unter Kontrolle hat. Die Aufgabe ist schwierig und wird nur selten zur Vollkommenheit ausgeführt. Die meisten Menschen führen ein Leben, das von körperlichen Bedürfnissen und Gelüsten gesteuert wird.

Für Platon ist die Seele nicht materiell, daher kann sie durch den Tod nicht zerstört werden. Sie kehrt vielmehr zurück zum transzendenten Einen, um sich später in einem anderen Wesen zu reinkarnieren.

Der Glaube an Geister setzt eine dualistische Vorstellung vom menschlichen Dasein voraus. Nach dem Tod des Körpers scheint eine Art Bewusstsein weiterzuexistieren.

Diese Wiedergeburtstheorie war vor Platon offensichtlich nicht verbreitet. Im *Phaidon* legt er diesen Gedanken nämlich seinem Lehrer Sokrates in den Mund, der sagt, dass die Seele sich nach dem Tod nicht auflöse wie Rauch – und das Publikum reagiert darauf mit Verwunderung.

Seelen verschiedenen „Vermögens"

Für Platons Schüler Aristoteles war die Seele jener Teil eines Wesens, der für sein Handeln zuständig ist. Er postulierte für die Seelen jeweils drei Rangstufen, die er „Vermögen" nennt. Dabei umfassen die höheren Anteile die niedereren automatisch. Die vegetative Stufe verleiht den Wesen die Fähigkeit, sich zu ernähren und zu reproduzieren, die nächste Stufe des „sensitiven Vermögens" ist für Bewegung und Wahrnehmung zuständig. Der höchste Part der Seele wiederum ermöglicht uns zu denken. Die niedrigste Seelenstufe kann zum Beispiel einer Pflanze Leben einhauchen, die mittlere Seelenstufe einem Tier. Nur der Mensch aber verfügt auch über das intellektuelle Seelenvermögen.

Für Aristoteles war die Seele untrennbar mit dem Körper verknüpft. Sie ermöglicht dem Körper überhaupt erst zu handeln. Seiner Ansicht nach kann die Seele den Körper nicht überleben, sie besitzt auch keinerlei individuelle Merkmale. Da wir Menschen Einzelpersonen sind, hat jeder seine Seele, doch diese Seelen sind alle mehr oder weniger gleich, wie Knochen von Mensch zu Mensch kaum verschieden sind. Obwohl die Seele aus einem anderen Stoff besteht als der Körper, sieht Aristoteles sie nicht als ätherisches Wesen, das eine eigene Existenz hat und wandert. Auch für die Tugend eines solchermaßen beseelten Menschen ist nicht seine Seele verantwortlich.

In Aristoteles' Augen hat die Materie keine Eigenschaften, die sich von denen der Seele unterscheiden würden. Wie Materie sich verhält, hängt ausschließlich von der Form ab, die sie besitzt, und diese wird ihr von der Seele verliehen. So kann ein Fleischstück ein Mensch sein, ein

Geschichten wie die von Dr. Jekyll und Mr. Hyde spiegeln wider, dass wir uns unserer unterschiedlichen Triebe durchaus bewusst sind: Unsere körperliche Seite ist ebenso stark wie unsere spirituelle oder rationale.

In der byzantinischen Ikonografie wird die Seele als Vogel dargestellt, der in einem Käfig gefangen ist. Frei wird er erst nach dem Tod.

anderer eine Antilope – die materiellen Bestandteile sind dieselben, nur die Seele (Form) ist eine andere.

Ein bisschen Seele ...

Epikurs Bild von der Seele war durch und durch materialistisch. Er glaubte wie Demokrit (ca. 460 – 370 v. Chr.), dass alle Materie aus winzigen Teilchen, den Atomen, bestünde. Die Atome der Seele seien nur bewegungsfreudiger als die des Körpers, aber sie seien ganz klar materielle Phänomene. Einen entscheidenden Unterschied zu Demokrits Sicht gab es aber bei Epikur: Dieser ging davon aus, dass Atome sich immer in parallelen Linien bewegen, einige wenige allerdings scheren durch einen Akt freien Willens aus ihrer Bahn aus und krachen in die anderen. Diese Kollisionen seien für die verschiedenen Formen der Materie verantwortlich. (Wenn man von den parallelen Bahnen einmal absieht, ist das die Position, die auch die moderne Physik vertritt: Zusammenstoßende Wasserstoffatome brachten das Helium hervor und durch weitere Zusammenstöße dann alle anderen chemischen Elemente.) Diese Theorie übertrug Epikur sodann auf den Menschen und meinte, die Seele mache sich bemerkbar durch die Bewegung der Atome durch den Körper, nur dass die Seelenatome frei herumschwirrten. Die nicht erklärte Eigenschaft des freien Willens der Seelenatome führe zum freien Willen beim Menschen.

Bei diesen drei klassischen Philosophen lässt sich gut das Spektrum der Theorien zur Seele ausmachen: von der unsterblichen Seele, die vom Körper unabhängig ist, bis hin zu materiellen Einheiten, die sich vom Körper nur durch eine spezielle Form oder Eigenschaft unterscheiden. Natürlich hängen wir heute Epikurs Thesen nicht mehr an, doch seine materialistische Sicht hat einen modernen Nachfolger gefunden in der Vorstellung, alle Gedanken, Absichten und Gefühle seien nichts weiter als chemische und neurologische Prozesse. Oder wie der französische Philosoph Merleau-Ponty dies im 20. Jahrhundert formulierte: „Ich bin mein Körper."

Die neoplatonische Seele

Das Gedankengut der Antike wurde im europäischen Mittelalter und der Renaissance vor allem durch Plotin und Übersetzer der antiken Werke vermittelt. Plotin übernahm wie so viele das platonische Gedankengut. Auch er teilte jedes Wesen in drei Teile auf: Ganz zuoberst stand das Eine, eine Stufe darunter kam der Intellekt und die Seele stand noch mal eine Stufe tiefer. Die Seele jedes Menschen hat zwei Aspekte: einer,

Die Schule von Athen in der Darstellung Raphaels (1509–1511): In der Mitte unterhalten sich Platon (links) und Aristoteles (rechts).

der sich nach oben oder innen orientiert und das Göttliche sucht, und einer, der sich der Außenwelt zuwendet, der Natur. Die Natur ist für die materielle Welt verantwortlich, die Seele hingegen für das rationale Denken. Der Intellekt ist die Quelle archetypischer Formen, die Platon „Ideen" nannte. In diesem Bereich gibt es keinen Unterschied zwischen Gedanken und Objekt, zwischen Wahrnehmendem und Wahrgenommenem. Plotin vergleicht den Intellekt mit dem Licht der Sonne: Er erhellt das Eine und ist das Mittel, mit dem das Eine sich selbst kontempliert.

„Aber was bin ich dann? Ein Ding, das denkt. Was ist das? Ein Ding, das zweifelt, versteht, behauptet, widerspricht, will, sich weigert und das darüber hinaus Vorstellungen und sinnliche Wahrnehmungen besitzt."

René Descartes, *Meditationen*, 1641

Jeder Mensch besitzt beide Ebenen der Seele. Es liegt an uns, ob wir uns vorzugsweise mit den niedrigen, körperlichen Aspekten der Natur beschäftigen oder dem Streben des Intellekts nach Höherem folgen.

Die drei Ebenen allerdings – das Eine, der Intellekt und die Seele – sind Ebenen der Kontemplation, die nur in der einen, ewigen Wirklichkeit zugänglich sind. Die Zeit berührt sie nicht. In Plotins Augen ist Zeit ein Produkt der Natur, das nur entsteht, weil die Materie der göttlichen Kontemplation nicht fähig ist. Daher gibt es die Zeit auch nur auf einer niedrigen Seinsebene, weil die Seele eben die Ideen nicht direkt erkennen kann, sondern nur Bruchstücke innerhalb eines zeitlichen Ablaufs erfährt.

William Blake in einem Gemälde von 1808: Die Seele verlässt den Körper und hat also eine unabhängige Existenz.

Gott reißt Körper und Seele an sich

Mit der Ausbreitung des Christentums in Europa bekam die Seele eine andere, konkretere Form. Thomas von Aquin, der aristotelische und christliche Weltsicht zu vermitteln suchte, übernahm das aristotelische Modell, demzufolge der Körper sowohl aus Materie und Form bestehe, wobei die Seele für die Form verantwortlich sei. Doch seiner Ansicht nach waren Körper und Seele nicht beide dem Verfall und dem Tod unterworfen. Denn die Kirche lehrte ja, dass die Seele unsterblich sei und über den Tod hinaus lebe.

Thomas von Aquin allerdings setzte die Seele nicht mit der Persönlichkeit gleich, denn im Tod gingen Persönlichkeit

DAS ARGUMENT DER UNZWEIFELHAFTIGKEIT – EIN ELEGANTER TRICK

Descartes überprüfte seine Ideen, indem er darüber nachdachte, was sich in Zweifel ziehen ließ und was unzweifelhaft richtig war. So ließ sich seiner Ansicht nach die Existenz seines Geistes nicht bezweifeln, die seines Körpers aber schon. (Er hätte sich den Körper ja einbilden können.) Da die Dinge, die sich bezweifeln ließen, von denen, bei denen dies nicht der Fall war, verschieden sein mussten, folgerte er daraus, dass Geist und Körper zwei verschiedene Dinge sein mussten.

und Erinnerungen des Sterbenden ja verloren. Er folgte vielmehr seinen zeitgenössischen christlichen Vordenkern, die glaubten, dass am Tag des Jüngsten Gerichts Körper und Seele wieder zu einer Person vereint würden.

Der Geist in der Maschine

Das bekannteste Beispiel für eine dualistische Sicht von Körper und Geist stammt vermutlich von Descartes. René Descartes (1596–1650) glaubte, dass es nur zwei Arten von Substanz gab: Geist und Materie. (Gott galt ja nicht als Substanz.) Diese beiden Substanzen haben jeweils eigene charakteristische Merkmale. Für die Materie ist dies die Ausdehnung im Raum – das „Hier-Sein", wie man sagen könnte. Für den Geist ist es die Aktivität des Denkens.

Außerdem, so Descartes, sei der Körper teilbar, der Geist nicht. Wir können ein Bein verlieren und unser Körper existiert trotzdem weiter. Aber wir können nicht mit einem halben Geist leben. John Locke hielt dem entgegen, dass wir ja schließlich schlafen oder bewusstlos sein könnten, daher sei auch der Geist teilbar. Dieses Argument kann man gegen Descartes aber nicht ins Feld führen, weil die Diskontinuität des Geistes sich nur im zeitlichen Verlauf ergibt, Descartes aber von räumlicher Diskontinuität sprach.

Die Materie gehorcht ganz bestimmten Gesetzmäßigkeiten – sie reagiert nicht zufällig. Dass Naturgesetze das materielle Universum regieren, war eine der bedeutendsten Erkenntnisse der Descartes-Epoche, und er selbst trug durch seine mathematischen Erkenntnisse nicht wenig dazu bei. Daher musste auch der Körper nach gewissen Regeln funktionieren. Descartes sah den Körper als Maschine, die vom Geist gesteuert wurde. Wie aber konnte der Geist, der keine eigene Substanz hatte, auf den Körper einwirken – die nötigen Hebel in Gang setzen, damit der Körper etwas Bestimmtes tat? Es musste ein Organ geben, das zwischen beiden vermittelte. Descartes entschied sich für die Zirbeldrüse – eine Drüse in der Mitte des Gehirns.

„Ich halte mich in meinem Körper auf, aber nicht nur so, wie ein Seemann sich auf einem Schiff aufhält… ich bin eng mit ihm verbunden und sozusagen mit ihm vermengt, sodass ich mit ihm eins bin."

René Descartes, *Meditationen*, 1641

Gott – auf frischer Tat ertappt

Doch selbst die Lokalisierung des Geistes (der Seele) in einem bestimmten Organ erklärt noch nicht, wie es zur Interaktion zwischen beiden kommt. Wenn Geist und Körper verschieden sind, ja der Geist etwas grundsätzlich anderes ist als der Körper, wie kann das eine dann auf das andere kausal einwirken? Es liegt auf der Hand, dass Geist und Körper interagieren: Wenn wir uns den Finger in der Tür klemmen, verspüren wir Schmerz. Wenn wir etwas tun, unternimmt unser Körper alles Erforderliche.

Um dieses Dilemma zu lösen, bemühte der französische Philosoph Nicolas Malebranche (1638–1715) Gott. Malebranche ging davon aus, dass Gott die einzige kausale Kraft im Universum ist. Der individuelle Geist sei ein begrenzter Teil des universellen Geistes, der Gott ist. Unser Geist hat keine Macht, in der materiellen Welt irgendetwas kausal zu bewirken. Kein konkretes Objekt kann auf andere konkrete Objekte einwirken. Wenn wir etwas wollen, registriert vielmehr Gott jeden Akt unseres Willens und setzt ihn in der konkreten Welt um. Gott dient als Vermittler, was natürlich heißt, dass Gott ziemlich beschäftigt ist. Er muss ja schließlich aufpassen, ob irgendjemand seinen Arm oder sein Bein heben will, seine Augen schließen, eine Tasse heben und so weiter. Geist und Körper sind wie zwei Uhren, die Gott aufzieht. Göttliches Handeln sorgt dafür, dass sie im Takt ticken. Diese Idee nennt man „Okkasionalismus".

Obwohl der Okkasionalismus das Problem der Interaktion von Geist und Körper zu lösen scheint, wirft er neue Probleme auf, und zwar keine geringen: Denn nun stellt sich die Frage nach der Existenz Gottes. Hume – der nicht an Gott glaubte – meinte, die Theorie sei lächerlich, denn wir wüssten ja noch nicht einmal, wie der menschliche Geist funktioniert. Wer wolle da das Wirken des göttlichen Geistes begreifen?

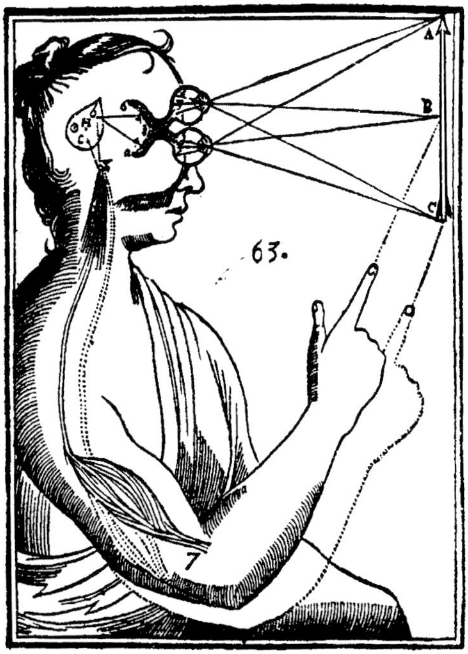

Descartes Modell der Interaktion zwischen Geist und Körper: Licht von einem Objekt fällt aufs Auge. Von dort aus wird die Information an die Zirbeldrüse weitergeleitet, jenen Teil des Körpers, der seiner Ansicht nach zwischen Geist und Materie vermittelte. Jede Handbewegung gehe von der Zirbeldrüse aus.

Schluss mit dem Dualismus

Ein Materialist würde das Problem der dualistischen Sicht von Körper und Geist ganz einfach lösen. Er sieht den Geist als reines Produkt des materiellen Gehirns und damit nicht als verschieden vom Körper an. Spinoza z. B. meinte, dass Geist und Körper nur verschiedene Aspekte eines großen Ganzen seien. Somit

Das Christentum nimmt an, dass die Seele sich nach Gott sehnt und der Körper sie mit seinen sinnlichen Bedürfnissen davon abbringt.

ist das Problem gelöst: Wenn Geist und Körper eins sind, muss die Möglichkeit ihrer Interaktion nicht mehr geklärt werden. Der deutsche Philosoph Friedrich Schelling (1775–1854) kam zu einer ähnlichen Lösung, allerdings durch eine so verschrobene Kette von Schlussfolgerungen, dass Hegel darüber schrieb, es handle sich um „besoffene Gedankenblitze".

Hume nahm sich des Descartes'schen Arguments der Unteilbarkeit des Geistes an: Wir hätten nicht den geringsten Grund anzunehmen, dass unsere Gedanken und Wahrnehmungen eins seien. Wir hegten vielmehr tausend verschiedene Gedanken, Träume und so weiter, dass wir sie nie zu einem unteilbaren Geist zusammenführen könnten. Das Selbst sei keineswegs ein „denkendes Ding", sondern ein Bündel von Wahrnehmungen. Doch selbst der Begriff „Bündel" lege eine Art von Einheit nahe, die nicht vorhanden sei.

Immanuel Kant wies diese Ansicht zurück, denn jede Art der Wahrnehmung brauche notwendigerweise einen Wahrnehmenden, ein Ich (Selbst), das die Wahrnehmung macht. Sonst könnte ja die Datensammlung, die wir als „Baum“ oder „Wind“ wahrnehmen, nicht interpretiert werden – und würde keine Bedeutung annehmen. Er meinte, auch der Geist könne sich verschlechtern. Es gebe keinen Grund anzunehmen, dass er nicht mit dem Körper starb oder sterben könnte.

Gilbert Ryle (1900–1976) kritisierte Descartes' Modell und seine Auswirkungen auf die Philosophie. Seiner Ansicht nach war dieser Dualismus ein „Kategorienfehler“. Körper und Geist sind in Ryles Sicht eins, es gibt keinen Unterschied zwischen rein geistigen Akten und konkreten Handlungen. Gefühle schlagen sich ja schließlich in Verhaltensweisen nieder. Dass wir Gefühle als etwas Eigenes wahrnehmen, gehe rein auf die Sprache zurück. Unsere Verwendung von Sprache bei der Beschreibung unseres Erlebens führe zu dieser Art der Wahrnehmung. Des Weiteren unterstrich er, dass alle dualistischen Modelle von Geist und Körper den Geist stets in negativen Mustern beschrieben: als nicht-konkret, nicht-räumlich, nicht-zeitlich, nicht-beobachtbar. Wenn der Körper das Uhrwerk sei, dann sei der Geist nicht „ein Teil des Uhrwerks, sondern ein Teil des Nicht-Uhrwerks“. Wenn wir über geistige oder emotionale Zustände sprechen, beschreiben wir gewöhnlich auch eher eine Verhaltenstendenz. Sagen wir, jemand sei ärgerlich, dann erwarten wir, dass er sich so verhält, wie es zu dieser Emotion gehört: Wir können innere Zustände nicht direkt wahrnehmen.

FACHBEGRIFFE: KATEGORIENFEHLER

Sogenannte „Kategorienfehler“ können auftauchen, wenn ein Konzept logisch falsch verwendet wird. Ein Beispiel: Wir sehen zwei Kühe auf einem Feld und behaupten, es seien drei Dinge dort – zwei Kühe und ein Paar Kühe. Oder wir zeigen jemandem alle Gebäude, die zu einer Universität gehören – Bibliothek, Sporthalle, Mensa, Wohnheim, Toiletten. Dann fragt diese Person uns, wo die Universität selbst ist. Offensichtlich hat sie das Konzept „Universität“ nicht verstanden.

Sind Sie heute dieselbe Person wie gestern?

Wo wir unsere Identität auch sehen – in einem vom Körper verschiedenen Geist oder in einem „Bündel Wahrnehmungen“ –, jeder von uns hat das Gefühl, ein bestimmter Mensch zu sein. Wer wir aber sind, ist schwer zu sagen. Das Selbst ist ein trügerisches Ding. Es wandelt sich in der Zeit und mit der Erfahrung. Auf welche Art aber bleiben wir uns gleich?

In *Eine Abhandlung über den menschlichen Verstand* (1689) meinte John Locke, der Grundstein für die Identität sei die Kontinuität des Bewusstseins. Er lokalisierte diese Identität oder Kontinuität nicht im Körper oder in der Seele: Er meinte, jemand könne zwar die Wiedergeburt Platons sein, aber er wäre trotzdem nicht Platon selbst, weil es zwischen dem Philosophen und seiner Wiedergeburt keine Kontinuität des Bewusstseins gäbe. Nur

John Locke (1632–1704) erforschte die Mechanismen menschlicher Erkenntnis.

auf der Basis dieser Kontinuität, die sich an Erinnerungen zeige oder andauernden Gefühlen und Persönlichkeitsmerkmalen, könne man sagen, derselbe Mensch zu sein. Nur so könne man uns auch verantwortlich machen für das, was wir in der Vergangenheit getan hätten.

In Humes „Bündel von Wahrnehmungen" gibt es keinen Ort für das Selbst. Er glaubte, die Teile der Seele oder des Bewusstseins seien eine Mischung, eine lose Sammlung von Wahrnehmungen, Gedanken, Erinnerungen und Meinungen. Hume meinte sogar, persönliche Identität sei reine Fiktion. In Humes *Ein Traktat über die menschliche Natur* (1739–1740) vermerkte er im Anhang, er sei unzufrieden mit seiner Vorstellung vom Selbst – doch er änderte sie nicht.

Der schottische Philosoph Thomas Reid (1710–1796) aber ersann das Argument vom „tapferen Offizier", um Lockes Vorstellung auf die Probe zu stellen:

„Stellen Sie sich vor, ein tapferer Offizier sei als Schuljunge versohlt worden, weil er Äpfel gestohlen hat. Es sei ihm aber auch bei seinem ersten Einsatz als Offizier gelungen, die Fahne des Feindes zu erobern. Als gereifter Mann wurde er in den Generalsstand erhoben. Nun stellen wir uns Folgendes vor: Als er die Fahne eroberte, konnte er sich noch daran erinnern, dass er als Junge versohlt worden war. Als General wusste er zwar noch, dass er die Fahne erobert hatte, doch seinen Jungenstreich hatte er mittlerweile vergessen."

Locke zufolge müsste der General dieselbe Person sein wie der junge Offizier. Der Offizier hingegen ist dieselbe Person wie der Schuljunge. Doch da es im Bewusstsein keine Verbindung zwischen dem General und dem Schuljungen gibt, wären der Schuljunge und der General nicht dieselbe Person. Die Stärke seines Gedankenexperiments liegt darin, den logischen Fehler in Lockes Schlussfolgerung

DAS SCHIFF DES THESEUS

Der griechische Philosoph Plutarch beschreibt ein ähnliches Paradoxon: Theseus besitzt ein Schiff. Mit der Zeit werden Teile dieses Schiffes kaputt und durch andere ersetzt. Irgendwann ist keines der ursprünglichen Teile mehr vorhanden. Ist es immer noch dasselbe Schiff?

Dieses Paradoxon gilt natürlich für viele Objekte. Häufig wird es auf den menschlichen Körper angewandt. Im Laufe unseres Lebens werden unsere Zellen immer wieder neu gebildet und ersetzt. Rein physisch bleiben wir also nicht derselbe Mensch. Und doch glauben wir, immer noch ein und dieselbe Person zu sein.

„[Das Selbst ist] dieses bewusste, denkende Ding (aus welcher Substanz es ist, ob – geistig oder materiell, einfach oder zusammengesetzt – ist dabei nicht wichtig), das uns fühlen lässt, das sich des Schmerzes und des Leids bewusst ist, das glücklich oder unglücklich sein kann, und das sich um sich selbst sorgt, soweit sein Bewusstsein reicht."

John Locke, *Eine Abhandlung über den menschlichen Verstand*, 1690

aufzuzeigen, denn der General ist dieselbe Person wie der Schuljunge und ist es nicht. Logisch gilt das Prinzip: Wenn A gleich B und B gleich C, dann muss auch A gleich C sein. Lockes Begründung für die Identität der Person aber widerspricht dieser Logik. Daher ist sein Kriterium für Identität weder notwendig noch ausreichend.

Der Aufstieg des Individuums

Zur Definition unserer Identität entweder auf die Mechanik unseres Körpers oder die Einheit unseres Geistes mit dem großen Ganzen zurückzugreifen, passt nicht zur persönlichen Erfahrung unserer Identität. Beides scheint doch recht reduktionistisch. Ende des 18. Jahrhunderts kam dementsprechend Kritik an solchen Verfahren auf. Der französische Philosoph Jean-Jacques Rousseau (1712–1778) und die deutschen Philosophen Arthur Schopenhauer (1788–1860) und Friedrich Nietzsche widersprachen der Vorstellung, das menschliche Bewusstsein sei Teil eines

Die Band Sugababes formierte sich 1988. Mit der Zeit verabschiedeten sich alle ursprünglichen Bandmitglieder. 2009 war von der ursprünglichen Formation niemand mehr dabei. 2011 gründeten die ursprünglichen Mitglieder eine neue Band, während es die „Sugababes" immer noch gab.

Der Geist der Romantik zeigt sich in diesem Gemälde von Caspar David Friedrich: Der Mensch betrachtet die edle, wilde Natur.

mechanisch funktionierenden Körpers oder ein kleines Stück einer allumfassenden Gottheit bzw. Geistigkeit.

Die Bewegung der Romantik formierte sich, um den Menschen aus der tristen, technischen Welt herauszuholen, in die ihn die Industrielle Revolution verbannt hatte. Die Romantiker stellten philosophisch erneut das Individuum in den Vordergrund. Natur und Kunst waren die wahre Heimat des menschlichen Geistes, die Quelle der inneren Erhebung und der befreienden Selbstverwirklichung. Das Individuum mit seinen leidenschaftlichen Gefühlen – seinem Streben nach Einzigartigkeit, seiner Liebe zu anderen, zur Natur und zu Gott – war nun erneut der Mittelpunkt der menschlichen Erfahrungswelt.

Die Kindheit: Pflege der individuellen Einzigartigkeit

Rousseau schrieb einige der wichtigsten Abhandlungen seiner Zeit über Erziehung und Gesellschaft, vielleicht sogar die bedeutendsten überhaupt. Seiner Ansicht nach konnte der Mensch sich nur dann vervollkommnen, wenn die Grundlage dafür schon von Kindesbeinen an gelegt wird. Seine Vorstellungen von persönlicher Freiheit und sozialer Verantwortung inspirierten die Französische Revolution und die Amerikanische Unabhängigkeitserklärung.

Rousseau glaubte, dass die Menschheit grundlegend gut und moralisch sei, diese Eigenschaften aber durch die negative Natur der zeitgenössischen Gesellschaft überlagert würden. Er trat für eine natürlichere Erziehung ein. Kinder sollten zuerst Moral lernen und später intellektuelle Disziplin. Die religiöse Erziehung aber sollte erst einsetzen, wenn das Kind achtzehn Jahre alt und seine kritische Urteilskraft entsprechend entwickelt sei. Rousseau war gegen die Aufoktroyierung nicht hinterfragter Prinzipien. Ironischerweise hatte Rousseau zwar tolle Ideen, was die Kindererziehung anging, schickte jedoch vier seiner eigenen Kinder ins Waisenhaus, weil er für ihre Erziehung weder Geld noch Mühe aufwenden wollte.

In Rousseaus Augen überdeckten die Gesellschaft seiner Zeit, die Industrialisierung, Gier und Wissenschaft längst den natürlichen Edelmut des Menschen. Führten wir hingegen ein einfaches Leben im Einklang mit der Natur und entwickelten dabei unser Gefühl, so könnten wir unser Potenzial verwirklichen und so leben, wie wir geschaffen worden waren. Seine wichtigsten Werke waren *Vom*

Ludwig XVI. erhielt – wie Rousseau es forderte – eine praktische Ausbildung als Schlosser. Leider wurde er während der Französischen Revolution trotzdem enthauptet …

Gesellschaftsvertrag und *Émile oder über die Erziehung*. Beide wurden 1762 veröffentlicht.

In *Émile* zeichnet er nach, wie ein junger Mensch idealerweise zu erziehen sei. Dabei müsse das Kind stets im Mittelpunkt stehen. Es sollte auf dem Land aufwachsen unter der Führung eines Lehrers, der dem Kind alle möglichen Experimente erlaubte, aber immer darauf achtete, dass es sich nicht verletze. Anfangs solle man sich um die Erziehung des Gefühls bemühen, erst im Alter von zwölf Jahren solle man die Dinge des Verstandes mit berücksichtigen. Rousseau meinte, die damalige Erziehung, die das Kind schon früh zum Einsatz seines Verstandes ermuntere, sei unsinnig. Wenn Kinder ihren Verstand gebrauchen könnten, so Rousseau, müsse man sie nicht erziehen. Außerdem sollte jeder junge Erwachsene eine praktische Fähigkeit erlernen wie z. B. das Zimmern, denn dies mache Spaß und schenke Sicherheit in den Untiefen des Lebensstromes.

Der deutsche Dichter Johann Wolfgang von Goethe (1749–1832) ist den meisten wohl als Literat bekannt, aber er übte auch starken Einfluss auf die Philosophie aus. Ein wiederkehrendes Thema seiner Werke ist die Spannung zwischen den Leidenschaften des Individuums und den Anforderungen der Gesellschaft. Vor allem der Pessimist Schopenhauer schätzte Goethes Werk hoch.

Das Wollen

Rousseaus Bild vom Menschen war zutiefst optimistisch, Schopenhauer hingegen sah in ihm das Gegenteil. Seiner Ansicht nach treibt die Menschen der Wille an, ein universelles, dauerndes Streben, das jedes Individuum versklavt.

Wie Kant betrachtet auch Schopenhauer die Welt der Erscheinungen (Außenwelt) als reine Vorstellung. Dahinter aber steht der absolute Wille, der sich in allen Phänomenen zeigt, da ihm ein unstillbarer Drang zur Manifestation eigen ist. Wir sind unserem Wollen ausgeliefert, müssen seinen Forderungen nachkommen, und dies ist die Ursache all unserer Leiden. Schopenhauer glaubte, der Wille offenbare sich dem Selbst unmittelbar und nicht über den Umweg des Denkens. Doch was dieses unmittelbare Gewahrsein nun ausmacht, erklärt er nicht. Es ist schwer nachzuvollziehen, wie düster Schopenhauers Weltbild ist. Für ihn war die Welt die Hölle und die Menschen darin sowohl verdammte Seelen als auch quälende Dämonen.

Entkommen wäre nur möglich, wenn man sich selbst vom permanenten Wollen befreie. Dies aber ist nur möglich durch Kontemplation – der Künste (vor allem der Musik), durch Mitgefühl und durch religiöses Asketentum.

Kunst und Musik ermöglichen uns seiner Ansicht nach einen Blick auf den universellen Willen jenseits von unseren individuellen Wünschen und somit einen Ansatz von Objektivität. Mitfühlendes Engagement für andere führt dazu, dass wir uns selbst in ihnen erkennen und sie in uns. Damit aber wird die unerbittliche Rute des Willens besänftigt. Doch die sicherste Quelle für inneren Frieden ist religiöse Erfüllung. Ein asketisches Leben der Meditation, das sich dem ewigen Wollen versagt, führt zu einer beseligenden Einsicht ins Nichts. (Schopenhauer war der erste westliche Philosoph, der sich intensiv mit den östlichen Religionen auseinandersetzte.)

Schopenhauer zufolge führt die Erkenntnis unserer eigenen Versklavung zur Befreiung vom Tod: Der Wille will sich in der Welt der Erscheinungen manifestieren.

In Goethes Faust *geht es um die menschliche Freiheit und den Drang des Individuums nach Wissen und Erkenntnis. Faust schließt einen Pakt mit dem Teufel: seine Seele gegen die absolute Erkenntnis. Goethe arbeitete fast 60 Jahre am* Faust.

„Man ist mit einem Male, zu seiner Verwunderung, da, nachdem man zahllose Jahrtausende hindurch nicht gewesen, und, nach einer kurzen Zeit, ebenso lange wieder nicht zu sein hat. Das ist nimmermehr richtig, sagt das Herz."

Arthur Schopenhauer, *Nachträge zur Lehre von der Nichtigkeit des Daseins*, 1819

SUPERMAN (NUR OHNE STRUMPFHOSEN)

Nietzsche kam 1844 in der Nähe von Leipzig zur Welt. Sein Vater war ein evangelischer Geistlicher und starb schon 1849, ein Jahr später folgte ihm Nietzsches jüngerer Bruder. Nietzsche, seine Mutter und seine Schwester lebten von nun an bei den Eltern des Vaters. 1864 brach er sein Theologiestudium ab, weil er den Glauben verloren hatte. Stattdessen wandte er sich dem Studium der klassischen Philologie zu. Nachdem er 1865 die Werke Schopenhauers für sich entdeckte, studierte er Philosophie. Er wurde zum Militär eingezogen, nach einem Reitunfall jedoch freigestellt. Mit nur 24 Jahren bot man ihm eine Professur in Basel an. Bereitwillig gab er seine preußische Staatsbürgerschaft auf und ging in die Schweiz. Für den Rest seines Lebens blieb er staatenlos.

Friedrich Nietzsche zählt zu den tiefsinnigsten Philosophen der Geschichte. Leider sorgte er auch für zahlreiche Kontroversen, da seine Ideen von den Nazis missbraucht wurden.

1879 aber musste er seinen Professorenposten aus gesundheitlichen Gründen aufgeben und verbrachte die nächsten zehn Jahre als freier Philosoph mit Reisen durch Europa. 1889 erlitt er einen geistigen Zusammenbruch und blieb bis zu seinem Tod im Jahr 1900 schwer geistig krank.

In den letzten Jahren seines Lebens wurde Nietzsche weltberühmt, doch sein Ruf wurde durch das Wirken seiner Schwester entstellt. Elisabeth Förster-Nietzsche hatte sich mit ihrem Bruder entzweit, nachdem sie einen erklärten Antisemiten geheiratet hatte. Sie zog mit ihrem Mann nach Paraguay, wo sie die Kolonie *Nueva Germania* gründete, die die Tugenden deutscher Kultur und Gesellschaft nach Südamerika bringen sollte. Die Kolonie erwies sich bald als Fehlschlag. Ihr Mann beging Selbstmord und Elisabeth kehrte 1893 nach Deutschland zurück und übernahm die Kontrolle über das Werk ihres Bruders. Ihre Version von Nietzsches *Der Wille zur Macht* wurde später mit Elisabeths Einwilligung von den Nazis für ihre Ideologie herangezogen. Nietzsche selbst sympathisierte nicht mit derartigem Gedankengut. Er hielt den Begriff „deutsche Kultur" für einen Widerspruch in sich. Als Elisabeth 1935 starb, war Hitler bei ihrer Beerdigung zugegen. Elisabeths Eingreifen führte dazu, dass das Ansehen des großen Philosophen beschädigt wurde. Anklänge davon sind auch heute noch spürbar.

So entsteht die individuelle Existenz und folglich auch unser Leiden. Da wir uns ja dem Weltwillen entziehen sollen, scheint die logische Schlussfolgerung der Selbstmord zu sein. Schopenhauer verurteilt diesen aber, weil sich damit der Intellekt geschlagen gebe: Es sei besser, dem Willen durch Kontemplation zu begegnen.

Nietzsche war von Schopenhauer stark beeinflusst, teilte jedoch nicht dessen Pessimismus im Hinblick auf das Schicksal des Menschengeschlechts. Er sah den Willen nicht als Sklaventreiber, sondern als starke Kraft, die den Menschen unweigerlich zur Größe trieb, wenn er nur erfüllt wurde. Seine Vorstellung vom „Übermenschen" erinnert stark an den tugendhaften Menschen des Aristoteles. Der Übermensch ist ein seelisch starker Mensch, der sich nicht von der moralischen Sklaverei des Christentums beeindrucken lässt, der neue Ideale und Werte schafft, die der moderne Mensch (Ende des 19. Jahrhunderts) brauche, um der neuen Welt zu begegnen.

Der Stand des Übermenschen, den Nietzsche in *Also sprach Zarathustra* beschrieb, ist das Ziel, auf das die Menschheit hinarbeiten sollte, damit künftige Generationen besser seien. Natürlich war diese Denkweise der ideale Nährboden für ein Regime, das von einer überlegenen Rasse träumte. Die Nazis übernahmen Nietzsche Begriff vom „Übermenschen" und prägten dazu das Gegenteil: der „Untermensch" (ein Begriff, den Nietzsche selbst nie gebrauchte). In der Nazi-Ideologie waren dies die Menschen, die man unterdrücken, ja töten durfte.

> *„[Nietzsches] Ahnungen und Einsichten decken sich oft in der erstaunlichsten Weise mit den mühsamen Ergebnissen der Psychoanalyse."*
> Sigmund Freud, Begründer der Psychoanalyse

> *„Wie schön der Mensch ist! Wackre neue Welt, die solche Bürger trägt."*
> Shakespeare, *Der Sturm*

Der persönliche Mensch

Für Søren Kierkegaard nahm das Individuum wieder persönlichere Züge an. Er wies Descartes' dualistische Vorstellung von der Zweiteilung in Geist und Körper zurück. Seiner Ansicht nach hatte es wenig Sinn, sich zu fragen, ob die sinnliche Erfahrung oder der Verstand bei der Sinnfindung in der Welt bessere Dienste leistete, da diese Frage auf einem falschen Verständnis des Menschen beruhe. Er lehnte sowohl Hegel als auch Goethe ab und meinte, es sei Aufgabe der Philosophie, dem Menschen zu helfen, als Individuum zu leben. Der Mensch stünde bei jeder Krise am Scheideweg und wisse nicht, wie er kluge Entscheidungen treffen könne. Das schlägt sich auch in dem Zitat nieder, das diesem Buch als Motto vorangestellt ist:

„Was mir eigentlich fehlt, ist, dass ich mit mir selbst ins Reine darüber komme, was ich tun soll, nicht darüber, was ich erkennen soll […] Es gilt, eine Wahrheit zu finden, die Wahrheit für mich ist, die Idee zu finden, für die ich leben und sterben will."

Diese Bürde, die in Kierkegaards Schriften immer wieder thematisiert wird, ist auch die Frage, die sich die Existenzialisten stellen. Denn tatsächlich nennt man Kierkegaard auch den ersten Existenzialisten überhaupt. In *Der Begriff Angst* (1844) geht er auf die Ängste ein, die entstehen, wenn wir uns bewusst werden, dass wir frei sind, zu handeln und zu entscheiden, ohne ein Leitprinzip zu haben, das uns dabei hilft. Er entwickelte die Theorie von den drei Stadien der Existenz des Menschen. Im ästhetischen Stadium sorgen wir uns nur ums Hier und Jetzt, um augenblickliche Vergnügungen und Probleme. Wir entwickeln keine Hingabe an etwas Größeres. Sobald der Ästhet aber bemerkt, wie leer solch ein Leben ist, folgt die Verzweiflung. Im ethischen Stadium werden wir uns der Bedeutung von Idealen bewusst, doch wenn wir feststellen, dass wir diesen nicht genügen, empfinden wir Schuldgefühle.

Kierkegaards Antwort darauf war eine, die ein leidenschaftlicher Existenzialist keinesfalls akzeptieren würde: Religion. Das dritte Stadium ist das religiöse. In diesem widmet sich das Individuum ganz transzendenten Idealen. Für Kierkegaard war die Religion ein Akt der Vernunft, nicht des Glaubens. Tatsächlich sei der Glaube sogar das Gegenteil der Vernunft, denn wenn sich religiöse Wahrheiten erklären lassen, ist kein Glaube mehr nötig.

„Jedes Zeitalter hat sein charakteristisches Laster. Unseres ist möglicherweise nicht das Vergnügen oder der Genuss oder die Sinnlichkeit, sondern eine entschlossene, pantheistische Verachtung für das Individuum."
Søren Kierkegaard

Søren Kierkegaard war ein schwermütiger Mensch, der in seiner Jugend seine Mutter und fünf Geschwister sterben sah.

Religion war für den Philosophen eine höchst private Angelegenheit, denn Gott gehe auf jedes Individuum auf dessen ureigenste Weise ein.

Nietzsche gilt häufig als der größte Romantiker, doch an der Wende vom 19. zum 20. Jahrhundert war der Optimismus nicht gerade die vorherrschende Stimmung. Schopenhauer sah die Welt in düsteren Farben und Kierkegaard suchte verzweifelt nach einem Lichtstrahl, der dem Individuum den Weg erhellen sollte. Damit war der Haltung des Existenzialismus der Weg bereitet: Der Mensch ist allein, die Suche nach Sinn zwecklos.

Hin zum Existenzialismus

Während Kierkegaard als Wegbereiter des Existenzialismus gelten kann, war es doch Martin Heidegger (1889–1976), der die Samen für die neue Denkrichtung legte. In vielerlei Hinsicht war sie nur eine logische Folge der Romantik. Dazu kam noch, dass Freud dargelegt hatte, wie das individuelle Selbst durch persönliche Erfahrung geprägt wird. Auch der Niedergang der Religiosität im Allgemeinen trug dazu bei. Heidegger stellte Anfang des 20. Jahrhunderts die These auf, dass wir unser Leben selbst gestalten müssen – und zwar im Angesicht unserer Sterblichkeit. Seine Schrift *Sein und Zeit*, 1927 veröffentlicht, übte auf viele Denker einen enormen Einfluss aus, vor allem auf den bedeutendsten Existenzialisten Jean-Paul Sartre und den Vater der Dekonstruktion, Jacques Derrida (1930–2004).

Existenz vor Existenzialismus

Heidegger begann, sich die Frage nach dem Sein erneut zu stellen, genauer gesagt, nach dem „Dasein". Für den Philosophen setzt das Dasein Bewusstsein voraus, das sich seiner Veränderung in der Zeit bewusst ist: Es weiß, dass es endlich und sterblich ist, und muss sich diesem Schicksal stellen. Dieses Gewahrsein führt unweigerlich zu Angst. Doch anders gewinnt das Leben keinen Sinn. Erst wenn wir uns unserer Begrenztheit bewusst sind, können wir authentisch leben und unseren Lebenssinn verwirklichen. Dieses Gewahrsein hilft uns, aus dem Nichts ein Leben zu formen und Dinge unserer Wahl zu verwirklichen. (Für Heidegger ist die Wahl, die wir treffen, ein zentraler Punkt des Menschseins.) In diesem kompromisslosen Weltbild ist kein Raum für eine Gottheit, die unserem Leben Sinn verleiht. Anders als frühere Philosophen wie der Hl. Augustinus und Kierkegaard, die davon ausgingen, dass wir uns als Individuum durch Gott finden, hielt Heidegger Gott philosophisch für

Vampire und andere Untote hätten bei Heidegger nichts zu lachen. Da das Leben nur in der Zeit Sinn gewinnt, hätte der Vampir, dessen Lebenszeit unbegrenzt ist, es schwer, denn er kann ja all sein Tun auf ein ewiges Morgen verschieben.

MARTIN HEIDEGGER (1889–1976) ALS NAZI-PHILOSOPH

Martin Heidegger war vermutlich der einflussreichste Philosoph des 20. Jahrhunderts. Doch er war auch – zumindest für eine gewisse Zeit – ein Nazi, was der Rezeption seiner Ideen durchaus geschadet hat.

Als Philosophiestudent an der Universität Marburg war Heidegger stark von seinem Lehrer Edmund Husserl (1859–1938) beeinflusst. Nach Husserls Pensionierung folgte Heidegger ihm 1928 auf seinen Lehrstuhl an der Universität Freiburg nach. Heidegger glaubte, er könne die Nazis beeinflussen. Da er Rektor in Freiburg bleiben wollte, schloss er sich der NSDAP an und hielt eine nationalsozialistisch gefärbte Antrittsrede. Schon im folgenden Jahr trat er als Rektor der Universität zurück, bleib aber bis zum Kriegsende Parteimitglied. Zwischen 1945 und 1949 war ihm verboten zu lehren. Seine Professur durfte er aufgrund seiner Sympathien für die Nazis nicht behalten. Heidegger entschuldigte sich nie für seine politischen Ansichten, nannte sie nur privat „die größte Dummheit meines Lebens". Offenkundig setzte er als Rektor so manchen Anordnungen der Nazis Widerstand entgegen, doch für eine im Geheimen ablehnende Haltung Heideggers gegenüber den Nazis gibt es nach wie vor keinen ausreichenden Beleg.

irrelevant. Nur die Gewissheit unseres Todes verleiht in seinen Augen unserem Leben eine Richtung.

Die menschliche Existenz definiert sich durch die Zeit, denn vergangene Erfahrungen und Hoffnungen auf die Zukunft bestimmen, wer wir sind und was wir tun. Das gilt nicht für unbelebte Objekte – sie führen eine statische Existenz.

Heidegger unterscheidet zwischen einer authentischen und einer unauthentischen Lebensweise. Ein authentisches Leben führen wir, wenn wir unsere Wahl selbst treffen. Letztlich aber sind wir auch frei, uns für das nicht authentische Leben zu entscheiden. Laut Heidegger ist dies keine per se schlechtere Wahl. Authentizität heißt, dass wir selbst bestimmen, wie wir in dieser Welt agieren. Wir definieren uns selbst. Das allerdings ist schwierig, solange unser Dasein in die Welt vertieft ist. Glücklicherweise ist die Angst da, die uns als Hebamme dient. Wenn das Dasein von der existenziellen Angst getrieben wird, wenn die Welt plötzlich sinnlos erscheint und wir unserem Tod ins Gesicht starren, dann wird die Welt klein. Erst dann können wir frei sein (von der Welt und von anderen) und ganz wir selbst werden.

Es mag absurd erscheinen, dass erst die Gewissheit des Todes uns frei unser Leben führen lässt. Aber stellen Sie sich nur mal vor, Sie hätten den Stein der Weisen gefunden und damit ein Elixier gebraut, das Sie unsterblich macht. Damit verlören alle Entscheidungen an Dringlichkeit. Sie können Arabisch lernen oder Politiker werden, Sie haben ja genug Zeit. Die Anzahl Ihrer morgigen Tage ist nicht begrenzt, Sie können all Ihre Ambitionen

FÜR DIE WISSENSCHAFT: SIGMUND FREUD (1856–1939)

Sigmund Schlomo Freud war ein österreichischer Psychologe und Begründer der Psychoanalyse. Er ging davon aus, dass frühe Kindheitserinnerungen vom Bewusstsein unterdrückt werden, vor allem, wenn sie mit Sexualität zu tun haben. Es kann sich dabei aber auch um andere Erfahrungen handeln, für die das Kind fürchtet, gescholten zu werden. Diese unterdrückten Erinnerungen führen später zu körperlichen und geistigen Erkrankungen. Während der Behandlung sollte der Patient diese Erinnerungen freilegen und bewusst bearbeiten. Freuds Arbeit beeinflusste das westliche Denken enorm.

Freud, der sein Licht nicht unter den Scheffel stellte, hielt seine Arbeit für die „kopernikanische Revolution" der Psychologie. Schließlich habe er bewiesen, dass das bewusste Selbst nicht Herr im eigenen Hause sei, wie die Rationalisten vorzugsweise der kartesianischen Denkströmung meinten.

ausleben und alles erreichen. Dabei müssen Sie sich noch nicht mal beeilen, Ihre Entscheidungen zu treffen und herauszufinden, was Ihnen wichtig ist. Es ist eben die Begrenztheit des Lebens, was ihm seinen Sinn ermöglicht. Die Freiheit der Wahl wurzelt in unserer Sterblichkeit.

Obwohl Heidegger später zurückwies, Existenzialist zu sein, werden sämtliche Grundmotive des Existenzialismus in *Sein und Zeit* deutlich: das „Dasein" der Existenz (die Bedeutung des In-der-Welt-Seins); die Bedeutung des Individuums vor allem im Verhältnis zur „Masse"; die Bedeutung von Angst, Tod und Nihilismus; die Behauptung, die Wissenschaft könne keinen Rahmen für das Verständnis der menschlichen Existenz liefern; die Authentizität, die aus der Selbstverwirklichung durch persönliche Entscheidungen entsteht. Der Existenzialismus lehnt alle vorangehenden Versuche zur Definition des Menschseins ab, da das Individuum sich selbst definieren müsse – damit aber ist die Existenz wichtiger geworden als die Essenz.

Das hört sich komplizierter an, als es ist: Unsere individuellen Entscheidungen legen fest, wer wir sind. Diese Entscheidungen treffen wir aus freien Stücken. Daher wurzelt unsere Essenz in unserer Existenz (in unserem Handeln) und

Existenzielle Angst ist nicht nur ein Teenieleiden. Nach Heidegger war es eben dieses Gefühl, das uns frei macht, unser Leben authentisch zu führen.

wird nicht von anderen Faktoren bestimmt (z. B. durch Zuschreibungen der Gesellschaft oder die Genetik). Wenn wir Gutes tun, macht uns das zu guten Menschen. Wenn wir grausam handeln, sind wir grausame Persönlichkeiten.

Gauloises und Kaffee in Paris

Jean-Paul Sartre ist der Hauptvertreter des Existenzialismus im Frankreich der Nachkriegszeit. Er stützte sich auf Heidegger und Kierkegaard, ging aber in seinen Ansichten noch viel weiter. In *Das Sein und das Nichts* (1943) legte er auf hellsichtige Weise den Zeitgeist dar. Seiner Ansicht nach kommt der Mensch zunächst ohne Ziel oder sonstige Festschreibung auf die Welt. Er wählt sich dann ein solches und damit entsteht als Reaktion auf die von ihm gemachten Erfahrungen der Sinn des Lebens. Dieser wird somit zur persönlichen Anstrengung: Es ist Aufgabe des Individuums, sich das Leben zu wählen, das es als das für sich beste empfindet. Damit steht Sartre in direktem Gegensatz zu Aristoteles, der meint, der Mensch komme mit einer Aufgabe zur Welt, die er erfüllen müsse. In Sartres Augen wird ein Mensch durch seine Handlungen definiert. Wenn jemand wie ein Feigling handelt, *ist* er auch einer. Es gibt keine innere Natur, die ihn etwa zum Feigsein zwingen würde. Er oder sie kann sich genauso gut entscheiden, tapfer zu handeln und damit tapfer zu sein.

Für Sartre ist alles eine Frage der Wahl, selbst die Frage, ob man an Gott glaubt. (Er selbst war Atheist.) Was nun Blaise Pascal oder den Hl. Augustinus angeht, die behaupten, eine göttliche Offenbarung gehabt zu haben, meint Sartre, es sei immer noch Sache des Individuums zu entscheiden, ob er sein Erleben als Offenbarung oder als Halluzination einstufe. Diese Entscheidung wird von der Person getroffen und geht nicht von Gott aus. Sartre meint, es gäbe keine Zwänge, womit das Individuum ganz allein für sein Handeln verantwortlich ist. Manchmal sei eine Handlung zwar Reaktion auf extreme Umstände, doch selbst eine erzwungene Wahl sei eine Wahl. Selbst ein Mann, dem man eine Pistole an die Schläfe hält, kann sich entscheiden, ob er dem gegebenen Befehl folgt oder sich erschießen lässt. Dass eine Wahl schreckliche Folgen haben kann, nimmt ihr nicht ihren letztlich freien Charakter.

Die Schattenseite dieser Auffassung ist natürlich die daraus folgende Verantwortung. Wenn alles frei gewählt werden kann, dann sind wir ganz allein für unser Tun verantwortlich. Es gibt keine

Jean-Paul Sartre (Mitte) und Simone de Beauvoir gehörten zu einer Gruppe von Intellektuellen, die in Pariser Cafés debattierten und arbeiteten.

Ausreden mehr, wir können die Schuld nicht anderen Menschen oder Gott geben. Seiner Verantwortung auf diese Weise auszuweichen, ist ein Akt der Untreue gegen sich selbst (*mauvaise foi*).

Sartres Individuum hat es nicht leicht. Wir werden alle von drei Problemen gequält: Angst, Verlassenheit und Verzweiflung. Die Angst entsteht aus dem Bewusstsein unserer Verantwortung. Unsere Entscheidungen sind Vorbilder für den Rest der Menschheit: Mit jeder einzelnen sagen wir der Welt, dass wir glauben, dass man sein Leben so führen sollte. Verlassenheit folgt aus der Erkenntnis, dass Gott nicht existiert und wir in moralischen Fragen ohne Hilfe und Führung sind. Wir müssen einfach tun, was wir für richtig halten. Verzweiflung wurzelt in der Hoffnungslosigkeit. Wir können nicht darauf vertrauen, dass alles gut wird. Auch die Vorsehung ist nicht mehr für uns da. Wir können uns nur auf uns selbst verlassen und müssen unsere Handlungen so gestalten, dass sie womöglich das gewünschte Ergebnis erzielen.

Das heißt, dass wir zur Freiheit verdammt sind. Sartres Freiheit lastet schwer auf unseren Schultern, muss aber nicht unweigerlich zur Verzweiflung führen. Sartre meint sogar, der Existenzialismus sei im Grunde optimistisch, denn er lege das Schicksal des Menschen in dessen eigene Hände.

Existenz und Existenzialismus in der Gesellschaft

Die französische Philosophin Simone de Beauvoir (1908–1986) stand hinter Sartres Gedankengut, untersuchte jedoch die Rolle der Gesellschaft bei der Definition des Individuums. In *Das andere Geschlecht* (1949) schrieb sie, dass der Mensch zwar frei geboren sei, doch allein das Geschlecht dränge den Menschen, vor allem die Frau, in eine ganz bestimmte Rolle, die von

Gesellschaft zu Gesellschaft anders definiert sei. Jede Frau „wird", was der Begriff „Frau" in ihrem sozialen Kontext besagt, ob das nun eine Hausfrau, Karrierefrau, Verführerin, Supermami oder etwas ganz anderes ist. Die biologische Frau wird zur gesellschaftlichen, indem sie die Rolle akzeptiert und lebt, die die Gesellschaft für sie für angemessen hält.

Sartre hätte wohl gesagt, dass es ein Akt der Unaufrichtigkeit sei, die Definition der Gesellschaft zu akzeptieren. Beauvoir aber meinte, diese „Unaufrichtigkeit" setze voraus, dass man sich der Wahlmöglichkeit und des Potenzials der Freiheit bewusst sei. Und das sei nicht immer der Fall. Kinder können sich nicht selbst untreu sein, weil ihr Handeln von Eltern oder anderen Erziehungsberechtigten bestimmt werde – sie haben nicht die Freiheit zu entscheiden, wie sie sein wollen. In der Pubertät aber komme dann das Erwachen, dann stelle sich auch die existenzialistische Angst ein. Frauen, so Beauvoir, hätten früher genauso gehandelt: Sozio-ökonomische Faktoren hätten ihre Existenz bestimmt und sie hätten das Potenzial der Freiheit nicht erkannt. Daher sei es kein Akt der Unaufrichtigkeit, wenn sie zu der Frau werden, die die Gesellschaft haben will.

„Als Frau wird man nicht geboren, man wird dazu gemacht."
Simone de Beauvoir, *Das andere Geschlecht*, 1949

Die physische Unmöglichkeit des Todes in den Gedanken eines Lebenden *von Damien Hirst: Heidegger meint, nur der gewisse Tod verleihe dem Leben Sinn – die „Möglichkeit der Unmöglichkeit" also.*

Albert Camus war Philosoph und Fußballspieler. So meinte er einmal: „Was ich über Moral und Pflicht weiß, verdanke ich dem Sport."

Damit wurde Simone de Beauvoir zur Ikone des Feminismus. Viele der Ideen, die sie in *Das andere Geschlecht* und in *Für eine Moral der Doppeldeutigkeit* (1947) skizziert, werden zu Grundpfeilern der Frauenbewegung: dass Frauen ihre Freiheit erkennen, ihr Sein selbst definieren und sich von der Versklavung durch die Gesellschaft befreien müssen, deren Werte ausschließlich von Männern bestimmt sind.

Wie man das erträgt

Menschen, die an Gott glauben, selbst wenn sie um ihren Glauben kämpfen müssen, haben keine Ausrede für diese existenzielle Angst. Denn entweder ist ihr Lebenssinn klar oder es obliegt ihnen nicht, ihn zu erforschen. Für alle anderen ist die Frage nach dem Grund unseres Hierseins erschütternd. Denn eine Antwort wie „Dafür gibt es keinen Grund" ist schwer zu akzeptieren. Eine Krise der Existenz gibt es nur für Menschen, die nicht an Gott glauben. Die existenzielle Angst ist ein Merkmal des 20. Jahrhunderts.

Der französische Schriftsteller und Philosoph Albert Camus (1913 – 1960) war Existenzialist und ein Freund von Jean-Paul Sartre, bis die beiden sich 1951 zerstritten. Sein wichtigstes philosophisches Werk ist *Der Mythos des Sisyphos* (1942), in dem es um die Absurdität der Existenz geht. Camus hält die menschliche Existenz für absurd, weil wir versuchten, aus einer sinnlosen Welt Sinn herauszudestillieren. Er benutzte den griechischen Mythos von Sisyphos als Beispiel für die Hoffnungslosigkeit des menschlichen Mühens. Sisyphos ist von den Göttern dazu verurteilt, einen Stein einen Berg hinaufzurollen. Kaum kommt er oben an, rollt der Stein wieder ins Tal, und er muss von vorn anfangen. Auf dieselbe Weise verbringen wir unser Leben, ohne je etwas zu vollbringen.

Die unvermeidliche Konsequenz dieses Nachdenkens über die Absurdität der Existenz ist die Frage: „Sollte ich nicht besser Selbstmord begehen?" Camus meint,

> „Es gibt nur ein wirklich ernstes philosophisches Problem: den Selbstmord."
> Albert Camus, *Der Mythos des Sisyphos*, 1942

> *„Die Mühen der Jahrhunderte, die ganze Frömmigkeit und Inspiration, das ganze Strahlen des menschlichen Geistes, wird am Ende untergehen, wenn unser Sonnensystem verlischt. Der Tempel der menschlichen Errungenschaften wird einstürzen unter den Trümmern eines zerstörten Universums."*
> Bertrand Russell

andere existenzialistische Philosophen wie Husserl, Kierkegaard, Sartre und der deutsche Psychiater und Philosoph Karl Jaspers (1883–1968) seien vor dieser Schlussfolgerung nur zurückgescheut. Statt am Glauben festzuhalten, hätten sie versucht, den Konflikt zwischen der Rationalität des Menschen und der irrationalen Welt zu lösen. Doch dieser Konflikt könne nicht gelöst werden, daher sei der Selbstmord auch nur ein weiterer Lösungsversuch. Letztlich bliebe uns nichts anderes übrig, als den Tod zu akzeptieren, der eine unvermeidliche Konsequenz der Absurdität menschlichen Daseins ist. Könnten wir dies nicht, so lebten wir weiterhin am Abgrund: Wir wissen, dass wir sterblich sind und alles, was wir tun, sinnlos bleiben wird. Camus aber spricht von „Revolte", die darin besteht, dass wir uns der Situation zwar bewusst werden, jedoch ohne zu resignieren. Der Selbstmord aber wäre eine Niederlage, in der wir die Grundbedingung unserer Existenz leugneten.

Sisyphos war dazu verurteilt, einen schweren Stein einen Abhang hinaufzuschleppen als Strafe für seine Falschheit.

Oder wie Camus sagt: „Der Kampf gegen Gipfel vermag ein Menschenherz auszufüllen. Wir müssen uns Sisyphos als einen glücklichen Menschen vorstellen."

FACHBEGRIFFE: DAS ABSURDE

Die Absurdität des Daseins bedeutet, dass das Weltgeschehen keinerlei Sinn hat. Das Gegenteil wäre der Glaube an Karma, das Gesetz von Ursache und Wirkung, das besagt, dass ein guter Mensch belohnt wird. Anhänger der Absurditätshypothese halten die Welt für amoralisch: Alles kann allen geschehen, ganz egal, welchen Charakter sie haben und wie sie sich verhalten. Der christliche Glaube lehnt diese Position ab.

Zurück zur Maschine – nur ohne Geist

Nachdem nun Gott oder andere übernatürliche Kräfte aus dem Spiel sind, führt uns die Frage nach dem Menschsein zurück zur materialistischen Sicht. Wir sind sozusagen wieder bei Descartes' Maschine gelandet, nur dass ihr diesmal kein belebender Geist innewohnt. Das jedenfalls ist die Ansicht des amerikanischen Philosophen Daniel Dennett. Er glaubt nicht, dass der Geist ein eigenes Phänomen ohne Körper ist. Vielmehr geht er davon aus, wir könnten alle Aspekte unseres Selbst durch die Funktion des Gehirns erklären. Persönlichkeit, Intellekt, Meinungen, Gedanken, Träume –

alles lasse sich auf neurologische Aspekte zurückführen. Er beschreibt das Gehirn als „semantische Maschine", die Bedeutung generiert.

Das Bewusstsein hat für Dennett nichts Geheimnisvolles, denn es gebe keinen quantifizierbaren, realen Unterschied zwischen etwas, das bewusst *scheint*, und etwas, das tatsächlich bewusst *ist*. Damit kann auch ein Computer Bewusstsein besitzen. Wenn Computer allmählich immer mehr Leistung bringen, könnten sie ebenfalls Dinge tun, die wir gewöhnlich der menschlichen Intelligenz zuschreiben – wie Witze erzählen oder Gedichte schreiben. Der Unterschied zwischen realer und künstlicher Intelligenz, zwischen echtem Bewusstsein und nachgestelltem, werde immer bedeutungsloser und am Ende wohl ganz aufgegeben. Dennetts Meinung zufolge haben sogar Thermostaten einen gewissen „Glauben" im Hinblick auf die Welt: Sie arbeiten auf der Basis von Annahmen über die Welt, die von echten Glaubenssätzen nicht unterschieden werden könnten, da sie dieselben Auswirkungen zeitigten wie diese. Für Dennett ist das Gehirn nichts weiter als ein sehr guter Computer und der Geist nur ein Produkt der Evolution.

Diese Ansicht wird von dem amerikanischen Philosophen John Searle bestritten, der zum Pionier der Kognitionswissenschaft wurde. Searle meint, diesen Glauben an die Stärke der künstlichen Intelligenz widerlegen zu können. Dazu hat er das unter dem Namen „Das chinesische Zimmer" bekannte Gedankenexperiment ersonnen (*siehe* ▸▸ Seite 81).

Searle geht davon aus, dass der Mensch sich vom Computer durch seine Intentionalität unterscheide. Computer verstünden nur eine stark formalisierte Sprache. Das reiche aber nicht aus, um ihnen ein Bewusstsein zu unterstellen.

Emergenter Faktor Bewusstsein

Wenn ein Computer also kein Bewusstsein haben kann, was ist Bewusstsein dann und wie entsteht es? Searle lehnt den kartesianischen Dualismus ab. In seinen Augen kann der Geist nicht unkörperlich und vom Körper getrennt sein. Doch den Reduktionismus von Dennett hält er ebenso für unbrauchbar, denn Bewusstsein sei keineswegs nur Ergebnis neurologischer Prozesse.

Searle tritt stattdessen für einen biologischen Naturalismus ein. Das Bewusstsein sei eine emergente Eigenart des Gehirns. Er erklärt das am Beispiel des Wassers. Nässe ist eine emergente Eigenschaft des Wassers, die durch das Verhalten von Wassermolekülen in der Masse entstehe. Kein einzelnes Molekül sei „nass". Die Nässe ist ein Kennzeichen des Gesamtsystems der Moleküle und geht auf deren Verhalten zurück. Daher könne man auch nicht auf ein Neuron zeigen und sagen, dass es Bewusstsein besitze. Das Bewusstsein entsteht aus dem gesamten System. Ereignisse auf der Mikroebene – vielleicht sogar auf der Ebene einzelner Neuronen – verursachen ein Phänomen, das wir auf der Makroebene als Bewusstsein bezeichnen.

Kritiker sehen den biologischen Naturalismus Searles nur als andere Form von Dualismus, da das Verhalten auf der Mikroebene zum Beispiel von einem Gehirnchirurgen untersucht werden könne, doch dieser sei nicht in der Lage, Phänomene auf der Makroebene wie Schmerz, Lust oder Freude

DAS CHINESISCHE ZIMMER

Stellen Sie sich vor, Sie befinden sich in einem Zimmer, in dem Sie ein riesiges Buch mit Regeln zur chinesischen Sprache zur Verfügung haben. Sie können darin Sätze nachschlagen und finden die richtigen Antworten. Durch ein Loch in der Wand steckt nun jemand ein Stück Papier. Darauf steht eine Frage auf Chinesisch. Sie schlagen nach, schreiben die Antwort auf Chinesisch ab und stecken das Stück Papier durch ein anderes Loch. Jeder außerhalb dieses Raumes meint nun, Sie könnten Chinesisch, obwohl Sie von der Sprache keine Ahnung haben.

Das chinesische Zimmer ist ein Modell für künstliche Intelligenz. Das Buch mit den Regeln ist ein Computerprogramm, das nach einer Reihe von Regeln Daten verarbeitet und Antworten produziert. Es kann intelligent wirken, ist es aber nicht. Ein Computermodell des Geistes habe kein Bewusstsein, meint Searle, ebenso wenig wie ein Computermodell der Verdauung eine Pizza verdauen könne. Ein Computer kann tun, als verliebe er sich, lese einen Roman oder betrinke sich. Das heißt aber nicht, dass er diese Dinge auch tatsächlich erlebt. Er ahmt nur den Prozess nach.

zu untersuchen. Searle widerspricht diesem Einwand und hebt hervor, dass das Bewusstsein wie ein körperliches Phänomen sei. Es sei ja nicht vom Körper getrennt wie eine Art Saft, den man aus den Neuronen herauspressen könne. Das Bewusstsein ist der Zustand des ganzen Systems – und damit mit diesem untrennbar verbunden. Wie es funktioniert – wie also die Mikroebene agieren muss, damit auf der Makroebene Bewusstsein entsteht – ist eine Frage für die Neurowissenschaftler. Was die philosophische Seite anginge, so Searle, sei das Problem gelöst.

Wenn ein Roboter tatsächlich Bewusstsein entwickeln sollte, tragen wir ihm gegenüber dann moralische Verantwortung? Müssen wir ihn ethisch behandeln? Wenn ein Roboter Schmerz oder Kummer verspüren kann, dürfen wir ihn dann noch als Sklaven halten?

KAPITEL 4

Was können wir **WISSEN?**

„[Die Seele ist] ordentlich gebunden im Leibe und … gezwungen, wie durch ein Gitter durch ihn das Sein zu betrachten, nicht aber für sich allein.“

Platon, *Phaidon*

„Wenn wir sagen, dass etwas Bedeutung besitzt, sagen wir letztlich nur, wie wir es auffassen; wie wir sein Dasein begreifen. Was Sie oder ich verstehen, versteht eine Katze vielleicht gar nicht. Wenn in einem Park ein Baum umfällt und niemand dabei ist, geht dies still, unsichtbar und namenlos vor sich. Wenn wir von der Erde verschwinden würden, würde es gar keine Bäume mehr geben, denn alle Bedeutung würde mit uns verschwinden. Außer der natürlich, die die Katzen der Welt verleihen.“

William Fossett, *Natural States*, 1754

Wir erhalten Informationen über unsere Umwelt durch unsere Sinne – aber sind sie zuverlässig?

Warum glauben Sie, etwas zu wissen?

Was können wir über die Welt jenseits unseres Geistes wissen? Nehmen Sie die Farbe Blau auf dieselbe Weise wie ich wahr? Ist die Sonne wirklich heiß und rund?

Manchmal können scheinbar offensichtliche Dinge täuschen – zum Beispiel erscheinen Mond und Sonne gleich groß. Methoden aber, die über unsere Sinneswahrnehmung hinausgehen, können zeigen, dass diese Annahmen des „gesunden Menschenverstandes" völlig falsch sein können. Der Zweig der Philosophie, der sich mit dem Wissen auseinandersetzt, wird Erkenntnistheorie oder Epistemologie genannt.

Wie erkennen wir überhaupt Dinge? Die Frage der Erkenntnis und wie wir sie erlangen, beschäftigt Philosophen seit 2500 Jahren. Kurz zusammengefasst gibt es drei Wege der Erkenntnis:

- Unsere Sinne: Manche Dinge wissen wir aus Erfahrung. Wir verarbeiten unsere Sinnesdaten, das, was wir sehen und hören. Sie sind sicher, dass Ihr Tisch existiert, weil Sie ihn sehen und anfassen können.
- Die Vernunft: Durch Gebrauch unseres Intellekts und einer Kette von logischen Schlussfolgerungen können wir Erkenntnisse erzielen, die wir für wahr halten, zum Beispiel: Wenn Sie die Seitenlänge eines Quadrats verdoppeln, vervierfacht sich sein Flächeninhalt.
- Der Glauben: Sie denken vielleicht, dass Sie eine Seele haben oder dass Gott existiert, weil Sie fest daran glauben.

FORMEN DES WISSENS

Philosophen unterscheiden zwischen verschiedenen Formen von Wissen.

Deskriptives Wissen: Damit beschäftigt sich die Erkenntnistheorie hauptsächlich. Dabei geht es darum, wie wir zu der Auffassung gelangen, dass 10 x 10 = 100, oder wie wir die Naturgesetze erforschen.

Prozedurales Wissen: Dabei geht es um erlernte Fähigkeiten, z. B. die Fähigkeit, Zahlen zu multiplizieren oder Fahrrad zu fahren.

Bekanntheitswissen: Wir kennen einen Menschen oder einen Ort.

Wie weit wir mit diesen Methoden jeweils kommen, ist Gegenstand vielfacher Untersuchungen gewesen.

Wie können wir sicher sein?

Der griechische Philosoph Xenophanes war der Erste, der unsere Gewissheiten infrage stellte. Er nahm Sokrates' Philosophie vorweg, als er behauptete, wir könnten, selbst wenn wir die Wahrheit erkannt hätten, nicht sicherstellen, dass unsere Erkenntnis korrekt sei und die Dinge wirklich so seien, wie wir sie sehen. Trotzdem hielt Xenophanes philosophische Untersuchungen für nützlich, da sie immerhin Fehler offenlegen könnten. Wenn wir auch nicht sicher sein können, was der Fall ist, so können wir doch immerhin feststellen, was nicht der Fall ist.

Sokrates wurde 470 v. Chr. in Athen geboren, etwa um die Zeit, als Xenophanes

SOKRATES (470 – 399 V. CHR.)

Sokrates war ein Wanderphilosoph, der durch seine Heimatstadt Athen zog und in Gesprächen und Vorträgen Philosophie lehrte. Er diente im Peloponnesischen Krieg (431 – 404 v. Chr.) als Soldat und wurde dann in die politischen Wirren der Folgezeit hineingezogen. Später nahm er eine Tätigkeit als Steinmetz auf und gründete eine Familie. Er hatte von seinem Vater, der Bildhauer war, genügend Geld geerbt, um ein unabhängiges Leben führen und sein Interesse an der Philosophie pflegen zu können. Später interessierte sich Sokrates vor allem für die Herausbildung eines ethischen Charakters. Die letzten Jahre seines Lebens verbrachte er damit, mit den jungen Aristokraten Athens zu debattieren, was die Eltern empörte, weil er ihnen angeblich aufrührerische Ideen vermittelte. Er nahm nie Geld für seine Lehren und seine Schüler verteidigten ihn leidenschaftlich.

In gewisser Weise war er ein Außenseiter, der die Bürger von Athen schnell gegen sich aufbrachte, da er alles Herkömmliche infrage stellte und zum kritischen Denken aufforderte. Man klagte ihn schließlich an, den Geist der Jugend zu verderben und die Götter zu missachten. Dass er auch im Prozess von seiner Denkweise nicht abwich, wurde ihm zum Verhängnis. Als man ihn fragte, welche Strafe er über sich selbst verhängen würde, meinte er, man sollte ihm freie Kost gewähren, wie sie die Olympiasieger genössen. Man bot ihm an, ihn leben zu lassen, wenn er aufhören würde, Philosophie zu lehren. Dies lehnte er ab. Und so wurde er zum Tode verurteilt. Er starb 399 v. Chr., als er sich im Beisein seiner Freunde und Schüler durch den Schierlingsbecher selbst hinrichtete.

Sokrates' Lehre war rein mündlich, es sind uns von ihm keine Schriften überliefert. Was wir über seine Methoden wissen, entstammt den Schriften der Zeitgenossen, vor allem denen seines Schülers Platon. Sokrates gilt als der Vater der abendländischen Philosophie, da er der Erste war, der Begriffe philosophisch hinterfragte.

Sokrates lehnte das Exil ab und nahm lieber den Schierlingsbecher. Platon berichtet im Kriton, dass Sokrates die Flucht aus Achtung vor den Gesetzen ablehnte.

starb. Er sagte von sich immer wieder, das Einzige, was er tatsächlich wisse, sei, dass er nichts wisse. Wenn er lehrte, so bat er seine Zuhörer, ihm doch eine Definition von Begriffen wie „Schönheit“ oder „Frömmigkeit“ zu geben. Dann untersuchte er die Antworten philosophisch und sie erwiesen sich stets als unhaltbar. So versuchte er zu zeigen, wie gefährlich es war, vorgefasste Begriffe unhinterfragt zu verwenden. Wer immer behauptete, etwas sicher zu wissen, den widerlegte er unweigerlich. Seine Methode wurde als „Dialektik“ bekannt und ist die grundlegende Arbeitsmethode der Philosophie sowie anderer Disziplinen geworden.

Zwei Ansätze des Wissens

Sokrates war der Lehrer Platons. Platon aber wurde zum Lehrer des Aristoteles. So stehen drei der wichtigsten Denker, die das abendländische Denken 2000 Jahre lang bestimmen sollten, in direktem Zusammenhang miteinander.

Die Vernunft

Platon beschäftigte sich weiter mit der Frage, was wir wissen können und wie wir zu diesem Wissen gelangen. Er führte den rationalistischen Ansatz des Sokrates fort. Aus Platons Vorstellung, dass alles, was

WIE ERLANGEN WIR PHILOSOPHISCHES WISSEN?

Philosophische (oder andere) Ideen können auf verschiedene Weise präsentiert werden:

Die sokratische Debatte oder der platonische Dialog: Hier werden verschiedene Standpunkte dargelegt und im Dialog dialektisch aufgelöst. Der bevorzugte Standpunkt hat die überzeugenderen Argumente und obsiegt über die unterlegene Meinung. Mitunter aber werden beide Standpunkte als gültig dargestellt. Dann geht es vor allem darum, dass der Zuhörer oder Leser Vor- und Nachteile jedes einzelnen kennenlernt. Als Lehrmethode stärkt diese Repräsentation das Verständnis des Schülers, statt ihn zu einer bestimmten Meinung bewegen zu wollen.

Der logische Syllogismus wie Aristoteles ihn verwendet: Man beginnt mit einer Aussage und zeigt logisch, dass andere notwendig daraus folgen.

Aphorismen wie Mark Aurel sie in seinen *Betrachtungen* (170 – 180 n. Chr.) benutzt: Knappe, gut erinnerbare Aussagen, in denen keine Argumentation vorgestellt wird. Der Wert des Aphorismus steht und fällt mit seiner Aussage.

These und Antithese wie Thomas von Aquin sie einsetzt: In seiner *Summa Theologica* stellt der Philosoph zuerst eine Frage, dann präsentiert er dazu Argumente und Gegenargumente. Am Ende weist er die These zugunsten der Antithese mit den stärkeren Argumenten zurück. Hegel ersann für diese Methode am Ende die *Synthese* als neue Position, die mitunter aus der Konfrontation der Argumente hervorgeht.

Aussagesätze wie Ludwig Wittgenstein (1889 – 1951) sie benutzt: Eine Reihe von Aussagen, die so präsentiert werden, dass ihre logische Abfolge ein zwingendes Argument darstellt.

Aspasia, eine Dame aus Athen und Gattin des Perikles, wurde als exzellente Gesprächspartnerin geschätzt. Die Philosophen Athens, Sokrates mit eingeschlossen, nahmen an den Veranstaltungen in ihrem Hause teil, die man heute als Salons bezeichnen würde.

wir von der Welt wissen, nur ein Abglanz der dahinterstehenden Ideen ist, folgt, dass wir durch unsere Sinne kein wahres Wissen erwerben können. Wenn wir aber unseren Sinnen nicht vertrauen können, wem oder was dann? Platons Antwort ist: unserer Vernunft.

Sein Werk *Menon* ist ein Dialog zwischen Sokrates und Menon, einem jungen und wohlhabenden General, der mit einer großen Menge Sklaven soeben in die Stadt gekommen ist. Darin findet sich „Menons Paradox". Er fragte Sokrates: „Und auf welche Art, Sokrates, wirst du nun das untersuchen, wovon du so ganz und gar nichts weißt? Oder wie wirst du, wenn du es auch noch so gut träfest, dann wissen, dass dieses es sei, was du ja nicht kennst?"

Sokrates antwortet: „Dass es einem Menschen unmöglich sei, weder das, was er weiß, noch das, was er nicht weiß, zu untersuchen. Denn das, was er weiß, dürfte er ja wohl nicht untersuchen; ebensowenig aber das, was er nicht weiß; denn da weiß er ja nicht, was er untersuchen soll."

Er versucht, Menon zu zeigen, dass Wissen a priori ist, also vorher schon existiert. Seiner Ansicht nach ist die Seele unsterblich und besitzt dieses Wissen schon, ehe sie einen Körper „bezieht". Während des Lebens erinnere sie sich dann an dieses Wissen. Als Beleg dafür holt er einen von Menons Sklaven und legt ihm ein geometrisches Problem vor. Durch seine Fragen bringt er den Jungen

FACHBEGRIFFE: RATIONALISMUS

Rationalisten glauben, dass Wissen nur durch Gebrauch der Vernunft erworben werden kann und nicht in unserer Erfahrungswelt begründet liegt oder sinnvoll begründet werden kann.

dazu, den geometrischen Sachverhalt zu verstehen und richtig darzulegen. Sokrates' Meinung nach habe er dem Jungen nichts beigebracht, sondern ihn nur dazu gebracht, dass er sich an sein a priori vorhandenes Wissen erinnere. (In Wirklichkeit gebraucht der Junge nur seine Vernunft, um das Problem zu lösen. Dies gelingt ihm, weil Sokrates ihn durch seine Fragen in die richtige Richtung lenkt.) Am Ende steht die Aussage, dass Wissen „gerechtfertigte wahre Meinung" sei. Diese Definition galt bis 1963. In diesem Jahr stellte der amerikanische Philosophieprofessor Edmund Gettier die These auf, dass eine gerechtfertigte, wahre Meinung keineswegs immer Wissen sein müsse, z. B. dann, wenn ein Mensch eine gerechtfertigte Meinung hat, die nur zufällig wahr ist. Nehmen wir als Beispiel eine Frau, die sich in einen Mann mit rotem Haar verliebt. Sie glaubt, er werde sie heiraten, daher glaubt sie, ihr künftiger Ehemann werde rotes Haar haben. Tatsächlich trennt sie sich von ihrer ersten Liebe und heiratet einen anderen Mann, der ebenfalls rotes Haar hat. Ihre Annahme war gerechtfertigt und hat sich als wahr herausgestellt, doch um Wissen handelt es sich dabei trotzdem nicht.

Der Bereich, in dem Wahrheit und Glaube sich überschneiden, ist Wissen. Doch Wissen ist nicht auf diesen Bereich begrenzt.

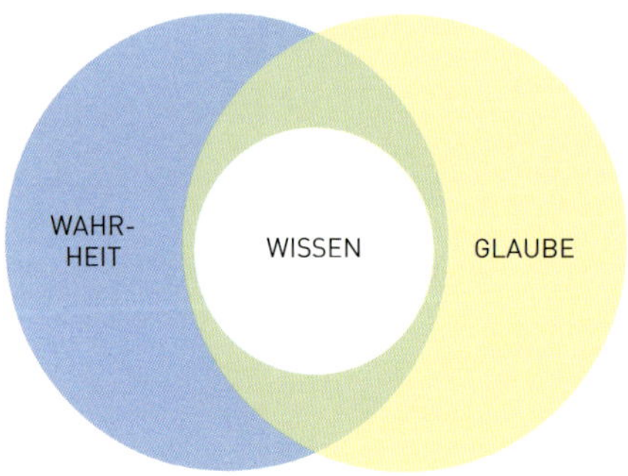

FACHBEGRIFFE:
A PRIORI UND A POSTERIORI

Wissen *a priori* ist ein Wissen, das vor der Erfahrung existiert. Wir können durch Vernunft dazu gelangt sein oder es kann uns angeboren sein (und ist somit nicht empirisch).

Wissen *a posteriori* ist Wissen als Resultat von Erfahrung (und damit empirisches Wissen).

Platon stellte seine Philosophie in einer Reihe von Dialogen dar, in denen Sokrates mit anderen debattiert. Auf diese Weise führt er den Leser Schritt für Schritt durch die Argumente, die am Ende zu der Schlussfolgerung des Philosophen führen.

Die Sinneswahrnehmung

Der Musterschüler von Platons Akademie war Aristoteles. Er begann mit der Ideenlehre und gelangte am Ende zur empirischen Erkenntnis. So trat er zeit seines Lebens für das ein, was wir durch das Studium der Welt erkennen können. Die wissenschaftliche Methode, die Aristoteles entwickelte, beruht auf *Empirie*: Er lehrte, dass wir Wissen über die Welt der Erscheinungen durch gründliche und methodische Untersuchung erwerben können. Diese Erscheinungen waren in Aristoteles' Denken die wahre Wirklichkeit und keineswegs nur flüchtige Schatten, der Abglanz der Wirklichkeit, die wir nie ganz erfassen könnten.

PLATON (CA. 427–347 V. CHR.)

Platon kam als Spross einer Athener Adelsfamilie zur Welt. Er hatte zwei Brüder und eine Schwester, doch wir wissen nicht viel über sein Leben als junger Mann. Er war ein Schüler des Sokrates und legte seine Philosophie in Dialogen dar, in denen Sokrates mit anderen Menschen debattiert. Man nimmt an, dass er Italien, Sizilien, Ägypten und Kyrene (Libyen) bereiste und im Alter von 40 Jahren nach Athen zurückkehrte. Dort gründete er die erste Philosophenschule der abendländischen Geschichte, die er „Akademie" nannte. Die Akademie lehrte bis 84 v. Chr., als sie bei der Eroberung Athens durch den Römer Sulla zerstört wurde. Platons berühmtester Schüler war Aristoteles.

Platon sagte stets, seine reinste Philosophie sei nie niedergeschrieben worden. Seiner Ansicht nach war das geschriebene Wort kein angemessenes Medium für schwierige Diskussionen, da es in Abwesenheit des Autors fehlinterpretiert werden konnte.

Platon hinterließ zahlreiche Schriften, die auf das abendländische Denken einen großen Einfluss hatten, u. a. über Metaphysik, Erkenntnistheorie und Politik.

Platon war Schüler des Sokrates und Lehrer des Aristoteles und damit einer der einflussreichsten Philosophen, die je gelebt haben.

Ein bisschen Milde

Der griechische Philosoph Sextus Empiricus (ca. 160–210) hinterließ elf Bände seiner philosophischen Betrachtungen, in denen er die Grundlagen der pyrrhonischen Skepsis darlegte. Diese Werke sind die einzigen schriftlichen Zeugnisse der skeptischen Philosophierichtung. Von Empiricus selbst ist uns nur wenig bekannt. Der Pyrrhonismus wurde von einer Gruppe von Philosophen um den Philosophen Pyrrhon von Ellis (360–270 v. Chr.) begründet. Auch er hinterließ wie Sokrates keine eigenen Schriften. Die zentrale Vorstellung der Skeptiker besagt, dass wir keine Aussage mit mehr Berechtigung glauben können als ihr Gegenteil. Als Leitsatz galt den Skeptikern: „Nicht mehr dies als jenes." Wir können ebenso wenig behaupten, dass die

> *„Die sicherste allgemeine Charakterisierung der Philosophie Europas lautet, dass sie aus einer Reihe von Fußnoten zu Platon besteht."*
>
> Alfred North Whitehead, *Prozess und Realität*, 1929

Der Skeptiker weiß nicht, ob er nur ein paar Bäume betrachtet oder einen ganzen Wald sieht.

Zeit vergehe, wie wir das Gegenteil sagen können.

Wie funktioniert nun dieses Denken? Nun, ein Objekt kann aus der Nähe und aus der Ferne ganz verschieden wirken. Wir können nicht behaupten, dass es aus der Nähe wahrer sei denn aus der Ferne. Ein Wald zum Beispiel kann nur aus der Ferne wahrgenommen werden, aus der Nähe betrachtet handelt es sich nur um eine Ansammlung von Bäumen. Diese Lücke zwischen Wirklichkeit und Erscheinung kann nicht geschlossen werden, denn was wir von der Wirklichkeit „wissen", geht auf unsere fehlbare Sinneswahrnehmung zurück. Wir können also nicht sagen, dass etwas wahrscheinlicher sei als etwas anderes.

Die Absicht der Skeptiker war es, die Philosophie aus dem Gefängnis endlosen Hinterfragens zu erlösen, doch der skeptische Ansatz stellt das philosophische Bemühen im Allgemeinen infrage: Wenn wir ohnehin kein gesichertes Wissen erlangen können, warum sollten wir dann danach streben? In den Augen des Sextus Empiricus allerdings führte der Skeptizismus eher zur Seelenruhe, womit das höchste Ziel der Philosophie erreicht sei. Und das geht so:

Nehmen wir an, wir halten einige Dinge für „gut" (z. B. Gesundheit oder Familie) und andere für „schlecht" (z. B. Armut).

- Wir werden unzufrieden, wenn wir schlechte Erfahrungen machen und keine guten. Wenn wir aber gute Erfahrungen machen, haben wir Angst, dass sie uns verloren gehen könnten.

FACHBEGRIFFE: EMPIRISMUS

Der Empiriker glaubt, dass die erfahrene Wirklichkeit durch die Sinne korrekt wahrgenommen und gemessen bzw. beobachtet werden kann. Wir erlangen Wissen also durch die direkte Untersuchung der Welt.

- Der Skeptiker hingegen urteilt nicht, was gut oder schlecht, richtig oder falsch ist. Daher strebt er nicht leidenschaftlich nach etwas und lässt sich vom veränderten Geschick nicht beeindrucken. Daher lebt er ein ruhiges Leben.

Natürlich ist es schwierig, so zu leben. Kritiker des Skeptizismus meinen, dass das, was die Skeptiker über alles zu Wissende behaupten, letztlich auf die Forderungen des Skeptizismus selbst zuträfe: Wir können nicht mit Sicherheit sagen, ob es sich so zu leben lohnt, denn auch das Gegenteil könnte wahr sein.

Wahrheit durch den Glauben

Mit dem Aufkommen des Christentums verbreitete sich eine neue Methode der Wissens-Gewinnung: der Weg über den allwissenden Gott. Der Hl. Augustinus meinte, sowohl Philosophie als auch Religion seien eine Form der Suche nach Wahrheit, doch die Religion suche diese in einem höheren Reich. Dahinter stand die Überzeugung, Wissen könne letztlich nur durch den Glauben erlangt werden. Obwohl die ein oder andere Wahrheit durch die Vernunft etabliert werden könne, reiche diese für ein tieferes Verständnis nicht aus. Immer wieder verwies er auf den Text der Bibel: „Glaubt ihr nicht, so bleibt ihr nicht.“ (Jesaja 7,9) Augustinus machte es sich mit dieser Schlussfolgerung nicht leicht. Als junger Mann hatte er ein ausschweifendes Leben geführt, doch nachdem er Anfang dreißig zum Christentum übergetreten war, wollte er zeigen, dass die Vernunft letztlich auch die Wahrheit des Glaubens belegen könne.

Die wissenschaftliche Revolution

Bis weit ins 16. Jahrhundert hinein lebte das Abendland im Schatten der Antike. Erst um 1550 herum, als die Renaissance Kunst und Wissenschaft aufblühen ließ, führte eine Reihe wissenschaftlicher Entdeckungen zur Neubewertung der Stellung, die der Mensch im Universum einnimmt. Die Bedeutung dieser Ereignisse kann gar nicht stark genug betont werden. An die Stelle von Aberglauben, Festhalten an der Autorität der Antike und blindem Glauben traten plötzlich wissenschaftliche Neugier und das Interesse an Forschung. Der Mensch versuchte, mit neuen Methoden neu entdeckte Herausforderungen zu meistern. Man begann, das Werk des Aristoteles, des Ptolemäus (90 – 168) sowie der mittelalterlichen Gelehrten, die ihre Arbeit auf deren

Der Hl. Augustinus kam in Hippo Regius zur Welt, im heutigen Algerien. Bevor er 389 zum Christentum konvertierte, war er als Wüstling bekannt.

„Wie könnte die Erde in der Luft hängen, hielte sie nicht die Hand Gottes? Wie könnte sie unbewegt bleiben, während der Himmel über ihr sich ständig verändert, hätte ihr göttlicher Schöpfer sie nicht fest an ihren Standort gebannt?“

Johannes Calvin, *Kommentar zu den Psalmen*, 1557

Denken gründeten, infrage zu stellen. Das aristotelische Modell der vier Elemente sowie Ptolemäus' Weltbild, das die Erde im Mittelpunkt des Universums sah, standen dabei im Zentrum der neuen Fragestellungen. Aristoteles hätte sich sicher amüsiert, dass seine eigene Methode der eingehenden logischen Untersuchung dazu benutzt wurde, seine Vorstellung von der Welt zu entthronen.

Der Fortschritt verlief weder glatt noch leicht. Die Kirche glaubte, dass die Welt ewig und unveränderlich sei, der Mensch ihr Mittelpunkt und Gottes Wege unerforschlich seien, also nicht erforscht werden dürften. Die Idee, dass die Erde nicht im Zentrum des Universums stehe, wurde bald als Ketzerei gebrandmarkt. 1616 zwang die Kirche den italienischen Wissenschaftler Galileo Galilei (1564–1642), dem Glauben abzuschwören, dass die Erde sich um die Sonne drehe. Doch man konnte den Fortschritt nicht aufhalten. Immer mehr wissenschaftliche

Der Vatikan stellte Galilei 1633 unter Hausarrest und verbot ihm, weiterhin zu lehren, dass die Erde sich um die Sonne drehe. Sein Buch über den Dialog der zwei neuen Weltsysteme wurde erst 1824 von der Liste der vom Vatikan verbotenen Bücher gestrichen. Im Jahr 2000 allerdings entschuldigte der Papst sich öffentlich für das, was man Galilei angetan hatte.

KOPERNIKUS: DIE ERDE BEWEGT SICH

Ptolemäus' Weltbild, das er in Almagest *(ca. 150) vorstellte, sah die Erde im Zentrum einer Reihe konzentrischer Sphären, auf denen die anderen Himmelskörper die Erde umkreisten. Allerdings musste es immer wieder modifiziert werden, um Raum für spätere astronomische Beobachtungen zu schaffen.*

Der polnische Astronom Kopernikus meinte, die Sonne stehe im Mittelpunkt des Universums und die Erde kreise mit den anderen Planeten um sie.

Der polnische Mathematiker und Astronom Nikolaj Kopernik (1473–1543), besser bekannt als Kopernikus, entwickelte das heliozentrische Modell unseres Sonnensystems: Die Sonne steht im Zentrum und die Planeten drehen sich um sie. Die Brisanz seiner Entdeckung war ihm bewusst, daher veröffentlichte er seine Abhandlung *Von der Bewegung der Himmelssphären* erst kurz vor seinem Tod 1543. Das Werk entfaltete nicht sofort seine bahnbrechende Wirkung. Der Vatikan setzte es erst 1616, 73 Jahre nach Kopernikus' Tod, auf den Index der verbotenen Bücher, obwohl dieser schon 1559 zum ersten Mal erstellt worden war. Gleichwohl gab es auch zeitgenössische Kritik, z. B. von dem religiösen Reformer Philipp Melanchthon (1497–1560), der meinte, das kopernikanische Modell müsse verboten werden, weil „der Augenschein, der tausendjährige Konsens der Wissenschaft und die Autorität der Bibel" ihm widersprächen.

Beobachtungen zeigten, dass das kirchliche Weltbild nicht stimmte. Gleichzeitig wurde der Einfluss der Kirche schwächer, manche Wissenschaftler wagten gar zu bezweifeln, dass es Gott gab. Und damit entthronte die Vernunft erneut den Glauben als Wissensvermittler.

Die Auswirkungen auf die Philosophie waren enorm. Die wissenschaftliche Revolution entzog dem damals herrschenden Weltbild den Boden und verstärkte damit auch die Zweifel an der Natur des Wissens und der Gewissheit. Glaubenssätze, die 2000 Jahre lang gegolten hatten, wurden allmählich unhaltbar. Welche Garantie aber gab es, dass das, was an ihre Stelle trat, wahrer und gewisser war?

Was weiß ich?

Der französische Philosoph Michel de Montaigne war einer der Ersten, die sich bewusst wurden, dass es nach der wissenschaftlichen Revolution keine Gewissheit mehr gab. Da die Vernunft offensichtlich

MICHEL DE MONTAIGNE (1533 – 1592)

Michel de Montaigne war der Abkömmling einer reichen Familie. Er hatte eine ungewöhnliche Kindheit, da sein humanistischer Vater ihm eine umfassende Erziehung zuteilwerden ließ. Zu Hause wurde nur Latein gesprochen und der

ESSAIS
DE
MICHEL SEIGNEVR
DE MONTAIGNE

A PARIS,
Chez ABEL L'ANGELIER,
au premier pillier de la grand
Salle du Palais.

Junge musste sich eingehend mit Musik befassen. Nach seinem Rechtsstudium arbeitete er elf Jahre lang an regionalen und nationalen Gerichtshöfen. Nach dem Tod seines Vaters 1568 kehrte er ins heimische Schloss zurück und widmete sich für den Rest seines Lebens dem Schreiben.

Er hinterließ drei Bände mit Essays über den Menschen und seine Beziehungen zur Welt. Der ausgesprochen sprachbegabte und gebildete Montaigne widmete sich zahlreichen Themen, u. a. den Tierrechten und der Ausbeutung der überseeischen Kolonien. Seine Persönlichkeit tritt uns in jeder Zeile seiner *Essais* entgegen. Dabei pflegte er keineswegs einen einheitlichen Stil, was er selbst wohl als Tugend betrachtet hätte. Er redet gleichsam mit sich selbst und lässt uns als Zuhörer daran teilhaben. Montaigne führte die Arbeit an seinem Werk bis ans Ende seiner Tage fort.

> *„Dass ein solcher Mensch geschrieben hat, dadurch ist wahrlich die Lust, auf dieser Erde zu leben, vermehrt worden."*
>
> Friedrich Nietzsche über Montaigne

kein universeller Ratgeber war und die Sinne keine verlässlichen Instrumente, schien ein gewisser Skeptizismus angebracht. Auch er empfand dies anscheinend oft als schwierig, fragte er sich doch in seiner *Apologie für Raymond Sebond*, was er denn überhaupt wisse. Als Beispiel führte er den Fall des Martin Guerre an. Der echte Martin Guerre war in den Krieg gezogen, zwei Jahre später kam ein Betrüger zurück, der seinen Namen angenommen hatte. Der Mann wusste Dinge, die nur der echte Guerre hätte wissen können und täuschte sogar Guerres Frau. Montaigne meinte, wenn nicht einmal eine Ehefrau sicher sein könne, wer ihr Mann sei, was sei dann auf der Welt noch gewiss?

An anderer Stelle zeigte sich Montaignes Skeptizismus wieder als Befreiung, wie dies ja von Sextus Empiricus so gedacht war. Denn ein Individuum, das von falschen Gewissheiten frei sei, verfüge über mehr Autonomie. Montaigne sah die neuen Errungenschaften und Theorien der Wissenschaft als Beitrag zu einem endlosen Prozess der Erforschung der Welt – nicht als Wahrheit, die unhinterfragt stehen bleiben sollte. Jede Neuentdeckung war für ihn ein Schritt in Richtung dessen, was sich in der Folge als richtig oder falsch erweisen sollte. Wissen, wenn es unkritisch akzeptiert werde, sei ein Hindernis auf dem Pfad der Neugier. Daher sei es für den Menschen das Allerwichtigste, seine Überzeugung ständig infrage zu stellen. Auf diese Weise sollten wir unsere Lebensweise einer ständigen Überprüfung unterziehen.

Trotz seines Skeptizismus war Montaigne praktizierender Katholik. Er sah darin auch keinen Widerspruch. Ganz im Gegenteil: Eine skeptische Haltung in allem, was nicht den Glauben angehe, mache es sogar leichter, religiöse Wahrheiten anzunehmen, denn diese könnten ohnehin nur durch den Glauben gerechtfertigt werden.

Die wissenschaftliche Methode

Montaigne war in erster Linie Philosoph, der Engländer Francis Bacon (1561–1626) aber wurde zum Vater des wissenschaftlichen

Francis Bacon verlieh der wissenschaftlichen Methode Form, denn jede Hypothese müsse gründlich untersucht werden.

DAS INDUKTIONSPROBLEM

Das sogenannte Induktionsproblem hat viele Denker der wissenschaftlichen Revolution beschäftigt. Im Wesentlichen geht es darum, wie sich aus einer Menge Daten Schlussfolgerungen ziehen lassen. Wenn Sie eine Münze zwanzig Mal hochwerfen und sie jedes Mal mit der Kopfseite nach oben fällt, dann ist die Schlussfolgerung, dass beim nächsten Mal sicher die Zahl oben sei, verführerisch. Doch sie ist falsch. Die Chance auf Zahl oder Kopf bleibt bei jedem Wurf gleich, ob es nun der einundzwanzigste oder der tausendste ist. Die vorhergehenden Ereignisse haben keinen Einfluss auf die zukünftigen. Wir können aus den gesammelten Daten der einzelnen Würfe keine Folgerung für die Zukunft ableiten. Wiederholung beweist nichts, kann aber zum Aufstellen einer derartigen Hypothese führen. Die Sonne geht seit Beginn der geschichtlichen Aufzeichnungen im Osten auf. Daher könnten wir den Schluss ziehen, dass sie immer im Osten aufgeht. Doch um diese Folgerung zu belegen, müssen wir mehr anführen als den Verweis auf die Vergangenheit.

Denkens. Er hat die wissenschaftliche Methode entwickelt.

Bacon war weder mit der platonischen noch mit der aristotelischen Methode der Wissenserlangung einverstanden. Der Rationalismus, der Wissen durch Vernunft und das Studium der Bedeutung von Worten erlangen will, käme einem Spinnennetz gleich, das man im eigenen Kopf webe. Doch der empirische Ansatz des Aristoteles kam auch nicht besser weg. Dabei werde nur eine Unmenge von Daten angesammelt, die aber nicht notwendig zu vernünftigen Ideen führten. Bacons Ansicht nach sollten wir Daten sammeln, um induktiv Hypothesen aufzustellen, die dann durch wissenschaftliche Methoden überprüft werden konnten.

Bacon war klar, dass es einfacher war, etwas zu widerlegen, als es zu beweisen. Das scheint auf den ersten Blick unsinnig, denn das hieße, dass die Wissenschaft Fortschritte durch Fehler erzielt. Und das ist tatsächlich so. Wenn wir eine Münze eine Million Mal in die Luft werfen und sie immer mit dem Kopf zuoberst aufkommt, können wir daraus nicht ableiten, dass sie immer mit dem Kopf zuoberst aufkommen wird. Doch wenn sie nur ein einziges Mal mit der Zahl zuoberst aufkommt, dann ist damit die These vom Tisch, dass sie grundsätzlich immer mit dem Kopf zuoberst fällt. Das erinnert ein wenig an die Falsifikationsmethode des deutschen Philosophen Karl Popper (1902 – 1994). Popper berief sich bei seiner Lösung des Problems ausdrücklich auf Bacon.

Francis Bacon aber interessierte sich nicht so sehr für das Induktionsproblem. Er stellte eher die Methode des Erkenntnisgewinns in den Mittelpunkt. Vor allem interessierte er sich dafür, wie sich aus den gesammelten Daten sinnvolle Thesen ableiten ließen.

Diese Methode veranschaulichte er an einer Untersuchung über die Natur der Wärme. Zunächst müssten wir alles auflisten, was heiß ist. Dann alles, was nicht heiß ist. Schließlich sollten wir alles sammeln, was unterschiedliche Temperaturen

Bacon nahm die Lava aus Vulkanhöhlen in seine Liste der warmen Dinge auf.

haben kann. Seine Liste heißer Dinge sieht so aus:

1. die Strahlen der Sonne, vor allem mittags und im Sommer
2. die reflektierten Strahlen der Sonne, an Wänden oder in Spiegeln
3. flammende Meteoriten
4. der Blitz
5. Flammen, die aus Berghöhlen hervorbrechen
6. alle anderen Flammen
7. brennende Festkörper
8. natürliche Warmwasserquellen

Bacon schloss daraus, dass die Quelle von Wärme Bewegung sei. Warme Dinge zeichneten sich durch äußere Aufwärtsbewegung aus. Manchmal bewege sich nicht der ganze Körper, sondern nur die Teilchen, aus denen er besteht: Kochendes Wasser z. B. siedet im Topf, die Flammen tanzen herum.

Traurigerweise waren es gerade Bacons Untersuchungen zur Temperatur, die ihn das Leben kosteten. Er starb an einer Lungenentzündung, die er sich holte, als er im Schnee mit dem Einfrieren von Hühnern experimentierte. Doch dass Bacons Methode zwangsläufig zu sinnvollen Hypothesen führen wird, ist unwahrscheinlich. Es gibt ja höchst selten nur eine Art, Daten zu organisieren, sodass eine

WISSEN IST MACHT – IN DEN FALSCHEN HÄNDEN

Der französische Sozialtheoretiker Michel Foucault (1926–1984) war der erste postmoderne Philosoph. Ihn interessierte vor allem die Frage, wie Wissen und Macht zusammenhängen und wie Macht eingesetzt wird, um Wissen zu kontrollieren und zu definieren. Für ihn war wissenschaftliche Erkenntnis kein Mittel, um normalen Menschen mehr Macht zu geben. Er sah sie vielmehr als Instrument der sozialen Kontrolle. So zeigte er, dass im 18. Jahrhundert das Etikett der Verrücktheit – das Gegenteil von Vernunft – vor allem sozial unerwünschten Personen angehängt wurde, armen, obdachlosen und anderen Menschen, die man als sozial unerwünscht betrachtete. Jedenfalls nicht nur Menschen, die tatsächlich unter einer mentalen Störung litten. Eine weitere Machdemonstration war die Umwandlung der drakonischen Strafen der Frühzeit (Todesurteil, Auspeitschung etc.) durch das Gefängnis. Das Gefängnis sei eine zutiefst entmenschlichende und lang andauernde Erfahrung, die Macht sehr viel drastischer unter Beweis stelle als eine kurze Hinrichtung.

Die Konzentration auf die Sexualität als Aspekt der Psychologie bot einen weiteren Weg, um die Menschen unter Kontrolle zu bringen. Sexuelle Vorlieben erlauben einen Blick in die Persönlichkeit der Menschen, daher werden sie gewöhnlich verborgen. Durch die Konstruktion von Moralbegriffen wird die Sexualität dann unter Kontrolle gebracht. All diese Aspekte des Wissens und der Identität wandeln sich im Laufe der Zeit, doch nehmen sie dabei keinen linearen Weg. Stattdessen ändern sie sich, weil die Machtinstanzen sie zu ihren Gunsten manipulieren, um das Verhalten der Menschen zu beeinflussen.

Die Philosophie war nach Foucault ein Weg, die Machtverhältnisse wieder auszugleichen. Wenn wir erkannt haben, wie die Inhaber der Macht uns zu kontrollieren versuchen, können wir uns dem entziehen und unser Wissen als sozial konstruiert neu bewerten.

These augenfällig wird. Dazu ist immer Kreativität vonnöten. Nur so lassen sich in einer Datensammlung Muster erkennen, über deren Entstehung man Theorien entwickeln kann. Trotzdem hat Francis Bacon mit seiner wissenschaftlichen Methode sich immer in den Dienst der Menschheit gestellt. Er wollte nützliche Dinge erfinden, die halfen, das Leid der Menschen zu lindern. Daher hält man Bacon auch für die eigentliche Inspiration der industriellen Revolution. Er soll auch das

> *„Wenn ich durch Zufall aus dem Fenster sehe und vorübergehende Menschen entdecke, sage ich, wenn ich sie sehe, dass ich Menschen sehe … und doch: Sind das, was ich aus diesem Fenster erkennen kann, nicht nur Hüte und Mäntel, die auch Geister oder Puppen bedecken könnten, die sich durch Federn bewegen? Ich aber urteile, dass es wirklich Menschen sind. Ich erfasse also durch die Urteilskraft, die meinem Geist innewohnt, was ich mit meinen Augen zu sehen glaube."*
>
> René Descartes, *Meditationen*, 1641

Wort vom Wissen, das Macht ist, geprägt haben. (Obwohl es in seinen Schriften nicht auftaucht.)

Denken und Sein

René Descartes vielleicht berühmteste philosophische Abhandlung sind die *Meditationes de prima philosophia* (Meditationen über die erste Philosophie) von 1641. Darin untersuchte er die Grundlagen des Wissens. Sein Werk beschränkt sich aber nicht auf die Philosophie. Er hat auch Untersuchungen zur Physik (Optik) und Mathematik angestellt. Außerdem entwickelte er das kartesische Koordinatensystem, mit dessen Hilfe man Daten grafisch veranschaulicht, indem man sie auf der x-, y- und z-Achse aufträgt.

In den *Meditationen* untersucht Descartes zunächst die Natur seiner eigenen Vorstellungen und fragt sich, wessen er tatsächlich gewiss sein könne. Er stellte fest, dass einige leichter zu rechtfertigen waren als andere, z. B. mathematische „Wahrheiten". Andere schienen weniger gewiss zu sein bzw. stellten sich bei eingehender Untersuchung sogar als falsch heraus. Er entschied, dass er jede Vorstellung auf eine belastbare Grundlage stellen müsse. Damit stellte sich natürlich die Frage, was die erste unwiderlegbare Erkenntnis ist. Statt jedoch all seine Überzeugungen in eine Ordnung zu bringen und festzulegen, welche aus welcher Erkenntnis folgt, überprüfte er sie, indem er ihre Quellen untersuchte. Wenn die Quelle nämlich unwiderlegbar war, musste die daraus folgende Erkenntnis notwendig gewiss sein. War die Quelle aber fehlbar, dann ließ sich auf sie keine Gewissheit gründen.

Descartes erkannte, dass viele seiner Vorstellungen auf der Sinneswahrnehmung der Augen, Ohren oder anderer Organe beruhten. Doch unsere Sinne sind keine verlässlichen Instrumente: Wenn wir einen Stock in ein Glas Wasser stellen, erscheint er geknickt, obwohl er es nicht ist. Descartes erklärte, er könne sich aber zumindest sicher sein, dass er ein an Philosophie interessierter Franzose sei, der in seinem Studierzimmer saß. Doch wenn wir uns auf die Selbstwahrnehmung verlassen, gibt es keine Möglichkeit mehr, zwischen Wahrheit und Traum zu unterscheiden. Woher weiß der Mensch also, dass das Leben, das er führt, nicht nur ein Traum ist? Auch Halluzinationen lassen uns an Dinge glauben, die nicht da sind. In diesem Fall würden unsere nach innen gerichteten Sinne uns erneut täuschen. Daher sei das in der Sinneswahrnehmung gegründete Wissen grundsätzlich nicht verlässlich.

Sodann wendet Descartes sich dem Verstand zu. Er überprüft sein Wissen, dass 2 + 3 = 5, dass eine Mutter stets älter ist als ihre Tochter und dass ein Dreieck

Der Film Matrix *(1999) spielt mit der Vorstellung, dass das, was die Menschen als ihr Leben betrachten, Illusion sein könnte. Hier nehmen Maschinen die Rolle des bösen Dämons aus den* Meditationen *von Descartes ein.*

drei Seiten hat. Diese Vorstellungen wirken gewiss, könnten aber ebenfalls das Resultat einer Täuschung sein. Schließlich könne ihm auch ein mächtiger Dämon diese Vorstellungen eingegeben haben.

Doch eine Aussage gibt es, die selbst ein extrem mächtiges Wesen nicht manipulieren könnte: Dass er existiert, weil er denkt (selbst wenn die Inhalte seines Denkens falsch sein mögen). Um denken zu können, müsse er existieren. Auf diese Weise kam er zu der berühmt gewordenen Schlussfolgerung: *Cogito ergo sum*. Dies war für ihn die eine unwiderlegbare Schlussfolgerung und damit die Grundlage allen Wissens.

Davon und von seiner Überzeugung, dass Gott existiert, wollte der Philosoph künftig ausgehen, um gewisses Wissen zu erlangen. Spätere Philosophen fanden allerdings die Argumentationskette der *Meditationen* nicht überzeugend. Mittlerweile gilt die *Abhandlung* als Grundlagentext zum empirischen Skeptizismus.

Das Zeitalter der Aufklärung

Descartes war Philosoph und Wissenschaftler zugleich. Er stellte seine Überlegungen zu einer Zeit an, die eine philosophische Revolution einleitete. Wir bezeichnen diese heute als „Aufklärung". Bacon und Descartes waren die ersten Philosophen der Neuzeit, die einen empirischen und rationalistischen

Ansatz vertraten, wie wir ihn bereits bei Aristoteles und Platon finden. Der deutsche Philosoph Immanuel Kant (1724–1804) sollte dann aus beiden Strömungen einen Mittelweg schaffen. Baruch Spinoza und Gottfried Leibniz folgten Descartes in seinem Rationalismus, die englischen Philosophen Thomas Hobbes (1588–1679) sowie John Locke arbeiteten in der Richtung weiter, die Bacon anskizziert hatte.

Locke war stark beeinflusst von der wissenschaftlichen Arbeit seines Zeitgenossen Isaac Newton (*siehe* ▸▸ Kasten) und des irischen Chemikers Robert Boyle (1627–1691). Locke versuchte, die menschliche Erkenntnis so zu interpretieren, dass sie zur Newton'schen Mechanik passte. Damit stellte er die Erkenntnistheorie auf eine wissenschaftliche Grundlage.

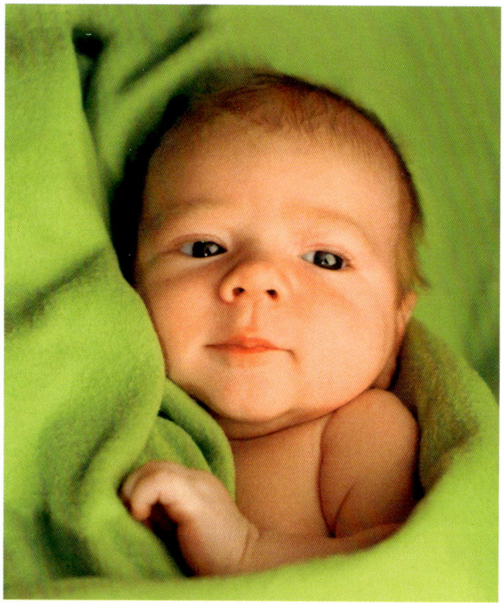

Kommt ein Baby mit einem „leeren" Geist zur Welt? Locke meinte ja. Kant ging vielmehr davon aus, dass es über ein bestimmtes Wissen verfüge, um sinnliche Wahrnehmungen zu interpretieren und daraus Wissen abzuleiten.

ISAAC NEWTON (1642–1727)

Der englische Mathematiker und Physiker Isaac Newton machte bahnbrechende Entdeckungen, die die wissenschaftliche Revolution mit auslösten. Er bewies, dass das Universum nach vorhersagbaren physikalischen Gesetzen funktioniert. Newton stellte das Gravitationsgesetz auf, das die universelle Gravitation beschreibt. Damit konnte er die Bewegung des Mondes und der Planeten erklären. Dieses Gesetz galt bis ins frühe 20. Jahrhundert, als Albert Einstein die Relativitätstheorie aufstellte. Newtons Methoden waren empirisch und induktiv. Descartes' rationalistischer, deduktiver Ansatz zur Wissenserlangung schien ihm unbrauchbar.

George Berkeley (1685–1753) war Bischof von Cloyne im Süden Irlands. Er glaubte, dass die Welt „da draußen“ gar nicht wirklich existiert, da unsere Sinne uns keine verlässlichen Informationen liefern könnten.

An seinem *Essay Concerning Human Understanding* (Versuch über den menschlichen Verstand, 1690) arbeitete er über zwanzig Jahre. Dieses Werk sollte die Erkenntnistheorie der nächsten hundert Jahre entscheidend prägen.

Locke untersucht in seiner Abhandlung, wie der menschliche Geist Daten sammelt, organisiert und klassifiziert und auf dieser Grundlage zu Urteilen gelangt. In seinen eigenen Worten versuchte er, „den Ursprung, die Gewissheit und die Ausdehnung des menschlichen Wissens“ zu erforschen. Den rationalistischen Ansatz Descartes' hielt er für unbrauchbar. Seiner Ansicht nach musste Wissen aus Erfahrung gewonnen werden, durch die Einwirkung der Außenwelt auf unsere Sinne.

Locke sah den Geist eines Neugeborenen als *tabula rasa*, als leere Tafel. Das Kind weiß nichts. Es besitzt kein angeborenes Wissen. Alles, was es lernt, kommt direkt aus der Erfahrungswelt. Aus der Stimulierung der Sinne ergeben sich die ersten einfachen Vorstellungen wie „heiß“, „kalt“, „rund“, „hart“, „süß“, „gelb“ und so weiter. Diese Dinge nähmen wir direkt wahr, ein Eingreifen des Verstandes sei nicht erforderlich. Aus diesen einfachen Vorstellungen entwickelten sich komplexe Ideen, bei denen der Verstand tätig ist. Wollen wir beispielsweise aus gewissen Sinnesdaten einen Hund oder einen Tisch erkennen, ist dazu eine gedankliche Tätigkeit vonnöten – denn ein Hund oder ein Tisch ist schon eine komplexe Vorstellung. Komplexe Vorstellungen beziehen sich nicht nur auf sinnlich wahrnehmbare Phänomene. Wir können uns auch ein Einhorn vorstellen, das es zwar nicht gibt, das aber aus zwei anderen

PHILOSOPHEN IM FOKUS

Entsteht beim Fall eines Baumes im Wald ein Geräusch, wenn niemand da ist, der ihn hört?

Locke: Nein. Dann entstehen zwar Schallwellen, doch ein Geräusch ist eine sekundäre Qualität, die nur im Geist des Beobachters existiert.

Berkeley: Nein. Es gibt ja gar keinen Baum.

komplexen Ideen wie „Pferd“ und „Horn“ geschaffen wird.

Einfache Vorstellungen haben laut Locke primäre und sekundäre Qualitäten. Die primären Qualitäten sind jene, die allen Objekten unmittelbar innewohnen und ihnen gemeinsam sind wie Dichte, räumliche Ausdehnung, Form, Bewegung, Statik, Zahl. Sekundäre Qualitäten sind jene, die unsere Sinneswahrnehmung ihnen hinzufügt wie Farbe, Geschmack und Geruch. Sie wohnen den Objekten nicht inne, sondern entstehen in unserem Geist, wenn wir das Objekt wahrnehmen. Primäre Qualitäten könnte man als objektiv bezeichnen: Sie existieren real, unabhängig vom Beobachter. Sekundäre Qualitäten hingegen wären subjektiv, da sie vom Beobachter abhängen. In Lockes Weltbild gibt es keine Farbe, keinen Klang ohne einen Geist, der beides wahrnimmt. Diese Auffassung teilen manche modernen Philosophen und Wissenschaftler noch heute.

„Die sinnlichen Objekte existieren nur, wenn sie wahrgenommen werden. Die Bäume im Garten sind nur so lange da, wie jemand da ist, der sie wahrnimmt.“

George Berkeley, *Eine Abhandlung über die Prinzipien der menschlichen Erkenntnis*, 1710

WISSENSCHAFTLICHER ESSENZIALISMUS

Die amerikanischen Philosophen Saul Kripke und Hilary Putnam haben ein Wahrnehmungsmodell entwickelt, das mit Lockes Sicht der essenziellen Qualitäten vergleichbar ist. Sie gehen davon aus, dass alle Objekte essenzielle Qualitäten besitzen, die sie haben müssen, wenn sie als bestimmtes Objekt erkannt werden sollen. Alle Tiger besitzen Tiger-DNS. Andere Eigenschaften wie gestreiftes Fell und vier Beine sind nicht unbedingt essenziell: Ein Tiger wäre immer noch ein Tiger, wenn er ein Albino wäre oder nur drei Beine besäße. Die essenziellen Eigenschaften sind zwar notwendig, aber *nicht hinreichend*, um das Objekt zu definieren. Ein Tigersteak z. B. hat auch Tiger-DNS, ist aber an sich kein Tiger.

Jetzt sieht man's, jetzt wieder nicht

George Berkeley gilt als der Vater des philosophischen Idealismus, der zu zeigen bemüht war, dass der Materialismus von Locke und Newton letztlich unhaltbar war.

Bis 1869 hatte noch kein Europäer jemals einen Panda zu Gesicht bekommen und er galt als mythisches Wesen, ähnlich dem Drachen. Etwas ***nicht*** *wahrzunehmen heißt also nicht, dass es* ***nicht*** *existiert.*

Berkeley war nicht der Einzige, der feststellte, dass Lockes Kausaltheorie der Wahrnehmung eine logische Lücke zwischen dem Subjekt (dem wahrnehmenden Geist) und der Wirklichkeit ließ. Diese Lücke wird manchmal als „Schleier der Wahrnehmung" bezeichnet. Wenn wir etwas sehen, dann ist dies das Resultat von Objekten in der Außenwelt, die einen konkreten, kausalen Effekt auf unsere Sinne haben und so in unserem Geist eine Vorstellung hervorrufen. Wenn Sie eine Katze ansehen, wird Licht von der Katze reflektiert und fällt auf die Netzhaut Ihres Auges. So entsteht ein Signal, das über die neuronalen Schaltwege ins Gehirn gelangt. Resultat: Sie „sehen" eine Katze. Das Bild der Katze wird aber in Ihrem Gehirn konstruiert und kann nicht garantieren, dass die Katze so wirklich existiert oder so aussieht, wie Sie sie wahrnehmen. (Die Katze könnte schließlich ein Traumbild sein, eine Halluzination – in diesem Fall wäre keine echte Katze da.)

> *„Zu sein heißt, wahrgenommen zu werden."*
>
> George Berkeley

Berkeley nannte die Wahrnehmung der Katze die „Idee" der Katze. Vielleicht seien Katzen ja ganz anders, als wir sie wahrnehmen. Wir haben keine Möglichkeit, dies festzustellen. Locke war vor dieser kühnen Idee zurückgescheut, indem er zwischen primären Qualitäten, die tatsächlich existieren, und sekundären Qualitäten, die

> „Es war einmal ein junger Mann,
> der meinte:
> *‚Gott hält es vermutlich für ziemlich*
> *eigen,*
> *wenn ein Baum noch da ist,*
> *wenn alle Sinne schweigen.'*
> *Antwort:*
> *Werter Herr,*
> *Ich finde es vielmehr eigen,*
> *welche Meinung Sie zeigen,*
> *denn da bin ich immer.*
> *Und der Baum verschwindet nimmer,*
> *denn meinen Sinnen ist zu eigen,*
> *dass sie niemals schweigen.*
> *Ihr sehr ergebener*
> *GOTT."*
>
> Ronald Knox, Theologe (1888 – 1957)

QUANTENTHEORIE UND BEOBACHTUNG

In der Quantenphysik spielt der Beobachter bei der Existenz der Erscheinungen eine zentrale Rolle. Das berühmte Doppelspalt-Experiment untersucht, ob Licht als Welle oder Teilchen vorliegt. Das Resultat des Experiments verändert sich, wenn Instrumente genutzt werden, die das Geschehen registrieren. In manchen Fällen verändert sich das Welle- bzw. Teilchenverhalten sogar im Nachhinein. Die physikalischen Grundlagen dieser Theorie übersteigen den Rahmen dieses Buches, doch die philosophischen Auswirkungen sind weitreichend. Es scheint tatsächlich unmöglich, etwas sicher zu wissen, wenn die Wahrheit von unserer Beobachtung abhängt.

nur im Geist des Betrachters vorhanden sind, unterschied. Berkeley sah für diese Unterscheidung keinen sinnvollen Grund und ließ die Wirklichkeit ohne fundierende Grundlage.

Daraus folgt: Wenn etwas nicht als Idee im Geist eines Menschen vorhanden ist, existiert es nicht. Wenn Sie die Katze nicht sehen, wer sagt dann, dass sie da ist? Wenn Sie sie nicht sehen, ist sie für Sie auch nicht da. Das ist jedoch problematisch, denn unser Weltbild geht davon aus, dass die Dinge auch existieren, wenn wir sie nicht sehen. Wenn Sie morgens das Badezimmer verlassen, die Tür hinter sich schließen und niemand mehr drin ist, gibt es dann das Innere des Badezimmers noch? Hüpfen die Objekte darin in die Existenz und wieder heraus, wenn Sie die Tür öffnen oder schließen? Berkeley hatte auch darauf eine Antwort: Gott bringt unsere Wahrnehmungen hervor. Die Dinge werden von ihm wahrgenommen, auch wenn wir nicht hinsehen. Gott sorgt dafür, dass das Badezimmer nicht verschwindet, wenn Sie es verlassen.

Die Wahrnehmung ist alles, Gott nichts

Der schottische Philosoph David Hume folgerte wie Locke, dass gültiges Wissen nur durch die Sinne erlangt werden könne und alles andere eine reine Erfindung sei. Das hieße aber, dass die Existenz von Gott, des Ich, jeglicher Kausalbeziehung, ja jeder Form induktiv (durch die Vernunft) gewonnenen Wissens abzustreiten waren.

Schrödingers Katze: Im Gedankenexperiment des Physikers Erwin Schrödinger von 1935 ist es unklar, ob eine Katze in einem geschlossenen Raum mit Giftgas tot ist oder nicht, bis dies nachgeprüft wird. Daher kann sie zur selben Zeit tot oder lebendig sein.

David Hume war ein extremer Skeptiker. Alle Erkenntnis, die nicht direkt in der Sinneserfahrung wurzelte, hatte seiner Ansicht nach keinen Bestand.

Humes Skeptizismus reduzierte die Welt enorm.

Er ging davon aus, dass wir unser Ich nicht erfahren können, sondern nur eine Reihe von Erfahrungen, die wir machen. Also musste das Ich eine Illusion sein. „Ich bin nur eine Ansammlung von Wahrnehmungen" schrieb er. Damit meinte er, dass die menschliche Identität die Summe eines Stromes von Sinneserfahrungen sei. In ähnlicher Weise könnten wir auch den Mechanismus nicht wahrnehmen, demzufolge ein Ereignis ein anderes auslösen muss (Kausalbeziehung). Was wir erfahren, ist nur die Abfolge dieser Ereignisse. Da die Kausalbeziehung also nicht Teil unserer Erfahrung ist, galt sie Hume ebenfalls als illusorisch.

Einerseits scheint dies nur logisch: Wir sehen, dass ein Ereignis stets auf das andere folgt, doch das heißt ja nicht, dass eines das andere verursacht. Wir interpretieren nur das eine als Ursache, das andere als Wirkung. Und tatsächlich interpretieren wir Dinge häufig fälschlich als kausal verknüpft: Im Sommer werden mehr Grills verkauft und mehr Menschen gehen zum Strand. Doch eines ist nicht die Ursache des anderen. Hinter beiden Trends steht eine andere Ursache (besseres Wetter). Andererseits lässt Humes Ansatz auch keinen Raum für offensichtliche Ursache-Wirkungs-Beziehungen. Wenn Sie einen Stein durch ein Fenster werfen und dieses zerbricht, dürfen Sie nach Hume anführen, es sei schließlich der Stein, der das Fenster kaputtgemacht habe.

Humes Absicht war es einerseits, die Wissenschaft von Fehlschlüssen zu befreien (Erfindungen, die nicht auf Erfahrung beruhen) und eine neue Wissenschaft von der menschlichen Natur aufzustellen. In seinem *Traktat über die menschliche Natur* (1739–1740) versuchte er, allgemeine Regeln für die Psychologie zu finden, die es erlaubten, ein Verständnis von der menschlichen Natur zu entwickeln, das so exakt war wie Newtons Sicht des Universums. Seine Einteilung der Vorstellungen und Ideen verdankt er jedoch in vielerlei Hinsicht Descartes, den er ja eigentlich ablehnte. Hume scheiterte also, was seine philosophische Untersuchung der menschlichen Natur anging, doch in seinem Bemühen, Fehlschlüsse auszuräumen, war er durchaus erfolgreich. Seine Kritik am induktiven Denken war vernichtend und prägte die Philosophie für die nächsten zwei Jahrhunderte.

Das induktive Denken ist das Herzstück aller wissenschaftlichen Bemühungen: Wir entdecken Naturgesetze, indem wir die Erscheinungswelt beobachten und nach Erklärungen für das suchen, was wir sehen. Hume meinte, dies sei keine sinnvolle Vorgehensweise. Wir könnten nicht einfach davon ausgehen, dass es keine Fälle gebe, die die „Regel“ widerlegen würden, nur weil wir sie nicht beobachtet hätten. Die sinnvollste Reaktion auf das Induktionsproblem kommt indes von Karl Popper, der darauf hinweist, dass wir auch aus negativen Entdeckungen (Falsifikation einer Hypothese) Schlüsse ziehen könnten. Wenn wir 100 braune Löwen sehen und einen grauen, so könnten wir daraus schließen, dass nicht alle Löwen braun sind.

„Meiner Ansicht nach sind die Naturgesetze entstanden als Produkt unseres seelischen Bedürfnisses, sich in der Natur zu Hause zu fühlen. Alle Ideen, die über die unmittelbare Wahrnehmung hinausgehen, sind gerechtfertigt, soweit sie uns helfen, unsere Umwelt zu verstehen, zu kontrollieren und vorherzusagen. In anderen Kulturen und zu anderen Zeiten werden und wurden mit derselben Berechtigung andere Konzepte zum selben Zweck genutzt.“

Ernst Mach

Empirismus und Positivismus

Sehr viel später fand Hume einen Nachfolger in dem österreichischen Wissenschaftstheoretiker Ernst Mach (1838–1916). Auch er nahm einen empiristischen Standpunkt ein und erklärte: „Wir kennen nur eine Quelle, die uns direkt zu wissenschaftlichen Fakten führt – unsere Sinne.“ Metaphysische Spekulationen führten seiner Ansicht nach nirgendwohin. Machs Ansicht nach sollte Wissenschaft nichts anderes sein als eine Erklärung der Fakten, die uns die sinnliche Erfahrung der Welt liefert. Alles, was jenseits dieser Definition liegt, überschreitet die Grenze dessen, was wir wahrnehmen können, und ist daher ungerechtfertigt. Die Naturgesetze, die wir zu entdecken scheinen, seien nichts weiter als ein Produkt unseres Geistes, der seine Umgebung gerne geordnet sehen möchte. In anderen Kulturen, zu anderer Zeit und an anderen Orten, hat man dieselben Fakten schon mit ganz anderen Gesetzen erklärt.

Sind die Naturgesetze aber keine Gesetze, dann können sie auch nicht „bewiesen“

Ernst Mach entwickelte einen Ansatz, den man später als Positivismus bezeichnete. Er akzeptierte nur beobachtbare Phänomene. Alles, was wir als „die Naturgesetze“ betrachten, sei in Wirklichkeit ein von Menschen entwickeltes Regelwerk.

werden, weil sie ja keine objektive Wahrheit ausdrücken. Der Wert einer physikalischen Gesetzmäßigkeit liegt einzig darin, dass sie die Welt sinnvoll erklärt und strukturiert, sodass wir uns sicher fühlen und unsere Umwelt kontrollieren können. Das führt zu einem pragmatischen Ansatz wissenschaftlicher Theoriebildung. Wenn es mehr als einen möglichen Weg gibt, etwas zu erklären, und nichts die absolute Wahrheit zu sein scheint, wie wählen wir dann zwischen den Möglichkeiten? Mach meint, wir sollten uns an die Prinzipien Einfachheit, Folgerichtigkeit und Tiefe halten. Obwohl Einfachheit kein Wert an sich sein mag (*siehe* ▸▸ Kasten), entpuppte sie sich doch häufig als wichtiges Instrument bei der Wahl wissenschaftlicher Theorien. Folgerichtigkeit heißt, dass es keine systemimmanenten Widersprüche geben sollte, und Tiefe heißt, dass das Modell möglichst viel erklären sollte.

Machs Sicht der Wissenschaft wirft allerdings ein Problem auf. Alles, was wir nicht beobachten können, wäre in dieser Sicht nicht-existent. Dazu gehören Atome, Schwarze Löcher, die Frühgeschichte unseres Planeten oder die Kontinentalplatten, der Magnetismus, Wellen, Gravitation, Zeit und Raum. Mach meinte sogar, wer auf solche Konzepte zurückgreife, würde die „illusorischen Ideen der

OCKHAMS RASIERMESSER

Das Prinzip, das wir heute als „Ockhams Rasiermesser“ kennen, wurde von mehreren Philosophen behandelt. Die zentrale These dahinter lautet, dass wir beim Vorhandensein zweier gleich attraktiver Theorien immer die einfachere bevorzugen sollten, die andere also „abrasiert“ wird. Tatsächlich aber gibt es keinen erkenntnistheoretischen Grund, weshalb eine einfache Lösung wahrscheinlicher ist als eine komplizierte.

Immanuel Kant glaubte, dass Vorstellungen wie Raum und Zeit, Ursache und Wirkung dem menschlichen Gehirn eingeprägt seien und so unsere Erfahrung färbten – selbst bei einem Abendessen mit Freunden.

alten Metaphysik" wieder zum Leben erwecken. Der Amerikaner William Quine (1908–2000) stieß ins selbe Horn mit der Behauptung, die Aussagen der theoretischen Physik hätten eine ebenso gesicherte epistemologische Basis wie Homers Götter.

Machs Berücksichtigung rein sinnlich erfassbarer Daten beinhaltet, dass wir entweder die Existenz der nicht wahrnehmbaren Objekte leugnen oder eingestehen müssen, dass wir solche Dinge nie erkennen könnten. Damit stünde er in einer Reihe mit Kant und seinem *Noumenon* oder „Ding an sich" – das dem Denken und der Anschauung Verschlossene.

Mittler zwischen Vernunft und Erfahrung

Die scharfe Trennung zwischen Empirikern auf der einen und Rationalisten auf der anderen Seite führte dazu, dass die Philosophie im 18. Jahrhundert in einer Sackgasse steckte. In den nächsten 200 Jahren versuchte man immer wieder, zwischen beiden Ansätzen eine Brücke zu schlagen.

Wissen als Konstrukt

Immanuel Kant versuchte zu zeigen, dass beide Ansätze ihr Gutes hatten. In seiner *Kritik der reinen Vernunft* (1781) erläuterte er, wie wir zu gültigen Urteilen über die Wirklichkeit kämen. In der *Kritik der praktischen Vernunft* (1788) versuchte er sodann, eine Ethik der Vernunft zu begründen.

Kant fragte sich als Erstes: „Was sind die Bedingungen der Möglichkeit der Erkenntnis?" Er ging davon aus, dass wir unsere Erfahrung – die von den Sinnen gesammelten Daten – nur dann interpretieren könnten, wenn wir Strukturen dazu hätten. Der noch unbelehrte Verstand eines Neugeborenen ist keine vollkommene *tabula rasa*, wie Locke meinte, denn wenn das Kind keine Möglichkeit hätte, das Gesehene und Gehörte zu interpretieren, würde es kein Wissen erlangen können.

Dieses Selbstporträt des NASA-Mars-Rovers Curiosity ist eine Kombination aus allen möglichen Daten, die Curiosity während eines Mars-Tages gesammelt hat. Curiosity wendet Algorithmen auf die von seinen Sensoren gesammelten Daten an, um „Wissen" über die Umgebung zu erlangen. So stellte sich Kant die Arbeit des menschlichen Gehirns vor, das die Sinnesdaten erst interpretieren müsse.

Kant ging davon aus, dass der Verstand die hereinkommenden Daten ordnete. Er schlug als vorhandene Werkzeuge zwölf Kategorien vor: Einheit, Vielheit, Allheit,

Realität, Negation, Limitation, Substanz, Kausalität, Gemeinschaft (Wechselwirkung), Möglichkeit, Dasein und Zufälligkeit. Diese Kategorien werden innerhalb der Strukturen von Zeit und Raum angewendet, die er Kategorien der „reinen Anschauung" nennt. Indem wir diese Kategorien auf die gesammelten Daten anwenden, können wir uns ein Urteil über die Welt bilden.

Kant war so stolz auf seine Leistung, dass er sie mit der Kopernikanischen Wende verglich. Er war überzeugt, dass er nun endgültig erklärt hatte, wie der menschliche Verstand zu Wissen gelangt: Er wendet Regeln auf seine Erfahrung an.

Doch auch Kants Erklärung wies ein Problem auf. Wenn der menschliche Geist nur ein a priori vorhandenes Regelwerk auf die Sinnesdaten anwandte, dann hatte die Vernunft nichts zu tun und die Metaphysik blieb ungeklärt. Rationalisten wie Descartes sehen Wissen als Produkt der Vernunft. In diesem Rahmen war Platz für abstrakte Ideen wie Gerechtigkeit, Schönheit, Ich und Tugend. Kant aber verankerte die Erkenntnis erneut ausschließlich in den Sinnesdaten, da war kein Platz für Dinge, die nicht in der Erfahrung wurzelten. Wissen in dieser Sicht ist nur eine Systematisierung der Erfahrung – es kann sich nicht auf die Wirklichkeit hinter der Wahrnehmung beziehen, auf die Welt der *Noumena* (*siehe* ▸▸ Kasten).

DAS *NOUMENON* UND DIE ERSCHEINUNGSWELT

Kant meint, wir nähmen durch unsere Sinne die Erscheinungswelt auf: Wir sehen darin Landschaften, hören Vögel singen, essen und trinken. Unser Verstand interpretiert die Erfahrung. Hinter diesen Instanzen der Wirklichkeit aber läge die Welt des *Noumenon*, des „Ding an sich", die der menschlichen Erkenntnis nicht zugänglich sei. Wenn wir alles in der Welt durch einen Zerrspiegel sähen, dann würden wir alles anders sehen, als es in Wirklichkeit ist, uns dessen aber nie bewusst sein. Daher könnten wir auch nicht wissen, in welcher Beziehung die wahrgenommene Welt (der Phänomene) zur realen Welt (der *Noumena*) steht.

Der Weg zur Wahrheit

Kant befand, dass die Kluft zwischen der Welt der *Noumena* und der der Phänomene unüberbrückbar sei. Hegel aber fand das vollkommen inakzeptabel und machte sich daran, diese Lücke zu schließen.

Hegel ging davon aus, dass es eine letztendliche Wahrheit gäbe und dass sie der menschlichen Erkenntnis offenstehe. Den Weg zu ihrer Entdeckung sah er in einem Verfahren, das er „Dialektik" nannte. Dieses habe die gesamte Geschichte der Menschheit geprägt. Die Hegel'sche Dialektik beginnt mit einer These, die wir für wahr erklären. Wenn wir über diese These nachdenken, kommen wir dahinter, dass es durchaus auch eine andere Sichtweise gibt, die die erste aufhebt: die Antithese. Vergleich und Nachdenken über beide aber eröffnen häufig einen dritten Weg, den Hegel die Synthese nennt. Die Synthese wird sodann zur neuen These und der dialektische Prozess beginnt von vorne, immer und immer weiter. Auf diese Weise näherten wir uns allmählich der

Wahrheit. Doch keiner Wahrheit in dem Sinne, dass eine Aussage falsch und die andere richtig sei. Für Hegel ist Wahrheit ein Konzept, das sich vollendet und ganz wird. Der Fortschritt auf die Wahrheit zu ist eigentlich ein Fortschreiten zum Absoluten. In Hegels Augen ist eine wissenschaftliche Theorie, die falsch oder unpassend ist, nur unvollständig. Das Newton'sche Gravitationsgesetz wurde viele Jahrhunderte lang als korrekt betrachtet, bis Einstein zeigte, dass es sich nicht auf sehr kleine Einheiten (wie Atome) und auf sehr große Einheiten (größer als Galaxien) anwenden ließ. Das widerlegte das Gravitationsgesetz nicht – es zeigte nur, dass es begrenzt war und somit eine unvollständige Auffassung der absoluten Wahrheit offenbarte. Die absolute Wahrheit zu erreichen aber hieß, alle Begrenzungen zu überwinden. Am Ende dieses Ansatzes steht das metaphysische Konzept eines universellen Geistes.

Arthur Schopenhauer war ein Zeitgenosse Hegels. Obwohl er Hegel nicht schätzte, ging auch Schopenhauer davon aus, dass das „Ding an sich", die eigentlich wirkliche Welt hinter den Erscheinungen, wie Kant sie beschreibt, nicht erkannt werden kann. Schopenhauer aber baute in sein System ein Hintertürchen ein, das uns echte Erkenntnis ermöglicht. Wir sollten erkennen, dass wir selbst zu den Dingen gehören, die wir erkennen wollen. Auch wir sind also ein „Ding an sich". Seiner Ansicht nach enthülle sich auch das subjektive Ich nur innerhalb der Erscheinungswelt, es kann also nicht unsere Essenz (das „Ding an sich") sein. Unsere wahre Essenz sei der Wille, die universelle Antriebskraft, die sich in jedem Individuum manifestiert im unstillbaren Verlangen, sich in der Welt kundzutun. Wenn wir die Willenskraft verstehen, können wir das „Ding an sich", das unser Ich ist, erkennen.

G. W. F. Hegel sah ein Fortschreiten zur absoluten Wahrheit durch eine Reihe von Thesen, die später durch vollständigere Versionen ersetzt werden.

> „*Erkenne dich selbst* – dies absolute Gebot hat weder an sich noch da, wo es geschichtlich als ausgesprochen vorkommt, die Bedeutung nur einer Selbsterkenntnis nach partikulären Fähigkeiten, Charakter, Neigungen und Schwächen des Individuums, sondern die Bedeutung der Erkenntnis des Wahrhaften des Menschen wie des Wahrhaften an und für sich – des Wesens selbst als Geistes."
>
> G. W. F. Hegel, *Enzyklopädie der philosophischen Wissenschaften im Grundrisse*

Der Aufstieg des Phänomenalismus

Der deutsche Mathematiker und Philosoph Edmund Husserl (1859–1938) betrachtete die Wissenschaft nicht als empirisches, sondern rationalistisches Unterfangen.

FACHBEGRIFFE: PHÄNOMENALISMUS

Der Phänomenalismus ist im Wesentlichen subjektiv: Er besagt, dass alles, was wir untersuchen können, unsere Erfahrung der Welt ist und nicht die Welt an sich.

Doch es gibt unterschiedliche Ausprägungen. Kant könnte man als erkenntnistheoretischen Phänomenalisten einstufen, weil er glaubte, dass wir letztlich nur den Akt der Erfahrung erkennen können. George Berkeley hingegen wäre ein ontologischer Phänomenalist, weil er der Auffassung war, dass alles Existierende der Akt der Wahrnehmung sei.

Wie Descartes ging er davon aus, die Philosophie müsse sich zuerst der Subjektivität des Individuums bewusst werden. Wissenschaft ist laut Husserl die Erforschung von Wahrnehmungen, Glaubenssätzen, Urteilen und anderen geistigen Prozessen und nicht Untersuchung der Außenwelt. Diese Position, nach der wir nur die Sinneseindrücke untersuchen können, die von den Phänomenen bewirkt werden, und nicht die Welt, die dahintersteht, nennt man *Phänomenalismus*.

Arthur Schopenhauer sah die Antriebskraft hinter der Schöpfung im Willen, einer Kraft, die sich mit aller Macht manifestieren will.

Sie ist vor allem für den Existenzialismus zentral. Nach Husserl wurde sie von Heidegger, Merleau-Ponty und Sartre weitergeführt.

Husserl begann mit dem Konzept der „Intentionalität“, das er von dem deutschen Psychologen Franz Brentano (1838–1917) übernahm. Brentano zufolge richteten sich alle geistigen Akte auf ein Objekt. Wenn wir an die Stadt Paris denken, richtet sich unser Gedanke auf das Objekt „Paris“. Wenn wir gegen Ungerechtigkeit wettern, richtet sich unser Ärger gegen die Ungerechtigkeit. (Das Objekt kann also durchaus abstrakter Natur sein.) Wenn wir uns vor Gespenstern fürchten, richtet unsere Furcht sich auf die Gespenster. (Das Objekt muss nicht real existieren, die Angst ist ja real, auch wenn das Gespenst es nicht ist.) Husserl baute das Konzept weiter aus. Intentionalität des Bewusstseins hieß für ihn, dass wir das Bewusstsein (Gedanke, Zorn, Furcht) nicht von seinem Objekt (Paris, Ungerechtigkeit, Gespenst) trennen können. Sie existieren nur gemeinsam als zwei Aspekte des Bewusstwerdungsaktes.

Husserl sah das Bewusstsein als „Gerichtetheit auf ein Objekt hin“, das nicht unbedingt ein Objekt der Außenwelt sein musste. Das Ziel der Philosophie war seiner Ansicht nach die Klärung, wie diese Gerichtetheit sich manifestiert. Dies war eine nicht-empirische Version der Philosophie, die sich rein auf die subjektiven Elemente des geistigen Prozesses der Erfahrung konzentrierte.

Husserls Ansatz kam ohne die reale Welt „da draußen“ aus, die hinter dem geistigen Prozess stand. Er interessierte sich nur für gewisse Dinge und diese ließen sich nur im Akt des Bewusstseins

festmachen. Wie Descartes erkannte Husserl, dass er über die Außenwelt nichts aussagen konnte. Doch das störte ihn nicht. Sein Problem war, dass seine Position letztlich in eine Form der erkenntnistheoretischen Skepsis führte, die das Ich oder Selbst betraf. Seiner Definition zufolge wird das Bewusstsein mit dem intentionalen Akt gleichgesetzt, aber es ist nicht der Akt selbst, sondern die Betrachtung desselben. Das Selbst (oder Bewusstsein) kann nicht das Objekt eines intentionalen Aktes werden, weil es nicht zugleich Beobachter und Beobachtetes sein kann. So schloss er, dass das Subjekt der Erfahrung (das Selbst) transzendental sei – also auf einer anderen Ebene angesiedelt. Damit aber sind wir wieder bei der dualistischen Position Descartes', in der das Selbst und die Außenwelt (und

Für Edmund Husserl war die Wirklichkeit, die der Stadt Paris entsprechen könnte, weniger wichtig als der Akt des Erlebens dieser Stadt.

damit auch Geist und Körper) letztlich zwei verschiedene Dinge sind.

Der französische Philosoph Maurice Merleau-Ponty (1908 – 1961) war stark von Husserl beeinflusst. Auch er verfolgte einen phänomenologischen Ansatz, der sich auf die verkörperte Erfahrung ohne Bezug auf die objektive Realität der so erfahrenen Welt bezieht.

Merleau-Ponty fand sowohl den empiristischen als auch den rationalistischen Ansatz unbefriedigend, weil beide das Menon-Paradox nicht erklären können: Dass wir etwas, das wir nicht kennen, nicht suchen können, weil wir nicht wüssten, dass wir es gefunden haben, wenn wir es denn fänden.

Empiristen betrachten die Welt als vom Geist getrennt – das Bewusstsein ist das Subjekt, die Welt das Objekt. Wir erfahren die Welt auf vielschichtige Weise in einem komplexen Kontext. Doch um sie uns erklären zu können, versuchen wir, sie zu ordnen. Wir zerlegen das Kontinuum der Erfahrung in kleine Stücke. Doch letztlich können wir nicht wissen, ob die Stückchen in unserem Geist tatsächlich eine korrekte Repräsentation der Wirklichkeit darstellen (und die Außenwelt folglich real ist). Das bedeutet, dass wir über die Außenwelt nichts mit Gewissheit aussagen können. Das Menon-Paradox bliebe also gültig. Der Rationalismus (den Merleau-Ponty „Intellektualismus" nennt) kann das Paradox aber auch nicht auflösen: Wenn Wissen *a priori* existiert, warum müssen wir dann erst danach streben?

Merleau-Ponty räumt in seinem System der Wahrnehmung eine zentrale Stellung ein. Der rationalistische Ansatz hat darin keinen Platz, denn dieser berücksichtigt die Wahrnehmung im Erkenntnisprozess nicht. Außerdem spielt darin die Tatsache, dass wir Wesen in einem Körper sind, keine Rolle. Den Empirismus hingegen lehnte Merleau-Ponty ab, weil er sinnliche Wahrnehmungen zu kleinsten Einheiten reduziert, die keineswegs unserer Wirklichkeitserfahrung entsprechen. Seiner Ansicht nach musste berücksichtigt werden, dass Wahrnehmung im „Leib" geschieht. Damit meinte er, dass das Subjekt (Bewusstsein) nicht nur im Geist existiert, sondern im und durch den ganzen Körper erfahren werde. Er lehnte Descartes' Sicht des Körpers als physiologischen Automaten, der von einem getrennten und letztlich „anderen" Geist bewohnt werde, ab. Merleau-Ponty sah Körper und Geist als untrennbare Einheit: Der Geist ist nicht nur der „Bewohner" des Körpers. Der Akt der Wahrnehmung ist nicht nur das Auftreffen von Sinnesdaten auf Sinnesorgane, sondern wird vom Intellekt beeinflusst.

> *„Der Empirismus sieht nicht, dass wir nichts suchten, wüssten wir nicht, was wir suchen; der Intellektualismus hingegen sieht nicht, dass wir gleichfalls nichts suchten, wüssten wir, was wir suchen."*
>
> Maurice Merleau-Ponty, *Die Phänomenologie der Wahrnehmung*

Wir ziehen Bedeutung aus unseren Erfahrungen durch die Art und Weise, wie wir sie in Bezug auf unseren Körper wahrnehmen – heiß, kalt, groß, klein, nah oder fern. Unsere Erfahrung der Räumlichkeit hängt davon ab, wie unser Körper sich im Raum bewegt. Unsere Erfahrung der Zeit ist von der Unfähigkeit geprägt, eine andere Zeit als den gegenwärtigen Moment zu erfahren. Auf diese Weise entsteht unser Eindruck von Vergangenheit oder Zukunft.

Für Merleau-Ponty ist die Erfahrung ein Dialog zwischen Subjekt und Objekt. Er erinnert uns daran, dass jede Erfahrung mit allem wahrgenommen wird, was uns im Raum umgibt und mit allem, was ihr in der Vergangenheit vorausging. Damit brach er aus dem Dualismus von Welt und Geist aus und etablierte den Körper als drittes Element dazwischen. Damit war auch das Menon-Paradox gelöst. Woher wissen wir, dass wir gefunden haben, was wir suchen, wenn wir nicht wissen, was es ist? Weil die verkörperte Erfahrung ihm Bedeutung verleiht. Anfangs sind unsere Wahrnehmungen zweideutig und unklar. Doch je mehr wir uns körperlich auf die Welt einlassen, desto klarer und gewisser werden die Dinge.

Der Philosoph A.J. Ayer war ein guter Stepptänzer und sagte einmal, er wäre lieber Tänzer geworden als Philosoph. Aber als ihm klar wurde, dass er nie so gut werden würde wie Fred Astaire (Foto), gab er diesen Traum auf.

Ein Seitenblick auf die Wirklichkeit

Im 20. Jahrhundert nahm der Empirismus trotzdem wieder Fahrt auf, möglicherweise aufgrund der wissenschaftlichen und technischen Fortschritte. Immer mehr Philosophen interessierten sich nun für die Grundlagen wissenschaftlichen Wissens. Der britische Philosoph Alfred Ayer (1910–1989) war ein Empirist in der Hume'schen Tradition. Er entwickelte den „linguistischen Phänomenalismus". Im Allgemeinen betrachtet der Phänomenalist Objekte der Außenwelt als Konstruktion des Geistes aufgrund der empfangenen Sinnesreize. Ayer meinte, Aussagen über konkrete Objekte seien letztlich nur Aussagen über die Sinnesdaten, die wir sammeln, da die Objekte selbst der Erkenntnis und Beobachtung verborgen seien.

Seiner Ansicht nach waren Aussagen über Objekte nur Aussagen über Sinnesdaten. Wenn wir also einen Baum in einem Garten sehen, könnten wir nur eines mit Gewissheit sagen: Dass wir an einem Ort, der als Garten bekannt ist, Sinnesdaten empfangen (d. h. sehen) von etwas, das „Baum-heit" zeigt. Und das läge daran, dass das normalerweise der Fall ist, wenn man in einen Garten geht (nicht weil da etwa ein Baum ist – oder etwas anderes, das Baum-heit aufweist). Obwohl Ayer recht streng war in seiner Meinung darüber, was sich tatsächlich aussagen lasse, ist seine Auffassung doch recht vage und schwammig.

Logischer Positivismus

Ayer ist vor allem deshalb bekannt, weil er den logischen Positivismus mit begründete, eine Richtung des Denkens, die sich im 20. Jahrhundert entwickelte und den Wirkungsbereich der Philosophie stark einschränkte. Seine Vertreter gehen davon aus, dass die Philosophie letztlich nur Gedanken organisiere. Es gibt letzten Endes nur zwei Kategorien „wahrer" Aussagen: Die Aussagen der Mathematik und Logik sind tautologisch und damit immer wahr. Empiristische Aussagen der Wissenschaft müssen verifizierbar sein. Alle anderen Aussagen, vor allem über Metaphysik und Religion, seien letztlich sinnlos – ja nicht einmal unwahr. Der logische Positivismus vertreibt sich die Zeit mit Verifikationen: Der Wert einer

Aussage hängt davon ab, ob sie verifiziert werden kann – entweder durch Erfahrung oder durch Logik, womit sie „analytisch" ist. Bei letzterem Verfahren geht man von der ersten als „wahr" bekannten Aussage aus. Der logische Positivismus entwickelte sich durch das Wirken des sogenannten Wiener Kreises kurz vor Ausbruch des 2. Weltkriegs, einer Gruppe von Philosophen im Wien der Zwanzigerjahre.

Verifikation und Falsifikation

Der Philosoph Karl Popper entwickelte eine andere Methode, die er „Falsifikationismus" nannte – und die Humes Induktionsproblem lösen sollte. Hume ging davon aus, dass wir in unseren Datensammlungen Muster erkennen könnten, die uns Theorien oder Regeln aufzustellen erlauben. Das Problem dabei ist, dass wir ja nie alle möglichen Fälle beobachten können. So können wir aus der Beobachtung schließen, dass alle Füchse rot oder alle Schwäne weiß sind, doch wir haben ja nicht jeden Fuchs und jeden Schwan gesehen. Menschen glauben, dass alle Schwäne weiß sind, bis der erste schwarze Schwan

Karl Popper (links) gilt als einer der größten Wissenschaftstheoretiker des 20. Jahrhunderts.

$$PS_1 \longrightarrow TT \longrightarrow EE \longrightarrow PS_2$$

Eine problematische Situation (PS_1) führt zur Aufstellung eines theoretischen Versuches (Tantative Theory, *TT). Der Prozess der Korrektur von Irrtümern* (Error Elimination, *EE) führt zu einem besseren Verständnis und damit zu einer neuen, komplexeren Problemsituation (PS_2).*

gesichtet wird. Und wir wissen nicht, ob wir nicht eines Tages einem grünen Fuchs begegnen. Diese Schlussfolgerungen, die wir aus der Beobachtung ziehen (Induktion), sind also nicht verlässlich, da schon ein Gegenbeispiel sie widerlegen kann. Popper wies darauf hin, dass es einfacher sei, eine Theorie zu widerlegen, als sie zu verifizieren.

Er meinte, eine Verallgemeinerung habe weniger Gültigkeit als eine Schlussfolgerung aufgrund einer Evidenz. Sie habe letztlich nur den logischen Status einer Vermutung. Sie kann durch Beobachtung überprüft werden. Dadurch wird sie entweder widerlegt (wenn wir einen grünen Fuchs sehen) oder sie muss durch weitere Beobachtungen überprüft werden. Nur wenn wir alle Füchse gesehen hätten, die je existiert haben oder je existieren werden, können wir verallgemeinern, dass alle Füchse rot sind. Erst dann wird eine gültige Schlussfolgerung daraus.

Das eigentliche Charakteristikum einer wissenschaftlichen Theorie aber ist, dass sie falsifiziert werden kann. Popper ging z. B. davon aus, dass die Psychoanalyse keine Wissenschaft sei, weil ihre Theorien nicht falsifiziert werden können. Wissenserwerb sah er als Prozess wiederholter Falsifikation. Wenn sich eine Theorie nach der anderen als falsch herausstellt, sind die verbleibenden Theorien

> *„Ich für meinen Teil glaube … an konkrete Objekte und nicht an Homers Götter. Ich halte es für einen wissenschaftlichen Denkfehler, das anders zu handhaben. Doch was die erkenntnistheoretische Grundlage angeht, unterscheiden sich konkrete Objekte und Götter nur in Graden und nicht vom Wesen her. Beide treten in unserer Vorstellung nur als kulturelle Postulate auf.“*
>
> Willard Quine, *Zwei Dogmen des Empirismus*, 1951

(oder Ersatztheorien) unweigerlich korrekt.

Willard Quine (1908–2000) war ein Empirist par excellence. Er glaubte, die Wissenschaft sei letztlich die Richtschnur der Wahrheit und nur die Wissenschaft könne sinnvolle Aussagen über die Welt treffen. Doch unser Wissen von der Welt ist begrenzt durch unsere Sinne. In *Zwei Dogmen des Empirismus* (1951) stellte er sich gegen positivistische Positionen. Zunächst einmal zog er Kants Unterscheidung zwischen analytischen (immer wahren Sätzen wie: „Alle Leichen sind tot.“) und synthetischen Sätzen (die je nach Umständen wahr sind wie: „Es regnet.“) in Zweifel. Außerdem wandte er sich gegen die Auffassung, dass Aussagen über die Welt letztlich nur Aussagen über die empfangenen Sinnesdaten seien.

Quine argumentierte, dass alle Aussagen an die sinnliche Erfahrung geknüpft sind und an das „Netz von Glaubenssätzen“, in das wir eingebettet sind. Wir können unsere Erfahrungen nicht von unserer Weltsicht trennen, sodass Theorie und Erfahrung notwendig Hand in Hand gehen. Wissenschaft sei stets das pragmatische Unterfangen, die Erfahrung mit dem in Einklang zu bringen, was wir wissen, und künftige Erfahrungen aufgrund vergangener vorherzusagen. Die Ontologie (die sich mit dem beschäftigt, was ist) sei stets abhängig von der Gesellschaft, in der sie entsteht.

Die Gegenreaktion

Der in Österreich geborene Philosoph Paul Feyerabend (1924–1994) lehnte sowohl den logischen Positivismus als auch Poppers Falsifikationstheorie ab. Er wurde in den Sechziger- und Siebzigerjahren durch seinen „wissenschaftstheoretischen Anarchismus“ berühmt. Wissenschaft dürfe nicht auf eine bestimmte Methodologie vertrauen, sondern müsse sich frei bewegen können.

Feyerabend griff dabei auf eine Idee von Thomas Kuhn (1922–1996) zurück, derzufolge alle Wissenschaft ständig zwischen „normal“ und „revolutionär“ pendelt. Kuhn meinte, es gebe stets lange Zeiten, in denen die Wissenschaft gemütlich ihren Trott gehe und Neuentdeckungen nur die bekannten Muster bestätigten. Dann aber käme es regelmäßig zur Revolution und

FACHBEGRIFFE: ANALYTISCHE UND SYNTHETISCHE AUSSAGEN

Analytische Aussagen sind per Definition wahr, z. B.: „Alle Junggesellen sind unverheiratet.“

Synthetische Aussagen haben ein bestimmtes Subjekt und treffen darüber eine Aussage, z. B.: „Dieser Junggeselle ist 25 Jahre alt.“

Viele Menschen sind davon überzeigt, ein Ufo gesehen zu haben. Manche behaupten, sogar im Inneren eines Ufos gewesen zu sein. Dennoch ist die geltende Meinung, dass sie sich wohl geirrt haben müssen.

alle Neuentdeckungen führten zur Abkehr von den alten Mustern und zum wissenschaftlichen Paradigmenwechsel. Laut Feyerabend war dies falsch. Er meinte, es gebe stets inkompatible wissenschaftliche Theorien, die Aufmerksamkeit auf sich zögen. Tatsächlich sei es der Wettbewerb im wissenschaftlichen Arbeiten, der Früchte trage. Selbst wenn wir eine Theorie für passend halten, sei es gut, Alternativen vorzuschlagen, denn die Herausforderung führe dazu, dass der Wert der Theorie weiter überprüft werde. Er nannte dies den „theoretischen Pluralismus", der zu einer relativistischen Sicht führte, die in dem Ausspruch gipfelte: „*Anything goes!*" („Alles ist erlaubt!") Dass eine Theorie gut sei, wenn sie den Fakten genüge, schien ihm Unsinn, denn in seiner Sicht gab es keine „Fakten". Alle Aussagen über Tatsachen seien von den Konventionen jener Welt gefärbt, in der sie entstehen. Damit nimmt er Wittgensteins „Sprachspiel" wieder auf. Auch er sagt, dass der

Gebrauch der Sprache vom praktischen Kontext geprägt wird.

Feyerabend argumentierte, dass die Faktenaussage keine unabhängige Wirklichkeit widerspiegele, sondern vom sozialen Kontext und sprachlichen Konventionen geprägt sei. Sie zeige also vor allem, in welcher Weltsicht sie wurzelt. Statt eine Theorie mit „Fakten" zu vergleichen, sollten wir konkurrierende Theorien miteinander vergleichen und diejenige wählen, die unser Verständnis am meisten erweitert.

Feyerabends Idee vom wissenschaftstheoretischen Anarchismus heißt, dass die Wissenschaft sich nicht an vorgegebene Regeln oder Methoden halten soll, da diese angeblich verlässliche Resultate erbringen. Die meisten Akademiker allerdings nahmen von seiner Position keine Notiz. In alternativen Gruppierungen aber erlangte Feyerabend durch seine Position Berühmtheit.

Paul Feyerabend stieß einige Philosophen mit seiner Theorie, dass keine Tatsachenaussage je die Wirklichkeit repräsentieren könne, vor den Kopf.

> *„Es gibt nur einen Grundsatz, der sich unter allen Umständen und in allen Stadien der menschlichen Entwicklung vertreten lässt. Es ist der Grundsatz:* Anything goes *(„Alles ist erlaubt.")".*
>
> Paul Feyerabend, *Wider den Methodenzwang*

Was ist Wahrheit?

Wir haben nun ausführlich dargelegt, was Philosophen über die Erlangung von Wissen denken und was man für wahr halten kann. Darüber, was Wahrheit eigentlich ist, wurde bisher noch nichts gesagt. Die Arbeitsdefinition des Wissens ist nämlich die „wahre Meinung", die zurückgeht auf Platons Aussage, dass Wissen eine gerechtfertigte Meinung sei. Wissen heißt, dass wir Informationen besitzen, die wahr sind. Denn wenn wir etwas „wissen", das nicht wahr ist, dann wissen wir das ja nicht, sondern glauben es nur.

Aber was heißt „wahr" nun eigentlich? Vielleicht etwas, das mit einer bestimmen Form der Wirklichkeit übereinstimmt – ob nun die empirische Wirklichkeit oder die Welt der idealen Formen. Das ist die „Korrespondenztheorie" der Wahrheit. Die Frage nach der Natur der Wahrheit ist ein metaphysisches Problem, doch natürlich berührt sie auch die Erkenntnistheorie. Thomas von Aquin fasste die Korrespondenztheorie wie folgt:

„Wahrheit ist die Übereinstimmung von Verstand und den Dingen."

Nur wahre Dinge hätten Anteil an Gottes Schöpfung, da Gott selbst die Wahrheit sei. Der menschliche Verstand

„Zu sagen nämlich, das Seiende sei nicht oder das Nicht-Seiende sei, ist falsch. Dagegen zu sagen, das Seiende sei und das Nicht-Seiende sei nicht, ist wahr."

Aristoteles, *Metaphysik*

sei in der Lage, die Essenz der Dinge zu erfassen, weil er eben an Gott Anteil habe.

Doch die Korrespondenztheorie birgt ein Problem, das Kant offenlegte. Wir müssen uns auf unsere Urteilskraft verlassen, die uns sagt, ob wir die Wahrheit von etwas (also die Übereinstimmung mit der Wirklichkeit) korrekt eingeschätzt haben. Letztlich beurteilen wir damit also nur unsere eigenen Urteile.

Die Neudefinition der Wahrheit

Søren Kierkegaard teilte die Wahrheit in objektive und subjektive Wahrheiten ein. Objektive Wahrheiten seien Dinge wie die Gesetze der Mathematik oder andere Aussagen über die Außenwelt in Bezug auf sich selbst sowie Aussagen über Seinstatsachen. Subjektive Wahrheiten seien Aussagen über die innere, persönliche Welt und die Beziehung des Individuums zur Welt. Letztere seien von Mensch zu Mensch verschieden. Ihr Wahrheitswert verändere sich daher ständig. Subjektive Wahrheit sei dynamisch, objektive statisch.

Nietzsche schrieb in *Jenseits von Gut und Böse* (1886): *„Die Falschheit eines Urteils ist uns noch kein Einwand gegen ein Urteil [...] Die Frage ist, wie weit es lebensfördernd, lebenserhaltend, arterhaltend, vielleicht gar artzüchtend ist."*

Der amerikanische Philosoph John Dewey (1859–1952) glaubte, dass die Wahrheit kein Maß dafür sei, ob ein bestimmtes Modell mit der Wirklichkeit übereinstimmt. Seiner Ansicht nach halten wir für wahr, was für uns nützlich ist – damit wir besser in der Welt leben können. Seiner Ansicht nach sollten wir Theorien nur nach ihrer Verwendbarkeit beurteilen und damit den philosophischen Ballast vermeiden, mit dem der Begriff der Wahrheit notwendig einhergeht. Damit war der Teufel aus der Flasche: Die „Wahrheit" musste per Definition nicht notwendig mehr „wahr" sein.

Der amerikanische Philosoph Richard Rorty (1931–2007) war stark von Dewey beeinflusst. Auch er glaubte, dass die lange philosophische Suche nach grundlegenden Werten oder a priori gültigen Wahrheiten nie zu Ergebnissen führen würde, die widerspruchsfrei akzeptiert werden konnten. Den kartesianischen Versuch, die Philosophie zur Wissenschaft zu machen, hielt er für sinnlos. Das habe nur zu einer jahrhundertelang andauernden Debatte zwischen Empiristen und Rationalisten geführt, die uns nichts gebracht hätte.

John Deweys Definition der Wahrheit war pragmatisch – wir halten für wahr, was am besten zu unserem Weltbild passt.

Die Vorstellung, der Geist sei ein „Repräsentationstheater“, das die Wirklichkeit der Außenwelt abbildet, sei grundlegend falsch. Das frühere Modell, in dem die Wissenschaft durch Gott ersetzt wurde, sei genauso belastet wie der spätere Versuch, in dieser Gleichung den Geist durch die Sprache zu ersetzen.

Statt dieser intellektuell bankrotten Traditionen plädierte Rorty für einen „erkenntnistheoretischen Behaviorismus“. Schließlich wüssten wir nur, was die Gesellschaft uns zu wissen erlaubt. Was wir für wahr halten, hat nichts damit zu tun, wie gut es die Welt widerspiegelt, sondern nur damit, wie gut es zu dem passt, was wir glauben. Die Antwort auf die Frage zu finden, warum wir etwas glauben, sei Aufgabe der Psychologie, Soziologie oder Biologie, nicht der Philosophie.

Denker aller Richtungen hätten stets neue Sätze gefunden, die angeblich die Wirklichkeit beschreiben, z. B.: „Die Erde dreht sich um die Sonne.“ Oder: „Geschichte ist stets die Geschichte von Klassenkämpfen.“ Und: „Materie lässt sich in Energie verwandeln.“ Diese Aussagen wurden anfänglich für falsch gehalten, um dann als Hypothesen akzeptiert und schließlich innerhalb einer bestimmten Gemeinschaft oder im Rahmen einer bestimmten Untersuchung für offenkundig wahr gehalten zu werden. Da es keine letztendliche Wahrheit gibt, könne sie auch kein sinnvolles Ziel des Forschens sein. Stattdessen sollte die Philosophie lieber nach „ehrlichen Rechtfertigungen“ streben. Gerechtfertigt werden kann jeder Glaube, der dazu beiträgt, dass eine Kultur die von ihr gesteckten Ziele erreicht.

Was lässt sich sagen?

In den letzten 150 Jahren wandten Philosophen sich immer mehr dem Medium zu, mit dem sie arbeiteten: der Sprache mit der ihr eigenen Relativität. Dass jeder philosophische Gedanke mit sprachlichen Mitteln ausgedrückt werden muss, hat zu der Auffassung geführt, dass alles, was sich sagen lässt, von der Sprache geprägt wird, die wir benutzen. Wenn jemand etwas zu uns sagt, wird das Gesagte beeinflusst von unserem Sprachverständnis. In welchem Verhältnis also steht die Sprache zur Wirklichkeit?

Unglücklicherweise ist Sprache nicht unsere einzige Kommunikationsform. Worte haben Bedeutung, die sie mit der Zeit erlangt haben, weil sie immer wieder gebraucht wurden. Bei konkreten Begriffen – wie Hund, Stuhl, Schirm usw. – fällt es uns noch relativ leicht, uns auf eine Bedeutung zu einigen, zumindest auf funktionaler Ebene. So möchte man zumindest meinen. Tatsächlich aber müssen wir vergleichsweise viel wissen, um diese Art von Übereinkunft zu erzielen: Woran liegt es, dass ein Fuchs kein Hund ist? Wieso ist ein Sonnenschirm kein Regenschirm? Mit abstrakten Begriffen oder Adjektiven wird es noch schwieriger. Worte haben Konnotationen und Implikationen, die von ihrem sozialen oder intellektuellen Kontext abhängen. Sage ich zu meiner Teenie-Tochter beispielsweise: „Die sozialen Gegensätze sind krass“, dann würde sie wissen, ich meine damit, dass zwei Dinge voneinander verschieden sind. Sage ich zu ihr, dass ein bestimmter Film echt krass sei, dann wüsste sie nicht, ob er mir gefallen hat oder ich finde, dass man ihn verbieten müsste.

Wie die getrübte Wahrnehmung unseren Blick auf die Realität verzerrt, so werden auch Gedanken bei ihrer Übertragung und Aufnahme durch die Sprache verzerrt.

Ein Philosoph wie Heidegger, der das Vokabular der Philosophie durchstöbert und viele Begriffe ausgemustert hat, prägte neue Begriffe, um zu verhindern, dass in seiner Begrifflichkeit unerwünschte Bedeutungen mitschwingen. So prägte er für die technischen Mittel des Menschen den Begriff „Gestell“, der in dieser Bedeutung in der deutschen Sprache nicht vorhanden war. Damit ging er das Risiko ein, dass niemand, der sein Werk nicht gut kannte, wusste, was damit gemeint sein sollte. Die Philosophie also sollte neue Begriffe prägen oder so schreiben, dass ihre Bedeutung klar zutage tritt. Auch in diesem Buch gibt es neue Begriffe wie die „Baum-heit“, die diesen Punkt sehr schön veranschaulichen.

Die linguistische Wende

Das moderne philosophische Interesse an der Sprache setzte mit der Arbeit des deutschen Mathematikers Gottlob Frege (1848–1925) ein. Nachdem in der Nachfolge des Aristoteles 2500 Jahre lang eine bestimmte Definition der Aussage gegolten hatte, formulierte Frege Sprache mithilfe eines mathematischen Modells neu. Wenn wir den Satz nehmen: „Sokrates ist weise“, dann würde die aristotelische Syllogistik diesen Satz bestehend aus einem Subjekt (Sokrates) und einem Prädikat (ist weise) beschreiben. Frege hingegen zerlegte den Satz in ein Argument (Sokrates) und eine Funktion (ist weise). Wenn wir Sokrates aus dem Satz herausnehmen, können wir untersuchen, welche Art von Wort darin zur Vervollständigung gebraucht wird:

( ) ist weise

Der Satz ist wie eine mathematische Gleichung, in der das Argument in eine Funktion eingesetzt werden kann.

( ) + ( )

Da weder das Argument noch die Funktion isoliert etwas bedeuten und der Satz

„Wenn [die Älteren] irgendeinen Gegenstand benannten und gleichzeitig eine entsprechende Körperbewegung machten, dann sah und erfasste ich, dass mit solchem Wort ein bestimmtes Ding gemeint sei, das sie mir zeigen wollten. Dass sie eben dies wollten und meinten, war, wie gesagt, zu ersehen aus den Bewegungen des Körpers, gleichsam der natürlichen Sprache aller Völker, die durch Mienenspiel, Augenblinzeln sowie allerlei sonstige Gebärden und Laute die Regungen des Gemütes kundtut […] So sammelte ich mir allmählich einen Schatz von Worten, deren mancherlei Bedeutung und Stellung im Satzgefüge ich durch häufiges Hören erlernte, gewöhnte meine Zunge an sie und brachte durch sie meine Wünsche zum Ausdruck.“

Augustinus, *Bekenntnisse, I, 8*

DER BEGINN DER SEMIOTIK

Der Schweizer Linguist Ferdinand de Saussure (1857 – 1913) gilt als der Begründer der Semiotik, mit der er die Grundlagen für die Sprachforschung im 20. Jahrhundert gelegt hat. Er betrachtete Sprache als ein System von Zeichen. Jedes Wort ist ein Zeichen, das seinerseits in zwei Ebenen zerfällt: *signifiant* (das Bezeichnende) und *signifié* (das Bezeichnete). Das Bezeichnende ist das gesprochene (oder geschriebene) Wort, eine Lautkette. Das Bezeichnete ist das Ding oder Konzept, auf welches das Wort verweist. Das Lautmuster, das sich auf bestimmte Gegenstände bezieht, ist vollkommen willkürlich. Zwar treffen wir in verschiedenen Sprachen auf ein Wort wie „Katze", doch es gibt keinen Grund, warum ausgerechnet diese Lautfolge sich auf die miauenden Vierbeiner bezieht. Die Sprache allerdings ist mehr als die Summe ihrer Worte. Sie hat eine Struktur, die unabhängig von den Worten analysiert werden kann. Mithilfe dieses Systems drücken die Menschen ihre Welt aus.

Sprache ist im Wesentlichen eine soziale Praxis, ein Zeichensystem, das bestimmte Sprecher miteinander teilen und mit dessen Hilfe sie Bedeutung generieren, sodass andere Sprecher sie verstehen können. Zeichen-/Lautkette und Bedeutung werden von einem Sprechakt im Geist verankert. Tatsächlich seien Bezeichnendes und Bezeichnetes wie die zwei Seiten eines Blattes Papier. Worte erhalten ihre Bedeutung durch die Unterschiede zwischen ihnen: Damit wir unter „männlich" etwas verstehen können, müssen wir einen Begriff von „weiblich" haben.

nur als Ganzes Sinn ergibt, heißt das, dass es der Kontext ist, der den Sinn produziert. Frege geht noch weiter. Er zeigt, dass es eine unauflösbare Lücke zwischen dem Referenten (dem Gegenstand des Satzes) und seinem Sinn gibt. Nehmen wir einmal an, es gibt einen Filmstar namens Fifi Ambergris und wir beide reden über sie. Ich nenne sie: „diese Plastik-Tussi", aber Sie bezeichnen sie als „die schöne Frau, die den Oscar gewonnen hat". Wir meinen verschiedene Dinge (der Sinn ist jeweils ein anderer), doch der Referent ist dieselbe Person (Fifi Ambergris).

Die Frisur des Königs von Frankreich

Der britische Philosoph Bertrand Russell (1872 – 1970) untersuchte die Probleme des Zusammenhangs von Bedeutung und Referenz. Er stellte sich die Frage, unter welchen Bedingungen der Satz: „Der gegenwärtige König von Frankreich ist kahl" wahr, falsch oder sinnlos sein kann. Der Satz hat keinen Referenten, da Frankreich aktuell keinen König hat.

Wenn wir sagen, dass das falsch ist, impliziert das, dass das Gegenteil wahr ist: Der König von Frankreich ist nicht kahl.

Doch auch diese Aussage ist nicht wahr. Andererseits ist sie nicht sinnlos, da wir verstehen, was gemeint ist.

Russell meinte, solche Sätze bestünden aus gesonderten Ausdrücken, die jeweils für sich untersucht werden müssten. In diesem Fall ist schon der erste Ausdruck falsch: Es gibt keinen König von Frankreich. Man kann also die Aussage in ihrer Gesamtheit als falsch bezeichnen, wenn einer ihrer Ausdrücke falsch ist. Das ist die Theorie der „definiten Kennzeichnungen". Sie erklärt, weshalb wir auch über Dinge, die nicht existieren, sinnvolle Aussagen treffen können.

Wittgenstein gegen Augustinus

Frege beeinflusste auch das Frühwerk von Ludwig Wittgenstein (1889–1951), einem der berühmtesten Sprachphilosophen. Wittgenstein war als Philosoph zunächst sehr erfolgreich. Dann aber widerrief er, was er früher gesagt hatte und versuchte, ein besseres Modell zu finden.

1922 veröffentlichte er den *Tractatus logico-philosophicus*, in dem er mit der augustinischen Vorstellung von Sprache abrechnete. Er war erst 32 Jahre alt, als der *Tractatus* erschien, doch Wittgenstein behauptete, er würde alle Fragen der Philosophie lösen, tatsächlich gebe es danach für die Philosophen nichts mehr zu tun. Prompt zog er sich auch aus dem akademischen Leben zurück.

Der *Tractatus* beschäftigt sich mit der Beziehung zwischen Sprache, Denken und Wirklichkeit. Wittgenstein folgte Frege, als er annahm, dass die Bedeutung jedes sprachlichen Ausdrucks von der Wirklichkeit bestimmt wurde – ohne Kontext bleibt alles vage. Und er folgte Russell in der Annahme, dass eine Untersuchung von Sprache und Welt eine Auseinandersetzung mit deren Bestandteilen voraussetzt. Doch dann ging er noch wesentlich weiter als sein Lehrer und Freund, indem er die These aufstellte, die Struktur von Sätzen spiegle die Struktur der Welt wider. Sätze seien Repräsentationen – Bilder – des möglichen Zustands der Dinge. Dies ist seine „Abbildtheorie der Sprache". Dass die Struktur der Sprache logisch fehlerhaft sein könnte, akzeptierte er nicht. Alles, was gesagt werden kann, kann auch klar und eindeutig gesagt werden. Worüber man aber nicht reden könne, darüber müsse man schweigen.

Obwohl Wittgenstein den *Tractatus* zu Anfang sicher für das Nonplusultra hielt, kamen ihm später Zweifel. Er zog sich freiwillig aus der akademischen Welt zurück und kehrte erst 1929 nach Cambridge zurück, um sein Werk zu revidieren. Die nächsten zwanzig Jahre bis zu seinem Tod versuchte er zu präzisieren, was er gemeint hatte. Dabei unterzog er sein eigenes Werk teilweise heftiger Kritik, während alles um ihn herum ihn in den Himmel lobte.

In seinen *Philosophischen Untersuchungen* (1952), die kurz nach seinem Tod veröffentlicht wurden, revidiert er seine Auffassung. Darin schreibt er nun, dass Bedeutung nicht von der Wirklichkeit abhänge und Sprache die Welt nicht repräsentiere. Worte trügen dazu bei, Bedeutung herauszuarbeiten. Wenn wir also auf einen Hund verweisen, dann nutzen wir das Konzept „Hund". Verweisen wir auf viele verschiedene Hunde, so wird das Konzept immer klarer. Wir sehen, welche Merkmale des Hundes für seine

„Hund-heit" nötig sind. (Von brauner Farbe zu sein ist nicht nötig, vier Beine zu haben schon, usw.)

Er erkannte, dass Sprache zahllose Funktionen hat und Worte in unterschiedlicher Weise als Werkzeuge verwendet werden können – nicht nur zur Beschreibung von Dingen, sondern auch zum Fragenstellen, Befehleerteilen, Beschimpfen von Menschen, ja sogar zum Lügen. Die Bedeutung eines Wortes hänge davon ab, wie es zu seiner Zeit gebraucht wird – tatsächlich werden Worte durch ihre Verwendung definiert. Eben darauf beruht seine Vorstellung vom „Sprachspiel": Dass die Bedeutung nicht eindeutig an die Wirklichkeit geknüpft ist, sondern aus dem Kontext des Sprachgebrauchs herausdestilliert werden muss. Das Verhalten der Sprecher definiert und erklärt die Bedeutung von Worten.

Der Sprechakt

Der britische Sprachphilosoph John Austin (1911 – 1960) interessierte sich wie Wittgenstein für die Verwendung von Sprache zu unterschiedlichen Zwecken. Er nannte dies „Sprechakt". In *How to Do Things With Words* (1962) beschrieb er drei Typen von Sprechakten. Beim ersten Typ behalten die Worte ihre wörtliche Bedeutung und sagen etwas über die Welt aus. Zum Beispiel: „Die Katze saß auf der Matte." Dieser Satz sagt uns, dass es eine Katze und eine Matte gibt, und trifft eine Aussage über die Beziehung zwischen den beiden. Diesen Sprechakt nennt er „Lokution". Manchmal aber dienen Worte auch anderen Funktionen. Man stellt eine Frage, macht ein Versprechen oder gibt einen Befehl, z. B.: „Setze die Katze auf die Matte!" Diesen Sprechakt nennt Austin

Erstaunlicherweise ging Ludwig Wittgenstein (Zweiter von links, vordere Reihe) mit Adolf Hitler (Erster von rechts, hintere Reihe) in eine Schule.

„Illokution". Manche Sprechakte seien in Wirklichkeit Sprechhandlungen. Wenn ich bei einer Hochzeit sage: „Ja, ich will", vollziehe ich damit einen Akt. Ich verheirate mich. Diese Sprechakte nennt der Philosoph „Perlokution". Jeder Sprechakt kann mehrere dieser Funktionen zugleich erfüllen. Sage ich beispielsweise: „Die Katze ist auf der Matte", dann kann das eine Illokution sein im Sinne von: „Nimm sie sofort da weg!" Holt jemand aber die Katze wirklich weg, dann war es eine Perlokution. Wenn wir die Funktionen der Sprache verstanden haben, so Austin, dann ändert sich unsere Vorstellung von sprachlicher Bedeutung. Lokution und Illokution nämlich hängen von Konventionen und vom Kontext ab. Fehlt uns beides, können wir sie nicht verstehen. Wenn wir die Regeln des Sprachgebrauchs nicht mit dem Empfänger der Botschaft teilen, können wir uns nicht verständlich machen.

> *„Der Anschein absoluter Wahrheit ist meist nichts anderes als das Ergebnis eines absoluten Konformismus."*
>
> Paul Feyerabend, *Wider den Methodenzwang*

KAPITEL 5

Wie sollen wir LEBEN?

„Wir haben nirgends gefunden, dass es gerecht sei, jemandem zu schaden."

Sokrates (in Platons *Der Staat*)

„Alle rationalen Geschöpfe ziehen hinaus aufs Meer des Lebens mit einer klaren Vorstellung im Hinblick auf die üblichen Fragen von richtig oder falsch."

John Stuart Mill, *Utilitarismus*, 1861

„Dass Handlungen gleichzeitig verpflichtend und nicht erzwingbar sind, verweist sie in den Bereich des Ethischen."

David Couzens Hoy, 2004

Die Religion liefert uns einen vorgefertigten Moralkodex, der durch Aussicht auf Belohnung (Himmel) und Strafe (Hölle) durchgesetzt wird.

Ödipus bestraft sich selbst, weil er seinem Schicksal – seinen Vater zu töten und die Mutter zu ehelichen – nicht entgehen konnte.

Wie man ein tugendhaftes Leben führt, ist eine Frage, die als Erster Sokrates im 5. Jahrhundert v. Chr. formulierte. Sie ist Gegenstand des philosophischen Zweiges der Ethik. Wenn diese Frage zu konkreten Handlungsempfehlungen führt, nennt man das „angewandte Ethik". Dahinter aber ist unschwer das eigentliche Problem erkennbar: Wie entscheiden wir, welche Handlungen moralisch oder ethisch sind, ob Moral universell gültig oder relativ ist und wie frei wir tatsächlich sind, ethisch zu handeln? Verantwortung für moralisches Handeln ist nämlich nur gegeben, wenn das Individuum frei wählen kann, wie es sich verhält. Dazu muss es über den freien Willen ebenso verfügen wie über Selbstbestimmung, was seine Lebensumstände angeht.

Freier Wille und Vorsehung

Die Frage, ob der Mensch tatsächlich frei in seiner Wahl ist oder ob ihm sein Schicksal vielmehr vorgezeichnet ist, beschäftigt die Philosophie seit Jahrtausenden. Früher waren es die Götter oder das Schicksal, die angeblich unseren Weg bestimmen, heute sind es die Gesetze der Physik.

Die alten Griechen und Römer verwendeten viel Zeit und Energie auf die Reisen zu den berühmten Orakeln, um

FACHBEGRIFFE: DETERMINISMUS

Der Determinist glaubt, dass alles, was geschehen wird, bereits irgendwo festgelegt (determiniert) ist. Der Mensch hat keinen Einfluss darauf.

DAS VORHERBESTIMMUNGS-PARADOX

In der Literatur geht es immer wieder um das Paradox der Prädestination. Ein Beispiel ist die Geschichte von König Ödipus. Laios, König von Theben, hört von einer Prophezeiung, sein Sohn würde ihn töten und seine Witwe ehelichen. Diesem Schicksal will er entgehen, indem er seinen Sohn als Neugeborenes mit durchbohrten Füßen auf einem Berggipfel aussetzen lässt, wo er sterben soll.

Doch das Kind wird von einem Schäfer gerettet, der es aufzieht. Als er heranwächst, konsultiert Ödipus seinerseits das Orakel, das ihm dieselbe Vorhersage mit auf den Weg gibt. Er verlässt sein Heim, damit er den Schäfer nicht tötet. Doch dem Schicksal kann man nicht entgehen. Auf der Straße trifft Ödipus auf den Kutscher des Laios. Es kommt zum Streit, dann zum Kampf und Ödipus erschlägt den Kutscher und seinen Passagier. Er reist nach Theben weiter, wo er die königliche Witwe heiratet. So wird er König von Theben. Als er erfährt, dass er tatsächlich seinen Vater getötet und seine Mutter geheiratet hat, sticht er sich die Augen aus.

In Science-Fiction-Filmen wird das Paradox häufig als Zeitschleife dargestellt, bei der eine Filmfigur in die Vergangenheit reist, um ein bestimmtes Ereignis zu verhindern. Natürlich löst dies unweigerlich das Ereignis erst aus. Damit wird auch die Zeitreise zum notwendigen Teil der Historie.

zu erfahren, was sie künftig erwartete. Geschichten wie die des Ödipus, der seinen Vater erschlug und seine Mutter ehelichte, zeigen, dass die Ohnmacht des Menschen gegenüber seinem Schicksal schon früh ein Thema war.

Stoiker wie Chrysippos von Soloi glaubten, dass unser Handeln keinen Einfluss auf unser Los habe, da alles vorherbestimmt sei.

Aristoteles stellte das Problem mit dem Bild der Seeschlacht dar. Es könnte morgen eine Seeschlacht geben – oder auch nicht. Wenn das Morgen dann anbricht und es kommt zur Seeschlacht, können wir sagen, dass die Aussage: „Morgen kommt es zur Seeschlacht" schon am Vortag wahr gewesen wäre. Dann hätte die Seeschlacht unvermeidlich stattfinden müssen und das Schicksal wäre durch und durch vorherbestimmt. Doch obwohl Aristoteles glaubte, die meisten Dinge könnten auf Ursachen zurückgeführt werden, ließ er Raum für das Zufällige im Ablauf der Ereignisse. Denn zumindest einiges hinge von uns ab, von den Dingen, die wir tun. So sieht es zumindest aus, als hätten wir über die Ereignisse eine gewisse Kontrolle.

Die Stoiker waren hier sehr viel rigoroser. Sie glaubten, dass alles Geschehen vorherbestimmt sei (und zwar zum Besten). Auch sie allerdings gingen von einer gewissen Handlungsfreiheit aus, lehrten sie doch, dass der Mensch lernen sollte, sich auf diese Gegebenheit einzustellen. Wäre alles zu hundert Prozent vorherbestimmt, könnte ein Mensch, der nicht die Position der Stoiker einnimmt, sich auch nicht zu dieser bekehren.

Dieser Punkt zeigt sehr schön, wo das Problem einer rein deterministischen Position liegt: Wenn der Mensch den Lauf seines Schicksals nicht beeinflussen kann, warum sollte er dann überhaupt etwas tun? Was sein wird, wird sein, ganz egal, was wir tun. Dann aber haben wir keinerlei Anreiz, uns irgendwelchen Herausforderungen zu stellen. Diese Auffassung wäre quasi die Lizenz zur Faulheit.

Shakespeares Hamlet ist von der Möglichkeit des freien Handelns wie gelähmt. Unfähig, das Beste zu bestimmen, tut er nichts und die Ereignisse überrollen ihn.

Hindernisse für das freie Handeln

Doch nicht nur der Determinismus kann einen Menschen am freien Handeln hindern. Es gibt physische Hindernisse, z. B. wenn ein Mensch eingesperrt ist. Manche Ereignisse folgen schon aus physikalischen Gründen notwendig aufeinander: Wenn Sie eine Tasse umstoßen, verteilt sich ihr Inhalt auf die Umgebung (Kausalkette, physikalischer Determinismus). Beim Menschen gibt es seelische Zwangshandlungen oder den Zwang durch andere. Auch ein bestimmter Glaube kann einen Menschen hindern, die Alternativen zu erkunden.

Gott weiß, was geschieht

Der Glaube an einen allwissenden Gott scheint auf den ersten Blick ebenfalls den freien Willen unmöglich zu machen. Wenn Gott weiß, was geschehen wird und was Sie morgen tun, wie kann Ihre Entscheidung dann noch frei sein? Doch Gott hat einen Trick angewandt: Er wirkt außerhalb der Zeit. Dass er weiß, was passiert, heißt nicht, dass er das Geschehen auslöst. Ebenso wenig wie es die Sonne am Morgen zum Aufgehen bringt, dass Sie wissen, dass das passieren wird. Gott weiß um die Geschehnisse in seiner immerwährenden Gegenwart. Das ist zumindest das Argument, das der englische Philosoph William von Ockham (1288–1348) vorbringt: Notwendigkeit und Möglichkeit definieren sich im Hinblick auf einen bestimmten Punkt in der Zeit, auf eine bestimmte Situation hin. Ein Ereignis, das uns nur als möglich erscheint, mag in Gottes Sicht notwendig sein.

„Nehmen wir einmal aus dem von uns Gesagten an, wir sagten: Was immer geschieht, geschieht aus unumgänglicher Notwendigkeit, weil es vorhergesagt und – gewusst wird. Auch dazu gibt es eine Erklärung: Wir wissen von den Propheten und halten dies für wahr, dass Strafe und Belohnung je nach Verdienst jedes Einzelnen bestimmt werden. Wenn dies nicht so ist, sondern alles durch das Schicksal geschieht, dann stünde nichts in unserer Macht. Denn wenn es vorherbestimmt ist, dass dieser Mann gut ist und der andere böse, dann ist der Erstere nicht tugendhaft und der Letztere nicht schuldig. Und wenn die menschliche Rasse nicht die Macht besitzt, aus freiem Willen das Böse zu lassen und das Gute zu tun, dann ist kein Mensch verantwortlich für sein Handeln."

Justin der Märtyrer (ca. 100 – 165)

Verdammt im Tun, verdammt im Unterlassen

Natürlich scheint es auf den ersten Blick so, als wäre es nicht von Belang, ob Gott nun weiß, was passiert. Das ist durchaus richtig – bis wir uns mit der schwierigen Frage des Seelenheils beschäftigen. Viele der Kirchenväter – der frühesten christlichen Denker – gingen davon aus, dass Gott dem Menschen einen freien Willen gegeben hat. Durch den freien Willen hat er die Verantwortung für seine Entscheidungen zu guten oder bösen Taten. Ohne diese Freiheit könnte man uns nicht für unser Tun verantwortlich machen und Sünde auch nicht bestrafen.

So weit, so gut. Doch dann kam die Vorstellung von der Erbsünde auf. Wenn wir schon in Sünde geboren werden, dann stehen die Chancen gegen uns. Die „pelagianische Häresie" (die man auf den keltischen Mönch und Asketen Pelagius zurückführt, der im 4. Jahrhundert gelebt hat) nahm sich dieses Problems an. Dabei wird davon ausgegangen, dass der Mensch nicht von der Erbsünde befleckt ist, weil Adam nur ein schlechtes Beispiel sei, aber keineswegs all seine Nachfahren verdorben habe. Jedes Individuum ist damit für all seine Sünden verantwortlich und gebunden an das Evangelium. Sünder haben sich frei für ihre Schlechtigkeit entschieden, obwohl man ihnen den Weg der Tugend aufgezeigt hat. Der Tugendhafte aber erlangt am Ende das Heil.

Johannes Calvin war eine wichtige Gestalt der Reformationstheologie und der Begründer des Calvinismus.

Der Hl. Augustinus folgte den Lehren des Hl. Paulus und wandte sich gegen die pelagianische Sicht. Seiner Ansicht nach sind alle Menschen in Sünde geboren, und das Heil sei einzig und allein durch Gottes Gnade erreichbar. Adam hat damit die Menschheit zur Verdammnis verurteilt. Buße und Tugend sind die einzigen Wege zum Heil, doch auch für den Bußfertigen und Tugendhaften gibt es keine Garantie – wir brauchen Gott, um gerettet zu werden. Dieselbe Auffassung vertraten Anselm von Canterbury (1033–1109), Thomas von Aquin, John Duns Scotus (1266–1308) und der Protestant Martin Luther.

Der französische Theologe Johannes Calvin (1509–1564) war von Augustinus stark beeinflusst. Seine Doktrin von den „Auserwählten" wurzelt in der Vorstellung, Gott habe jene, die er durch seine Gnade retten wird, bereits auserwählt. Wie gut oder schlecht jemand handelt, hätte darauf keinen Einfluss. Auch hier fehlt natürlich der Anreiz, Gutes zu tun, doch diejenigen, die den Pfad der Tugend beschritten, taten dies schon, um ihre „Auserwähltheit" zu verdeutlichen. Sie scheuten vor der Sünde zurück und suchten fieberhaft nach „Zeichen", die den Stand der Erwählten zeigen sollten. Der holländische Humanist Justus Velsius (ca. 1510–1581) wandte dagegen ein: Wenn Gott erlaubt hätte, dass einige Menschen mit dem Wissen geboren werden, dass sie der ewigen Verdammnis anheimfallen würden und sich nicht retten könnten, müsste Gott ja ein Tyrann sein.

Liberaler ist die Auffassung, dass Gott dem Menschen die Fähigkeit zur Entscheidung gegeben hat, jedoch sein Veto

Wenn Gott vorherbestimmt, wer errettet oder verdammt wird, warum sollte man dann noch ein tugendhaftes Leben führen?

NEUROLOGIE UND FREIER WILLE

Ein neurologisches Experiment am Max-Planck-Institut in Deutschland erregte 2008 Aufsehen: Signale im Gehirn von Testpersonen zeigten, dass sie schon sieben Sekunden, bevor sie die bewusste Entscheidung trafen, „wussten", welche Hand sie heben würden. Die Wissenschaftler konnten vorhersagen, welche Entscheidung die Testperson treffen würde. Damit stellt sich erneut die Frage, ob der Mensch tatsächlich freie Entscheidungen treffen kann. Möglicherweise ist das Gefühl, eine Entscheidung getroffen zu haben, eine physikalische Konsequenz von Dingen, die wir nicht in der Hand haben.

einsetzt, um die Guten zu retten und die Verdammten in die Hölle zu schicken. Rein technisch gesehen sind wir alle verdammt aufgrund der Erbsünde. Gerettet werden die Guten dann nur aufgrund von Gottes Gnade. Doch natürlich hat Gott die Regeln gemacht, und da scheint es unsinnig, noch nicht geborene Menschen aufgrund einer vor langer Zeit begangenen Sünde zu verdammen.

Gott sieht nicht hin

Für Spinoza ist alles Teil der einen Substanz, die Gott ist. Alles, was geschieht, ist notwendiger Ausdruck der Natur des Einen. Damit ist den Menschen der freie Wille genommen. Doch erleben wir Spinoza zufolge das Leben so, als wären wir frei:

„Somit lehrt die Erfahrung selbst nicht weniger deutlich als die Vernunft, dass die Menschen nur darum glauben, sie wären frei, weil sie ihrer Handlungen bewusst, der Ursachen aber, von denen sie bestimmt werden, unkundig sind. Und außerdem lehrt sie, dass die Entschlüsse des Geistes nichts anderes sind als die Triebe selbst, die je nach der verschiedenen Disposition des Körpers verschieden sind.“

Demokrit war als lachender Philosoph bekannt: Ihn amüsierte die menschliche Narretei.

FACHBEGRIFFE: NORMATIVE ETHIK

Die normative Ethik beschäftigt sich damit, welche Handlungen moralisch richtig bzw. falsch sind. Es gibt drei Hauptstränge:

- Die Tugendethik beschränkt sich auf die moralische Absicht des Individuums.
- Die Deontologie betrachtet Handlungen an sich als gut oder schlecht und stellt dafür Regeln auf.
- Der Konsequentialismus beurteilt eine Handlung nach ihren Folgen.

Damit bot Spinoza zumindest einen Krümel Freiheit, der allerdings nicht sehr nützlich war. Jeder von uns wird von seinen Gefühlen und Trieben beherrscht und von seinem begrenzten Verständnis gehemmt. Wir können der Notwendigkeit nicht entkommen, doch Spinoza meint, wenn wir unseren Platz im großen Ganzen gefunden hätten, dann hätten wir uns zumindest von der Unwissenheit befreit.

Physikalischer Determinismus

Der griechische Philosoph Demokrit glaubte, dass alles, was geschieht, notwendig geschehen muss und von der Bewegung der Atome im leeren Raum verursacht wird. Einige Atome allerdings schwirrten auf unvorhersehbare Weise herum und schüfen so die menschliche Seele. Damit war zumindest ein Hauch von Freiheit gegeben.

In gewisser Weise nahm Demokrit damit die Erkenntnisse der modernen Physik vorweg. Seiner Ansicht nach bestand die Materie aus Atomen (das Unteilbare). Die Eigenschaften der Materie sowie die Bewegung der Atome waren vorhersagbar und damit auch der Lauf der Welt. Die moderne Physik glaubt, dass alles durch physikalische Gesetze vorhergesagt werden kann. (Die Zukunft können wir nur deshalb nicht vorhersagen, weil wir nicht alle Gesetze kennen.) Das heißt, dass wir keinen freien Willen haben, außer wir nehmen an, dass es einen nichtphysikalischen Lebensgeist gibt. Wer annimmt, dass Bewusstsein eine emergente Eigenschaft der Materie ist, leugnet den freien Willen – und lässt uns mit der Illusion desselben zurück. Ohne die Illusion des freien Willens würden wir in Trägheit erstarren und in die Verzweiflung abgleiten.

Die Chaostheorie geht davon aus, dass winzige Veränderungen in einem geschlossenen System zu weitreichenden Konsequenzen führen können. Diese Ereigniskette hat nichts Chaotisches, sie ist nur schwierig vorherzusagen.

DIE GESCHICHTE VON SIR GOWTHER

Der mittelalterliche Versroman *Sir Gowther* erzählt die Geschichte eines jungen Mannes, der das Kind eines Dämons und Vergewaltigers und einer Sterblichen ist. Als Kind zeigt Gowther eindeutig Anzeichen des Bösen. Er beißt seine Ammen, stößt Nonnen über Klippen und genießt das Böse. Kaum ist er ein bisschen älter, erzählt ihm jemand, dass er nur deshalb so böse ist, weil er ein Halbdämon ist. Gowther ärgert sich über diese Erklärung und beschließt, nun erst recht gegen seine Bestimmung zu rebellieren – indem er Gutes tut.

Die Frage ist nun: Sind seine guten Taten von moralischem Wert, da er sie doch aus dem Wunsch heraus vollbringt, seine innersten Anlagen zu pervertieren? Für einen Tugendethiker wie Kant wären sie das *nicht*. Für einen Deontologen sind sie moralisch, da Gowther moralische Handlungen ausführt. Für einen Konsequentialisten wären sie ebenfalls moralisch, weil ja die positiven Folgen zählen. Gowther vollbringt schließlich Taten, die den Menschen nützen.

Wie schaffen wir ein gutes Leben?

Wenige Menschen leben so, dass sie nur den eigenen Nutzen suchen, ohne Rücksicht auf die Folgen für andere. (Wir nennen sie „Psychopathen".) Selbst der Begriff des Nutzens ist ja nicht eindeutig definiert. Für manche Menschen ist dies das Maximum an Vergnügen und ein Minimum an Leid. Für andere ist der absolute Nutzen das Seelenheil. Dazu gehört mitunter, dass man auf körperliche Vergnügungen verzichtet. Wieder andere sehen den höchsten Nutzen in der intellektuellen Erfüllung oder im Verschmelzen mit dem universellen Geist.

Wenn wir den freien Willen nicht anerkennen, wie können wir dann Verbrecher bestrafen? Können sie überhaupt bestraft werden, wenn sie für ihr Verhalten nicht verantwortlich sind?

Sokrates und der Beginn der Ethik

Die Philosophen vor Sokrates beschäftigten sich fast ausschließlich mit „metaethischen" Problemen wie der Natur der Tugend statt mit der Frage, wie wir ein gutes Leben zustande bringen. Sokrates war der Erste, der sich mit den praktischen Problemen eines solchen Lebens beschäftigte – der normativen Ethik. Daher nennt

DAS PROBLEM DER UNWISSENHEIT

Sokrates' Methode berücksichtigt einen wichtigen Punkt nicht: Häufig wissen Menschen, was gut für sie ist, und tun es trotzdem nicht, ja sie tun sogar weiter, was ihnen schadet. Es gibt eine gewisse Tendenz, kurzfristige, sichere Befriedigung (ein weiteres Glas Wein oder Stück Kuchen, eine außereheliche Affäre) trotz des möglichen langfristigen Schadens zu akzeptieren (Kater, Übergewicht, Herz- und Leberprobleme, Scheidung). Sokrates würde sagen, dass weintrinkende, kuchenverschlingende Ehebrecher einfach unwissend sind – sie haben die Folgen ihres Tuns nicht verstanden. Schwäche und die Neigung zum Risiko aber beeinflussen unser Verhalten. Das Problem, weshalb Menschen weiter etwas tun, von dem sie wissen, dass es falsch ist, beschäftigte sowohl Aristoteles als auch Platon und keiner der beiden fand eine befriedigende Antwort.

In seinen *Bekenntnissen* (398) schreibt Augustinus, dass er als Junge Birnen gestohlen habe. Er brauchte die Birnen nicht, zu Hause hatte er bessere Birnen. Er stahl sie vielmehr, weil er wusste, dass er das nicht tun sollte – weil er sich von der Sünde angezogen fühlte. Er merkte an, dass der Sünder häufig das Sündhafte hasse, weil er wisse, dass es böse sei. Und doch tue er es, weil er eine Neigung dazu verspürt.

Laut Augustinus ist dies die Spur, die die Erbsünde in uns hinterlassen hat und gegen die wir ankämpfen müssen.

Sokrates würde gesundheitsschädliches Verhalten auf Unwissenheit zurückführen.

man ihn häufig den ersten Ethiker. Sein Denken hatte großen Einfluss auf die abendländische Ethik. Tatsächlich setzt die Tugendethik mit Sokrates ein.

Sokrates ging davon aus, dass Menschen, die um das Gute wissen, es automatisch auch tun. Wenn sie wissen, was gut und schlecht ist, werden sie sich für das Gute entscheiden. Wissen und Selbsterkenntnis sind also die Wurzeln der Ethik, jede Zuwiderhandlung rührt aus Unwissenheit. Da Tugend unweigerlich zu Glück führe, wähle der Weise immer ethisches Handeln und damit das Glück.

Wir alle streben nach dem, was für uns am besten ist. Das liegt auch in unserem eigenen Interesse.

- Wenn wir wissen, was gut für uns ist, werden wir dementsprechend handeln und davon profitieren.
- Wenn wir so handeln, dass wir Schaden davontragen, haben wir eine falsche Vorstellung von dem, was gut ist. Niemand schadet sich ja absichtlich.
- Tugend kann daher gleichgesetzt werden mit Wissen und Unwissenheit mit dem Bösen.

Sokrates' Lehren über ethische Fragen führten immer wieder zu Konflikten mit dem Ältestenrat von Athen. Dieser klagte ihn schließlich an, die Jugend mit unorthodoxen Ideen zu verderben. Obwohl er keine Schriften hinterließ, geben uns sein Leben und das Werk seines Schülers Platon Einblick in seine Ideen.

Das Streben nach Glück

Auch Aristoteles trat für eine praxisorientierte Philosophie ein. Seine *Nikomachische Ethik* ist eines der wichtigsten Werke der abendländischen Moralphilosophie. Aristoteles stellt sich darin die Frage, wie der Einzelne leben soll und wie die Gesellschaft beschaffen sein muss, um ihm ein tugendhaftes Leben zu ermöglichen. Er erkannte fünf Wege, auf denen die Menschen versuchten, Glück zu erlangen:

- Das sklavische Streben nach Lust und dessen Befriedigung ist das, was die meisten Menschen für Glück halten.
- Das Streben nach Geld ist meist nur Mittel zu anderen Zwecken.
- Ein tugendhaftes, aber inaktives Leben lässt uns selbst das größte Unglück mit Geduld ertragen.
- Die Politik
- Die Kontemplation

Die beiden ersten Möglichkeiten führen nach Aristoteles zu einer minderen Form von Glück. Ein inaktives tugendhaftes Leben hatte seiner Ansicht nach wenig Sinn. Wahres Glück, so meinte er, könne nur erlangt werden von ernsthaften Personen mit klarem Denken und ehrenhaftem Handeln, die engagiert für ihre Freunde, ihre Familie und ihre Gemeinschaft eintreten und so Tugend leben. Die innere Qualität der Tugend aber macht jemanden überhaupt erst zu einem moralisch guten Menschen.

Für Aristoteles ging ein tugendhaftes Leben Hand in Hand mit Selbstverwirklichung – der Erfüllung des eigenen Potenzials. Dazu gehört auch, dass man das eigene Leben einer gründlichen

> *„Die meisten Menschen ziehen auf gänzlich sklavenhafte Art das Leben des Viehs vor."*
>
> Aristoteles, *Nikomachische Ethik*

NEUE SELBSTVERWIRKLICHUNG

2300 Jahre nach Aristoteles versuchte die französische Schriftstellerin Simone de Beauvoir (1908–1986), eine existenzielle Ethik zu formulieren. Ihrer Ansicht nach musste das Individuum zuerst erkennen, dass es frei war, um sich wandeln zu können. Eine erfolgreiche Existenz sei stets ein Werden, ein Streben nach der erwünschten Identität.

Prüfung unterzieht. Ohnehin strebt alles danach, das eigene Potenzial zu verwirklichen, was wiederum gut zu Aristoteles' teleologischem philosophischen Ansatz passt. Für ihn lag Tugend vor allem auch in der Mäßigung. Die Tugend des Mutes beispielsweise ist der Mittelweg zwischen Kühnheit und Feigheit. In Aristoteles' Sicht der Dinge war Tugend weitgehend gleichzusetzen mit Weisheit.

Der Hund in der Tonne

Sokrates brachte sich durch seine Lebensweise selbst in Schwierigkeiten. Das traf auch auf Diogenes (410–325 v. Chr.) zu, der noch weiter ging. Platon nannte ihn gar einen „rasend gewordenen Sokrates". Diogenes war ein Zeitgenosse des Aristoteles und ein ausgesprochen charismatischer Mensch. Auch von ihm sind uns keine Schriften überliefert. Es scheint auch unwahrscheinlich, dass er seine Ideen schriftlich festgehalten hat.

Diogenes distanzierte sich von der intellektuellen Anmaßung der anderen Philosophen und pflegte einen asketischen Ansatz, was die Ethik anging. Seiner Ansicht nach erlangte man Glück nur durch ein „Leben im Einklang mit der Natur" – das heißt, indem man seine körperlichen Bedürfnisse auf die einfachste Weise befriedigt. Er provozierte die Menschen auf andere Weise als Sokrates. Unter anderem soll er vor einer Menschenmenge masturbiert haben, um zu zeigen, wie einfach das sexuelle Verlangen befriedigt werden konnte. Um Erfüllung zu finden, sollte der Mensch alles Besitztum aufgeben, auf alle Familienbande und sozialen Beziehungen verzichten, da alle emotionalen und seelischen Anhaftungen nur illusorisch seien. Da Diogenes kein Heim hatte, sondern je nach Umstand in Säulengängen oder Tonnen lebte, nannte man ihn auch „den Hund". Er praktizierte selbst, was er predigte, lebte vom Betteln und trug nur die einfachsten Kleider. Doch seiner Ansicht nach reichte das noch nicht aus. Diogenes verlangte von seinen loyalen Anhängern, dass sie die Gesellschaft angriffen, damit auch andere sich von ihren Bindungen befreien konnten. Um sich in emotionaler Losgelöstheit zu üben, sollten sie sich möglichst lächerlich machen. Denn nur die Meisterung des Selbst, die vollkommene Autarkie, führte seiner Ansicht nach zur Freiheit.

Was, wenn das jeder täte?

Kritiker warfen Diogenes Faulheit vor, eine Kritik, die sich auf alle Asketen anwenden ließe, leben diese doch von den Zuwendungen anderer. Als philosophische Position jedenfalls kann diesem Extrem nur begrenzte Gültigkeit zugesprochen werden. Wenn zu viele Menschen dem Beispiel des Diogenes folgten, gäbe es nicht mehr genug produktive Menschen, um die Asketen ernähren zu können.

DIOGENES VON SINOPE (CA. 410–325 V. CHR.)

Man kann den Legenden vom Leben des Diogenes nicht hundertprozentig vertrauen, amüsant sind sie gleichwohl. Er kam in der griechischen Kolonie Sinope an der Schwarzmeerküste zur Welt und arbeitete mit seinem Vater Hikesias, der Bankier war. Man verbannte ihn in der Folge eines Skandals um gefälschte Münzen. Danach ging Diogenes nach Athen. Dort bedrängte er den Philosophen Antisthenes, einen Sokratesschüler, doch sein Lehrer zu werden. Es gibt allerdings keinen Beleg dafür, dass die beiden Philosophen sich je kennengelernt haben. Diogenes lebte in einer gewaltigen Amphore auf dem Marktplatz und bettelte dort. Er gab seine Besitztümer auf, so weit er konnte. Als er ein Kind sah, das Wasser mit den Händen trank, brach er seine Trinkschüssel entzwei, denn diese war ein Luxus, den er entbehren konnte.

Als Platon den Menschen als „federlosen Zweibeiner" definierte, reagierte Diogenes, indem er einen gerupften Hahn in dessen Akademie brachte. Daraufhin änderte Platon seine Definition in: „federloser Zweibeiner mit platten Nägeln".

Als Diogenes in Korinth war, kehrte Alexander der Große gerade siegreich von seinem großen Feldzug zurück. Da Diogenes ihm keinerlei Beachtung schenkte, ging Alexander zu dem Philosophen hin und fand ihn in der Sonne liegend. Als Alexander ihn fragte, ob er etwas für ihn tun könne, antwortete Diogenes: „Ja, geh mir aus der Sonne."

Diogenes in der Tonne,
Gemälde von Jean-Léon Gérôme, 1860

Damit stünde die Gesellschaft vor dem Zusammenbruch. Damit wäre es für alle – also auch für Diogenes – unmöglich, sich auf die Selbstbeherrschung zu konzentrieren. Diogenes' Philosophie ist also letztlich elitär – sie kann nicht von der Gesamtheit, ja nicht einmal von der Mehrzahl der Menschen umgesetzt werden.

Diogenes zog eine Reihe von Anhängern an, die man Kyniker nannte. Etwa um die christliche Zeitenwende herum fand diese Richtung ihren Weg nach Rom, wobei die Kyniker keineswegs „Zyniker" waren, sondern einfach nur Asketen. Für die Popularität dieser Position gab es damals gute Gründe. Sowohl Griechenland als auch Rom waren von wirtschaftlicher Unsicherheit gebeutelt. Die Meisterung des eigenen Selbst aber kann niemandem weggenommen werden. In einer Welt, in der materielle Güter, soziale Stabilität und Familie ständig bedroht waren, wurde dies offenkundig als lohnendes Ziel betrachtet.

Wie man das Leben meistert

Der Stoizismus vertrat eine ähnliche, wenn auch weniger rigorose Position, was die Abkehr von weltlichen Belangen anging. Der Begründer der Stoa war Zenon von Kition (334–262 v. Chr.). Der römische Philosoph Seneca (4–65) und der griechische Denker Epiktet (55–135) spannen die Gedankengänge des Stoizismus fort. Er lehrte die Abkehr von weltlichen Belangen, störende Affekte wie Neid, Hass und Trübsal seien nur Ergebnisse einer gedanklichen Fehleinschätzung. Dem Weisen stünde das Glück offen, doch nur durch geistige und moralische Vervollkommnung. Das Ziel des Menschen solle es sein, im Einklang mit der Natur zu leben. Den Weg dorthin zeige uns die Vernunft, an der wir alle teilhätten. Die Stoiker versuchten nicht, Affekte zu leugnen oder zu verdrängen, sondern sie umzuwandeln, um durch Selbstdisziplin und Vernunft Ruhe im Denken zu erlangen.

Platon, Seneca und Aristoteles verfassten die klassischen Texte, auf die die christliche Philosophie des Mittelalters baute.

Seneca war dabei einer der pragmatischsten Vertreter. Er trat für ein einfaches Leben ein, das man der Vernunft und Tugend widmen solle. Tugend sei dabei das einzige Gut, nach dem es zu streben lohne. Das Richtige zu tun sei für jeden Menschen das Wichtigste. Seiner Ansicht nach hätte jeder Mensch eine innere Gottheit, die ihn auf den richtigen Weg geleite, den die Vorsehung uns vorgezeichnet habe. Glück entstehe nur, wenn man diesem inneren Führer folgt, im Einklang mit seiner wahren Natur handelt und mit seinem Los zufrieden ist. Senecas Vorstellung von Moral beruhte vor allem auf der Hinwendung zu anderen und dem einfachen Leben.

Der römische Philosoph Boethius (480–525) erfuhr durch Senecas Schriften im Gefängnis inneren Trost. Sein eigenes Werk *Trost der Philosophie* vertritt wie Seneca und die Stoiker die Abkehr von weltlichen Belangen und die Hinwendung zu Vernunft und Tugend. Boethius war Christ. Sein Werk vermittelt das Christentum mit platonischem und stoischem Gedankengut, ohne Christus auch nur zu erwähnen. In diesem Sinne wurde sein Werk zur Brücke zwischen Seneca und Thomas von Aquin. Boethius war gleichzeitig der letzte römische Philosoph und der erste Scholastiker.

Alles für die Lust

Diogenes trieb die Askese auf den Höhepunkt, Epikur hingegen schlug den anderen Weg ein. Abstruse metaphysische Spekulationen interessierten ihn nicht. Er suchte nach einer praktischen

Boethius schrieb Trost der Philosophie *524, während er im Gefängnis saß. Das Werk schlägt eine philosophische Brücke zwischen der Antike und dem Mittelalter. In dieser allegorischen Darstellung belehrt die Philosophie den Dichter über Gott.*

Lebensphilosophie. Er lehrte das Streben nach Glück durch Vermeidung geistigen und körperlichen Leids. Dabei betrachtete er das geistige Leid als schlimmer. Körperlicher Schmerz sei kurzfristig und könne unter Kontrolle gebracht werden. Wenn nicht, führe er zum Tode. An diesem Punkt aber sei er dann nicht mehr von Bedeutung. (Epikur glaubte nicht an ein Weiterleben der Seele nach dem Tod.) Die geistige Pein der Angst aber konnte einen Menschen krank machen.

Obwohl Epikur davon ausging, dass das Luststreben das ursprünglichste des Menschen sei und daher umgesetzt werden sollte, war er kein Hedonist. Ihm war durchaus klar, dass zu viel des Guten schmerzhafte Konsequenzen haben konnte, daher predigte er Mäßigung. Er selbst litt unter schlechter Gesundheit und war häufig krank. Der Stoiker Epiktet warf ihm vor, Dekadenz und Promiskuität zu fördern, doch zu Unrecht. Epikur lehrte, dass Weisheit die größte Tugend sei, weil sie einen Menschen in die Lage versetze auszuwählen, welchen Lüsten er nachgibt und welchen nicht. Er glaubte, dass niemand wahrhaft glücklich werden könne, wenn er nicht tugendhaft sei, da die Tugend positive Folgen zeitige und keinerlei Leid mit sich bringe.

ZU VIEL, ZU JUNG

Ein echter Vertreter des Hedonismus ist Aristippos von Kyrene (ca. 435–356 v. Chr.), ein missratener Schüler des Sokrates. Die Kyrenaiker lehrten, dass man jedes Vergnügen auskosten sollte, solange sich dazu Gelegenheit bietet und man sich nicht um die Zukunft sorgen sollte. Die Kyrenaiker sahen im Vergnügen das einzige erstrebenswerte Gut.

Ethik und Christentum

Obwohl Boethius' *Trost der Philosophie* nicht ausdrücklich ein christliches Werk ist, war es im Mittelalter ausgesprochen populär und einflussreich. Boethius war ein Gelehrter, der die Schriften von Platon, Aristoteles und der Vorgänger genauestens kannte. Daher behandelt sein Buch eine lange Reihe philosophischer Themen wie den freien Willen, die Vorbestimmung, die Existenz von Gut und Böse und den Sinn eines tugendhaften Lebens. Diese Themen stellt er anhand eines Dialoges dar, den Boethius in seiner Kerkerzelle mit der Dame Philosophie führt, die auf seine Fragen antwortet.

Die christlichen Denker des Mittelalters hatten weniger Spielraum als ihre antiken Vorgänger, weil die Bibel klare Vorschriften im Hinblick auf ein tugendhaftes Leben enthielt, die es zu befolgen galt. Thomas von Aquin versuchte, die aristotelische Ethik im Christentum zu integrieren. Er ging wie Aristoteles davon aus, dass die Moralität einer Handlung danach beurteilt werden sollte, ob sie der Erfüllung des individuellen Potenzials diente. Für einen Christen aber lag die letztendliche Erfüllung in seinem Seelenheil. Dieses aber kann das Individuum nicht alleine erlangen – um unsere Natur zu vervollkommnen, brauchen wir Gottes Gnade.

Sein heißt gut sein

Thomas von Aquin stützte sich auf Augustinus ebenso wie auf Aristoteles. Seiner Ansicht nach war allem Existierenden eine Form von Gutheit eigen:

Aristippos von Kyrene wäre mit der heutigen Party- und Trinkkultur vermutlich einverstanden gewesen.

- Es gibt zwei Arten der Substanz: Solche, die der Veränderung und Zerstörung unterworfen ist (*corruptio substantialis*) und solche, für die das nicht gilt. Unveränderliche Substanzen seien den veränderlichen überlegen.
- Von einer unveränderlichen Substanz aber kann man per Definition nichts wegnehmen, auch nicht ihre guten Eigenschaften. Darüber müssen wir also nicht mehr nachdenken.
- Von einer veränderlichen Substanz aber können wir ihre Gutheit entfernen, dadurch wird sie eben schlecht.
- Wenn eine veränderliche Substanz keine guten Eigenschaften hätte, könnte man sie ihr nicht wegnehmen. Daher müssen auch veränderliche und zerstörbare Substanzen etwas Gutes an sich haben.

Trotzdem sind Sein und Gutheit nicht dasselbe. Alles Existierende kann mehr oder weniger gut sein (eine relative Eigenschaft), aber nicht mehr oder weniger existieren (eine absolute Eigenschaft). Dieses relative Sein erklärt Thomas von Aquin durch das Bild des Vogels: Ein junger Vogel ist weniger Vogel als ein ausgewachsener. Er kann noch nicht alles tun, was seine Vogel-heit ausmacht, wie Fliegen, Eier legen, Nestbauen und so weiter. Ein ausgewachsener Vogel ist deshalb ein „besserer" Vogel als ein junger. Auf dieselbe Weise ist ein Mensch besser, wenn er aus einer Haltung der Moral, Würde und des Erbarmens handelt, als wenn er aus selbstsüchtigen, unmoralischen Motiven heraus agiert und nie daran denkt, welche Auswirkungen sein Tun auf andere hat.

Für alle dasselbe oder für jeden etwas anderes?

Ein bestimmter Moralkodex, wie z. B. der christliche, lässt für individuelle Moralvorstellungen wenig Raum. In den ungefähr tausend Jahren nach Boethius kümmerten die christlichen Philosophen sich daher kaum um ethische Fragestellungen. Erst als im 16. Jahrhundert der Humanist Michel de Montaigne zu schreiben begann, stellten sich diese Fragen wieder, weil die Kirche ihre Deutungshoheit eingebüßt hatte.

Montaigne war der erste Philosoph, der eine Spielart des kulturellen Relativismus vorbrachte. Seiner Ansicht nach waren die unterschiedlichen Werte verschiedener Kulturen gleich wertvoll. Es gibt keinen vernünftigen Grund anzunehmen, dass die Moralvorstellungen einer Kultur besser wären als die einer anderen und nicht den geringsten Grund für die Annahme, der Mensch sei den Tieren überlegen. Zu jener Zeit war dies revolutionär, schließlich nahm man damals noch an, dass die Verbreitung der „richtigen" christlichen Kultur Europas jede Grausamkeit rechtfertige, z. B. das

> *„Die Gesetze des Gewissens, von denen wir behaupten, sie entsprängen der Natur, entspringen der Gewohnheit: Jeder hält innerlich die Meinungen und Sitten in Ehren, die um ihn herum gang und gäbe sind und gutgeheißen werden."*
>
> Michel de Montaigne,
> *Über die Gewohnheit*

Cuauhtemoc, der letzte Herrscher der Azteken, wurde 1521 von den Spaniern besiegt. Man folterte ihn, um herauszufinden, wo er seine vermeintlichen Goldschätze versteckt habe. Die Grausamkeit, die die Spanier bei der Eroberung Südamerikas an den Tag legten, überschritt die gewöhnlicher Kriegshandlungen bei Weitem.

Hinschlachten der Indianer in Nord- und Südamerika, die man als „Barbaren" einstufte. Doch trotz der Kritik am Umgang mit den angeblichen Barbaren blieben die Kritiker der Folter im eigenen Land gegenüber stumm. (Was sich bis heute nicht geändert hat, möchte man meinen.)

Trotzdem ging Montaigne nicht davon aus, dass alle kulturellen Praktiken gleichermaßen akzeptabel seien. Und auch das Individuum verwirkliche die jeweils geltende Norm in unterschiedlichem Maße. Daher riet Montaigne seinen Lesern, sie sollten feststellen, was in ihrem sozialen Kontext von ihnen verlangt sei und diese Norm dann aufgrund innerer universeller Werte, die dem Menschen von Gott eingegeben seien, überprüfen. Daher sei auch kein universell gültiger Moralkodex vonnöten, da jeder nach seinem eigenen Urteilsvermögen entscheiden müsse, was in der jeweiligen Situation angemessen ist. Dazu aber sei es nötig, dass wir uns ständig selbst prüfen.

In Montaignes Sicht gab es allerdings einige wenige universelle Maßstäbe wie die Vernunft und die Natur. Diese seien uns von Gott eingegeben und kämen unserem Urteilsvermögen zu Hilfe. Montaignes Denken hatte starken Einfluss auf Pascal und Descartes. Vor allem seine Idee der Selbst-Erziehung und seine Methode, Informationen zu sammeln, um sie dann vernunftgemäß zu überprüfen, findet sich bei Descartes wieder.

Dass die Verantwortung für das eigene Handeln auf das Individuum übergeht, ist das wesentliche Merkmal des Humanismus. Dabei geht es nicht um Lust oder Asketentum als Weg zur Selbstfindung, sondern um die Fähigkeit

„Handle nur nach derjenigen Maxime, durch die du zugleich wollen kannst, dass sie ein allgemeines Gesetz werde.

Handle so, dass du die Menschheit sowohl in deiner Person als in der Person eines jeden anderen jederzeit zugleich als Zweck, niemals bloß als Mittel brauchst."

Immanuel Kant, *Grundlegung zur Metaphysik der Sitten*, 1785

jedes Einzelnen, für sich selbst einen Weg zu einem besseren Leben zu definieren.

Kant hingegen schlug einen diametral entgegengesetzten Weg ein. Für ihn war Moral eine objektive Größe, die man sich durch „praktische Vernunft" erschließen könne. Statt jedem Einzelnen die Verantwortung zu übertragen, seinem eigenen moralischen Kompass zu folgen, glaubte Kant, dass richtig und falsch absolute Größen seien und nicht empirisch aus der Erfahrung abgeleitet werden könnten.

In der *Kritik der praktischen Vernunft* erklärt er, was er den Kategorischen Imperativ nannte. Dies ist ein allgemeingültiges Moralgesetz, das er mehrfach formuliert hat. Im Wesentlichen nimmt er die Frage auf, die uns zur Verwerfung des Diogenes-Modells geführt hat: Was, wenn das jeder täte? Kants Antwort lautet: „Handle nur nach derjenigen Maxime, durch die du wollen kannst, dass sie ein allgemeines Gesetz werde." Wenn jede unserer Handlungen zu einem allgemeingültigen Gesetz würde (und jeder sich daran halten müsste), was käme dabei wohl heraus? Würde jeder bei der Steuererklärung betrügen, wäre das Land bald bankrott. Daher ist Betrug in Steuerdingen kein akzeptables Verhalten. So wird das moralische Problem rational beurteilbar und gibt uns eine klare Richtlinie, an die sogar Menschen ohne jegliches Mitgefühl sich halten können. Doch letztlich stellt sich damit die Frage: Ist eine Entscheidung nach dem Kategorischen Imperativ überhaupt noch moralisch, da sie ja nicht aus moralischen Gründen getroffen wird? Wann hört eine moralische Handlung auf, moralisch zu sein und ist letztlich nur noch pragmatisch?

Kant sah dieses Problem nicht. Für ihn war eine Handlung nur dann moralisch, wenn sie aus einem moralischen Pflichtgefühl heraus durchgeführt wurde, aus der Achtung vor den Moralgesetzen:

Montaignes Vorstellung, dass Menschen ihren tierischen Artgenossen nicht überlegen seien, wird heute auch von Tierrechtsaktivisten geteilt.

aus der „Vorstellung von einem Wert, der meiner Selbstliebe Abbruch tut.“ In Kants zweiter, hier zitierter Formulierung des Kategorischen Imperativs meinte er, dass wir jeden Menschen sowohl als Zweck wie auch als Mittel behandeln sollten. Das heißt, dass wir andere Menschen (auch uns selbst) nicht nur benutzen sollten. Damit wird Sklavenarbeit unmöglich, aber auch das Entsenden von Truppen an einen Ort, um die Aufmerksamkeit des Feindes dort zu binden, während die Schlacht woanders geschlagen wird.

Für Kant sind es nicht die Folgen einer Handlung, die über ihre Moralität entscheiden, sondern die dahinterstehende Absicht. Diese Absicht aber lässt sich nicht am Ergebnis ablesen. Jemand kann durchaus mit negativer Absicht handeln und trotzdem kann die Handlung positive Auswirkungen zeitigen. Andererseits kann ein Mensch in bester Absicht handeln, aber doch negative Folgen auslösen.

Das höchste Gut ist nach Kant das „an sich Gute“, das immer und stets gut ist und keine Situation verschlechtern kann. Das einzige Gut, das dieses Kriterium erfüllt, war der gute Wille: Eine Handlung musste aus dem guten Willen heraus ausgeführt werden, um wirklich moralisch zu sein. Das aber bedeutet, dass wir aus Achtung vor den Moralgesetzen handeln müssen. Da Kants Moralvorstellung heißt, dass Menschen Regeln befolgen, ist

Die Elfe „Handle-wie-du-behandelt-werden-möchtest“ in dem Märchen Die Wasserkinder *ist die Verkörperung des Kantschen Kategorischen Imperativs.*

sie deontologisch. Sie enthält zwar auch Elemente der Tugendethik, diese zielen jedoch vor allem auf die Absicht ab.

Kants Vorstellung von der moralischen Verpflichtung wurde von den Philosophen späterer Zeiten immer wieder aufgegriffen. Doch sein unwiderruflicher Grundsatz, dass kein Mensch je nur Mittel sein dürfe, macht seine Vorstellung schwer nutzbar. Einige moderne Philosophen haben versucht, Kants Kategorischen Imperativ pragmatischer zu formulieren. Dazu gehört z. B. Professor Frances Kamm von der Harvard-Universität, die das „Prinzip des tolerierbaren Schadens“ aufgestellt hat. Sie geht davon aus, dass Schaden für eine begrenzte Anzahl von Personen akzeptabel ist, wenn davon eine große

FACHBEGRIFFE: DEONTOLOGISCHE ETHIK

Ein Moralbegriff, der auf Pflicht beruht, ist deontologisch. Der Begriff kommt von griechisch *deon*, die Pflicht.

KANT UND DIE GOLDENE REGEL

Kants Forderung, der Einzelne solle so handeln, dass sein Handeln zur Grundlage eines allgemeinen Gesetzes werden könne, gleicht der berühmten Goldenen Regel, die man in vielen Kulturen findet. Diese wird meist so ausgedrückt:

„Handle so, wie du selbst behandelt werden möchtest."

Oder in ihrer negativen Form:

„Was du nicht willst, das man dir tu, das füg' auch keinem andern zu."

Kant meinte, sein Imperativ unterscheide sich von diesen Regeln, weil er weder subjektiv noch hypothetisch ist, sondern absolut. Es ist irrelevant, wie ein Individuum behandelt werden möchte. Für ihn zählt nur, ob das Handeln widerspruchsfrei zur Richtschnur für alle erklärt werden könnte. (Wenn jeder lügt, führt das in Widersprüche, weil damit der Unterschied zwischen Lüge und Wahrheit bedeutungslos wird.)

Menge Menschen profitiert. So wäre es sowohl für Kamm als auch für Kant untragbar, einen Menschen wegen seiner Organe zu töten. Doch Kamm hält es für tolerierbar, wenn man einen Killer tötet, um seine möglichen Opfer zu retten.

Kant sprach sich gegen Grausamkeit gegenüber Tieren aus, weil der Mensch die Pflicht habe, sich in Erbarmen zu üben. Brutalität gegenüber Mensch oder Tier aber tötet das Mitgefühl ab und verletzt so diese Pflicht.

Utilitaristische Ethik

Kants Auffassung von Ethik ist unpersönlich und unsentimental, doch sie löste die Frage der Moralvorstellung aus dem christlichen Kontext. Damit aber veränderte sich die Ausrichtung der Ethik. Statt moralisch zu handeln, um das eigene Seelenheil zu sichern (oder seinen Status als Auserwählter unter Beweis zu stellen),

Für das größere Ganze: die Gräber der Familie Riley nahe des britischen Dorfes Eyam in Derbyshire, das sich 1665/66 total von der Außenwelt abriegelte, damit die dort ausgebrochene Pest sich nicht weiter verbreiten konnte.

war ethisches Handeln nun Teil einer umfassenderen sozialen Verantwortung.

Der britische Sozialreformer Jeremy Bentham (1748–1832) ist heute vor allem als Vertreter der politischen Philosophie bekannt, doch seine politischen Ideen haben viel mit allgemeiner Ethik zu tun. Bentham kam in Houndsditch in London zur Welt und war ein Wunderkind, das schon mit drei Jahren Latein lernte und mit zwölf Jahren ans Queen's College in

> *„Die Natur hat den Menschen unter die Herrschaft zweier Souveräne gestellt: Leid und Freude … Sie beherrschen uns in allem, was wir tun, sagen, denken: Jede Anstrengung, die wir unternehmen, um uns von ihrem Joch zu befreien, zeigt nur umso mehr, wie sehr wir ihnen unterworfen sind. Ein Mann mag mit Worten sich als frei von ihnen erklären, in Wirklichkeit aber ist er stets ihr Knecht."*
>
> Jeremy Bentham, *Eine Einführung in die Prinzipien der Moral und Gesetzgebung*, 1789

> *„Es ist das größte Glück der größten Zahl, das als Maß für richtig oder falsch gelten muss."*
>
> Jeremy Bentham, *A Fragment on Government*, 1776

Oxford ging. Er studierte Jura und wurde als Anwalt zugelassen, doch übte er diesen Beruf niemals aus. Er störte sich an der komplizierten Sprache und den widersprüchlichen Gesetzen. Stattdessen begann er, die philosophischen Grundlagen von Gesetz, Moral und Politik zu untersuchen. Wie Epikur glaubte auch Bentham, dass Menschen von dem, was ihnen Lust und Vergnügen verschaffte, automatisch angezogen würden und Leid und Angst vermeiden wollten. Er wandte dieses Prinzip sodann auf die Gesellschaft als Ganzes an und wurde damit zum Begründer des Utilitarismus. Er versuchte sogar, einen Gesetzeskodex auf utilitaristischer Grundlage aufzustellen, den er „Pannomion" nannte.

Die einfache moralische Regel, die sich aus Benthams Erkenntnissen ableiten lässt, lautet: Wir sollten tun, was Freude vermehrt und Leid verringert. Benthams Vorstellung ist dabei quantitativ: Was immer den maximalen Nutzen im Ganzen bringt, ist die beste Richtschnur für unser Handeln, selbst wenn es für einige Menschen mit Leid verbunden ist. Bentham schreckte nicht davor zurück, Leid und Freude mengenmäßig erfassen zu wollen. Er entwickelte das sogenannte „hedonistische Kalkül", mit dem er Glück und Schmerz arithmetisch ermitteln wollte.

Obwohl er den Utilitarismus als Erster zu einem ethischen und politischen System formulierte, war er nicht der Erste, der glaubte, dass die Moralität einer Handlung davon abhänge, wie viel Leid oder Freude sie den Menschen bringt. Der Philosoph Francis Hutcheson schrieb in *An Inquiry into the Origin of Our Ideas of Beauty and Virtue* (1725): „Es ist jene Handlung die beste, die das meiste Glück für die größte Anzahl an Personen bringt; und jene die schlechteste, die gleichermaßen das meiste Unglück bringt." Auch er entwickelte Methoden, „um die Moral jeglicher Handlung zu berechnen". Sein Zeitgenosse John Gay ging 1731 noch einen Schritt weiter. Er behauptete, es sei der Wille Gottes, dass der Mensch glücklich ist.

Jeremy Bentham war ein Wunderkind, das später zum Begründer des Utilitarismus wurde.

„Es mag der Tag kommen, wenn der Rest der tierischen Schöpfung endlich jene Rechte zugestanden bekommt, die man ihnen in schierer Tyrannei niemals hätte vorenthalten dürfen. Die Franzosen haben bereits herausgefunden, dass die Dunkelheit der Haut kein Grund ist, einen Menschen ohne Rechtshilfe den Launen eines Peinigers zu überantworten. Es mag der Tag kommen, an dem man begreift, dass die Anzahl der Beine, die Behaarung der Haut oder das Ende des Kreuzbeins gleichermaßen ungenügende Argumente sind, um ein empfindendes Wesen dem gleichen Schicksal zu überlassen … Die Frage ist nicht: ‚Können sie denken?' oder ‚Können sie sprechen?', sondern: ‚Können sie leiden?'"

Jeremy Bentham, *Eine Einführung in die Prinzipien der Moral und Gesetzgebung*, 1789

Daher seien wir schon aus religiösen Gründen dazu verpflichtet, den Pfad einzuschlagen, der zur größten Freude für die größte Anzahl Menschen führt.

Im Extremfall würde der Utilitarismus sogar erlauben, dass das Leben einer Person für das Vergnügen einer Menge geopfert wird. Bentham allerdings sah diesen Fall vor und sprach sich dagegen aus: Das Gesetz müsse das Individuum vor solchem Missbrauch schützen. Das Gesetz, meinte er, „schaffe den grundlegenden Rahmen für die soziale Interaktion, indem es Bereiche persönlicher Unverletzbarkeit garantiere, innerhalb derer jedes Individuum seine eigenen Vorstellungen vom guten Leben verwirklichen" könne. Letztlich aber hat der Utilitarismus dieses Problem nicht vollständig gelöst.

Die Freude vieler Zuschauer macht die Leiden eines sterbenden Opfers wieder wett, wodurch die römischen Gladiatorenkämpfe innerhalb eines starren utilitaristischen Systems theoretisch akzeptabel waren. Bentham vermied solche Schlussfolgerungen.

AUTO-IKONE

Bentham legte in seinem Testament fest, dass sein Leichnam bei einer Anatomievorlesung öffentlich seziert werden sollte. Des Weiteren sollte er mumifiziert und – ausgestopft mit Stroh und angetan mit Benthams Kleidern – als „Auto-Ikone" ausgestellt werden. Leider wurde Benthams Kopf durch die Mumifizierung so verunstaltet, dass man ihn nicht ausstellen konnte. Also verwendete man ein Wachsmodell mit Benthams eigenem Haar. Die Auto-Ikone sitzt im südlichen Kreuzgang des Hauptgebäudes des University College in London, wird aber auch schon mal zum *College Council* geholt, wo man sie als „anwesend, aber nicht wahlberechtigt" führt. Der mumifizierte Kopf wird an einem sicheren Ort aufbewahrt.

Einer von Benthams Studenten war John Stuart Mill (1806–1873). Er entwickelte den Utilitarismus sowohl ethisch als auch politisch weiter. Er unterteilte das Vergnügen in höhere und niedrigere Stufen. Natürlich waren die höheren Freuden intellektueller und kultureller Natur, während die niedrigen vor allem fleischlich und sinnlich waren.

Die Überprüfung, welches Vergnügen in welche Kategorie fällt, überlässt Mill aber nach wie vor der Menge. Seiner Ansicht nach sei der einzig gültige Beleg, dass etwas wünschenswert sei, die Tatsache, dass es Menschen gibt, die es sich wünschen. Das lässt natürlich viel Raum für Kritik. Dazu gehört zum Beispiel der Vorwurf der falschen Äquivokation (Doppelsinnigkeit), ein klassischer logischer Fehlschluss. Dass etwas gewünscht wird (Menschen wünschen es), heißt noch nicht, dass es auch wünschenswert (im moralischen Sinne) ist. Denn dann müsste John Stuart Mill auch beliebte Fernsehserien wie *X-Factor* gutheißen.

„Es ist besser, ein unzufriedener Mensch als ein zufriedenes Schwein zu sein; besser, ein unzufriedener Sokrates denn ein zufriedener Narr. Und wenn der Narr oder das Schwein anderer Meinung sind, dann nur deshalb, weil sie bloß eine Seite der Frage kennen."

John Stuart Mill, *Utilitarismus*, 1861

Der Wirtschaftswissenschaftler John Harsanyi (1920–2000) umging dieses Problem 1977 geschickt, indem er meinte, wir sollten bei der Beurteilung der Frage nach dem Wünschenswerten nur auf jene Entscheidungen zurückgreifen, die im vollen Bewusstsein der Fakten und aus rationalen Überlegungen getroffen werden und nicht unter extremer emotionaler Belastung. Außerdem sollten anti-soziale Ideen über das Vergnügen (z. B. von Sadisten) ausgeschlossen werden.

Wie treffen wir unsere Wahl?

Natürlich ist es ein guter Ansatz, in moralischen Dingen die Entscheidungen der Mehrheit zu berücksichtigen, doch ist es auch interessant, wie man zu diesen Entscheidungen gelangt. Der englische Philosoph und Ökonom Henry Sidgwick (1838–1900) bemühte sich, die Methoden, mit denen wir zu unseren moralischen Alltagsentscheidungen gelangen, zu analysieren. Er fragte sich, wie wir über unser moralisches Verhalten entscheiden und ob diese Entscheidung auf einer rationalen Basis getroffen werden kann. Sein Buch *The Methods of Ethics* (1874) wurde zum Klassiker der Moralphilosophie.

Eine „ethische Methode" war für Sidgwick *„jedes rationale Procedere, durch das wir zur Entscheidung gelangen, was ein individuelles menschliches Wesen tun ‚sollte' – oder was für dieses Individuum ‚richtig' ist – oder was es durch freiwilliges Engagement zu verwirklichen sucht."* Natürlich befolgen die Menschen unterschiedliche Prinzipien in ihren Entscheidungen, doch ihre „Methoden" könne man drei grundlegenden

Kleine Kinder haben zunächst eine sehr egoistische Herangehensweise an die Welt. Trotzdem sind sie nicht selbstsüchtig. Die Fähigkeit, sich in andere hineinzuversetzen, wird eben erst später entwickelt. Erst dann sind sie zum Altruismus fähig.

Strömungen zuordnen: Egoismus, Utilitarismus und Intuitionismus.

Der *Egoismus* oder egoistische Hedonismus schätzt eine Handlung danach ein, wie glücklich sie den Menschen macht, der sie ausführt: „Der rational Handelnde betrachtet die Menge des Glücks oder Leids, das für ihn allein aus seiner Handlung folgt, und macht dies zur Richtschnur seines Tuns. Er strebt stets nach dem maximal erreichbaren Glück."

Der *Utilitarismus* oder universelle Hedonismus misst die Moralität einer Handlung an ihrer Auswirkung auf das Glück aller: „Das Verhalten, das als objektiv richtig erachtet wird, ist jenes, das das meiste Glück für alle bringt… wobei alle miteinbezogen werden, die von dem Verhalten betroffen sind."

Der *Intuitionismus* hält Glück für unwichtig, weil er davon ausgeht, dass wir uns an „bestimmte Regeln oder Aufgaben der Pflicht" zu halten haben. Er geht davon aus, dass wir intuitiv erkennen, welche Handlungen an sich richtig sind, ohne Rücksicht auf ihre Folgen. *„Die Moralvorstellung, die man gewöhnlich im Gespräch auf seine Mitmenschen anwendet, beinhaltet, […] dass der normale Mensch seine Pflicht kennt, selbst wenn er verführerischen Impulsen unterworfen ist, die ihm die Ausübung seiner Pflicht erschweren."*

Sidgwick untersuchte die Beziehung zwischen dem, was er Intuitionismus nannte, und der „Moral des gesunden Menschenverstands" und fand heraus, dass dieser in gewisser Weise „unbewusst utilitaristisch" arbeitete. Der Utilitarismus beruht tatsächlich auf intuitiven Moralvorstellungen. Daraus schloss Sidgwick, dass Intuitionismus und Utilitarismus zu einem ethischen System verschmolzen werden könnten: *„Abstrakte Moralprinzipien, die tatsächlich selbstevident sind, […] scheinen eine rationale Grundlage für ein [utilitaristisches] System abzugeben."*

Sidgwick gelang es also, zwei seiner ethischen Methoden zu vereinen. Der Egoismus aber schien sich zu sperren. Auch der Egoismus ist von Vernunft und gesundem Menschenverstand geprägt – doch anders als der Utilitarismus fordert er nicht vom Individuum, sein Wohl für das große Ganze zu opfern.

Sidgwick war klar, dass nur wenige Menschen die Interessen der Menschheit für ebenso wichtig nehmen wie die eigenen und die ihrer Lieben. Und so blieben diese zwei Prinzipien zurück, die zwar

Henry Sidgwick fand heraus, dass der gesunde Menschenverstand in ethischer Hinsicht nicht immer widerspruchsfrei ist.

beide durch Vernunftgründe und den gesunden Menschenverstand begründbar waren, doch in unauflösbarem Widerspruch zueinander standen. Wenn der Utilitarismus von uns Dinge verlangt, die uns schaden, erhebt der Egoismus vermutlich zu Recht Einspruch. Sidgwick gestand sich ein, dass dieser Konflikt unlösbar war, wenn man nicht auf Gott und die Vorstellung göttlicher Belohnung oder Strafe zurückgriff, was er ablehnte. Und so klingt die Erstausgabe seines Buches erstaunlich pessimistisch:

„Der Kosmos der Pflicht wird zum Chaos herabgemindert; die fortgesetzte Bemühung des menschlichen Intellekts, ein vollkommenes Ideal für rationales Verhalten zu schaffen, scheint zum Scheitern bestimmt."

Noch einmal von vorn

Ähnlich negativ beurteilte Friedrich Nietzsche die bisherigen Moralgesetze. Nach Nietzsche mussten alle moralischen Ideen neu formuliert werden. Seiner Ansicht nach war die grundlegende Antriebskraft des Menschen das Bedürfnis, äußere Kräfte unter Kontrolle zu bringen und sich so zum Herrn über das eigene Schicksal zu machen. Vielen Menschen gelingt dies jedoch schon aufgrund ihrer Lebensumstände nicht. Die Moralvorstellungen, die sich bis dato entwickelt hatten, seien das Resultat unserer Unfähigkeit zur Selbstbestimmung bzw. der mangelnden Erkenntnis dieser Tatsache. Sie seien nichts weiter als Versuche, den Willen des Individuums zu binden.

Nietzsche führte die herrschenden Moralvorstellungen im antiken und christlichen Europa auf eine Herren- und Sklavenmoral zurück. Was als moralisch gut oder böse galt, hätten stets die Herren bestimmt. Diese Werte gelten den Herrschenden als gut, den Sklaven als schlecht. In Homers Griechenland oder anderen Gesellschaften, in denen soziale Strukturen vorherrschten, die durch die Zweiteilung in Herr und Knecht geprägt waren, galten lebensfördernde Qualitäten wie Macht, Körperkraft, Gesundheit und Reichtum den Herrschenden als gut. Armut, Machtlosigkeit und Krankheit als lebensschädliche Qualitäten wurden von

Nietzsche zufolge fühlen Sklaven und andere ausgebeutete Geschöpfe sich zur Religion hingezogen, weil ihr Leid dort als tugendhaft gilt, als Freifahrtschein zum Heil.

Nietzsches Philosophie betrachtet den Niedergang des Christentums und den Aufstieg der Individualität als etwas Gutes. Diese Auffassung wurde von den Führern des Nazi-Regimes instrumentalisiert.

den Herrschenden als schlecht eingestuft. Das ist die von Nietzsche so benannte „Herrenmoral", die jedoch keine wirklich moralische Position ist. Sie markiert nur wünschenswerte oder nicht wünschenswerte Zustände.

Erst die Sklaven machen daraus ein Moralsystem. Die von den Herrschenden für gut befundenen Qualitäten werden von ihnen als böse betrachtet. Die Qualitäten aber, die die Unterdrückten zwangsweise an den Tag legen, wobei sie ihre Verantwortung für die eigene Freiheit aufgeben, werden zu moralisch guten Eigenschaften uminterpretiert. Grausamkeit, weltliches Streben, Aggression werden in diesem System als böse betrachtet, Demut, Armut, Selbstlosigkeit, Unterwerfung und Frömmigkeit aber gelten als gut. Indem sie die Merkmale ihrer Machtlosigkeit zu Tugenden umwerten, können die Sklaven ihr Schicksal ertragen, doch sie entziehen sich gleichzeitig der Verpflichtung, aus dem Joch auszubrechen. Statt Armut und Machtlosigkeit als soziales Übel zu betrachten, werden diese Dinge als moralisch wertvoll erklärt – damit niemand versuchen muss, sich ihnen zu entziehen.

Die Spannung zwischen Herren- und Sklavenmoral war laut Nietzsche der eigentliche Grund für den Nihilismus in Europa. „Gott ist tot", behauptete er und meinte damit, der Nihilismus werde am Ende triumphieren. Der Glaube war seiner Ansicht nach ein Bollwerk gegen den Nihilismus. Ohne diesen werde es uns schwerfallen, neue Moralvorstellungen zu entwickeln, denn der Nihilismus ende nicht selten in Verzweiflung. Gleichzeitig aber sei er der erste Schritt hin zu einer Kultur mit festen Grundlagen, denn zu diesem Zweck müssten wir den Nihilismus überwinden lernen:

„Ich lobe, ich tadle hier nicht, dass [der Nihilismus] kommt; ich glaube, es gibt eine *der größten Krisen, einen Augenblick der allertiefsten Selbstbesinnung des Menschen: Ob der Mensch sich davon erholt, ob er Herr wird über diese Krise, das ist eine Frage seiner Kraft."*

Nietzsche hoffte, aus dem Schutthaufen von Christentum und Nihilismus würden die Grundfesten einer neuen Moral erwachsen. Andererseits gab es in seinen Augen keine absoluten Moralvorstellungen.

Das Wertesystem einer Gesellschaft hänge ganz von ihren Umständen und Bedürfnissen ab und es gebe keine „an sich" besseren oder schlechteren Werte. Seiner Ansicht nach war der entscheidende Punkt, inwieweit die Menschen bereit waren, ihren Moralkodex zu leben. Dies sei der eigentliche Akt, in dem die Zivilgesellschaft sich definiere. Dieser Perspektivismus wurde später auch von Martin Heidegger propagiert, der ihn zum kulturellen Relativismus ausbaute.

Meta-Ethik

Von der Mitte des 19. Jahrhunderts an löste sich das christliche Gewebe des alten Europa auf. Seit der Aufklärung hatten die Philosophen immer wieder am Sinn des Gottesglaubens gezweifelt und die Denker, die ihn ablehnten, nahmen an Zahl zu. Wer wie Spinoza eine andere Art des Theismus forderte, musste seine Ethik auf neue Grundlagen stellen. Wer wie Nietzsche die Religion insgesamt als fehlgeleitet und unterdrückend betrachtete, brauchte ebenfalls eine neue Basis.

In diesem Kapitel haben wir uns hauptsächlich mit der normativen Ethik beschäftigt, also der Möglichkeit, Regeln für „gutes" menschliches Verhalten aufzustellen. Anfang des 20. Jahrhunderts aber tat die Philosophie einen Schritt zurück und begann, erneut über die Meta-Ethik nachzudenken – über das, was wir meinen, wenn wir über richtig und falsch reden.

Der englische Philosoph George Edward Moore (1873–1958) wirkt nach den gewundenen Bemühungen früherer Denker wie eine frische Brise. Er ging davon aus, dass man dem gesunden Menschenverstand ruhig vertrauen könne. So haben wir z. B. wenig Schwierigkeiten zu akzeptieren, dass wir gestern auch schon existiert haben. Wir brauchen niemanden wie Descartes, der uns das beweist. Moore fand – wie so viele Menschen –, dass ein Großteil der Philosophie überflüssiger Blödsinn sei. Viele Bedeutungsprobleme stellen sich im täglichen Leben überhaupt nicht, obwohl die Beziehung zwischen Begriffen und ihrer Bedeutung ein wichtiger Teil der Philosophie ist. Damit wurden einige der wichtigsten Ansätze der Philosophie des 20. Jahrhunderts eingeleitet.

In seinen *Principia Ethica* von 1903 stellt Moore sich die Frage, was wir unter „gut" überhaupt zu verstehen haben. Für ihn kann ein Begriff wie „gut" nicht weiter in Einzelteile zerlegt werden. Es handelt sich um einen einfachen Begriff wie „gelb". Sie können jemandem, der nicht bereits weiß, was „gelb" ist, die Farbe nicht erklären. Dasselbe gilt für einen Begriff wie „gut".

„Gut" ist ein Begriff, von dem wir eine intuitive Vorstellung haben. Wir wissen, dass es gut ist, nett zu anderen zu sein, und schlecht, sie grausam zu behandeln. Wir brauchen dafür keine komplizierten Gründe. Daher lehnt Moore sowohl Kants Vorstellung ab, ethische Entscheidungen seien der Vernunft zugänglich, als auch die utilitaristische Ethik. Ein Urteil darüber, was „gut" ist, ist immer subjektiv, ein Werturteil. Meistens sind wir uns auch darüber einig, wenn auch nicht immer im Detail. Wir mögen uns einig sein, dass es schlecht ist, Menschen zu töten, aber nicht, ob das Töten von Staats wegen akzeptabel ist oder nicht. Diese Einzelheiten zu klären sei Aufgabe der „angewandten Ethik". Da das Gute nicht definiert werden könne, ist die Ethik laut Moore weder naturwissenschaftlich noch metaphysisch zu begründen.

Ethik im Alltag

Angewandte Ethik heißt, dass wir uns damit beschäftigen, welche ethischen Entscheidungen wir treffen. Zum Beispiel bei der Frage, ob Tiere unveräußerliche Rechte besitzen. Oder ob man einem Diktator das Leben nehmen darf. Im 20. Jahrhundert taten sich viele Bereiche auf, in denen diese Fragen von einiger Tragweite waren, z. B. bei der Bioethik, den Tierrechten oder der Ethik im Geschäftsleben.

Üblicherweise geht die *normative Ethik* (Tugendethik, deontologische und utilitaristische Ethik) an solche Fragestellungen von ganz unterschiedlichen Standpunkten heran. Eine der Konsequenzen der Fragmentierung unserer theoretischen Moralkodizes ist, dass es in einer modernen Gesellschaft viele allgemein anerkannte Sichtweisen gibt, die einander jedoch widersprechen. Die Arbeit von Ethik-Kommissionen ist heute viel schwieriger als zu der Zeit, als noch die Bibel einen einheitlichen Moralkodex stiftete.

Ist es ethisch, Diktatoren wie Saddam Hussein zu töten?

Eine Methode, mit der Pluralität unserer Moralvorstellungen umzugehen, ist die *Kasuistik*, also das Bemühen, die Entscheidungen je nach Fall zu treffen. Diese Praxis begann mit Aristoteles und war auch im 16. bzw. 17. Jahrhundert populär. Moore äußerte sich positiv über die fallbezogenen Entscheidungen: *„Die Kasuistik ist das Ziel jeder ethischen Untersuchung. Sie kann zu Beginn unserer Studien nicht sinnvoll unternommen werden, sondern erst am Ende."* In den Sechzigerjahren wurde die Methode gern angewandt. Sie wurde in der Folge zur Grundlage der bahnbrechenden Erkenntnisse des amerikanischen Bio-Ethikers Albert Jonsen. Auch der britische Philosoph Stephen Toulmin (1922–2009) wandte sich in seinem Buch *The Abuse of Casuistry: A History of Moral Reasoning* (1988) der Kasuistik zu. Dieser

Ansatz versucht, jeden Fall für sich vor dem Kontext seiner besonderen Umstände zu lösen. Er arbeitet mit bekannten Fakten und wahrscheinlichen Folgen, statt von einem theoretischen Gesetz auszugehen (wiewohl er sich natürlich an juristische Gesetze hält). Ein Beispiel wäre die Frage, ob man lebenserhaltende Maßnahmen bei sehr kranken Menschen nicht besser einstellt. Da der moralische Ansatz nicht auf Regeln beruht, können ähnlich aussehende Fälle ganz unterschiedlich entschieden werden.

Ethischer Widerstand – Ethik im 21. Jahrhundert

Poststrukturalisten und postmoderne Philosophen lehnen objektive und subjektive Moralkodizes ab. Ihrer Ansicht nach muss jede Handlung im eigenen Kontext und in Bezug auf andere betrachtet werden.

Ethischer Widerstand besteht darin, nicht-gewaltsamen Druck auf Elemente auszuüben, die als unterdrückerisch, ausbeuterisch oder moralisch verwerflich betrachtet werden.

> *„Der ethische Widerstand der machtlosen Anderen gegenüber unserer Möglichkeit, Macht über sie auszuüben, legt uns unerzwingbare Pflichten auf. Die Pflichten sind nicht erzwingbar, eben weil die anderen keine Macht besitzen. Dass Handlungen gleichzeitig verpflichtend und unerzwingbar sind, verweist sie in den Bereich des Ethischen. Verpflichtungen, die erzwungen würden, würden allein durch die Macht, die dahintersteht, nicht frei getroffen werden und gehören daher nicht in den Bereich des Ethischen."*
>
> David Couzens Hoy, *Critical Resistance: From Poststructuralism to Postcritique*, 2004

Praktisch gesehen führt dies direkt in die Kasuistik, die jeden Fall unabhängig von einem moralischen Regelwerk beurteilt. David Couzens Hoy, Professor für Philosophie an der Universität von Kalifornien in Santa Cruz, erkennt jedoch in der Philosophie der Achtziger- und Neunzigerjahre eine klare „ethische Wende". Moderne Ethik besteht für ihn aus „Verpflichtungen, die sich als notwendig erweisen, doch nicht erzwungen werden noch erzwingbar sind." Daraus erwächst ein „ethischer Widerstand", der sich z. B. im Konsumboykott gegenüber Unternehmen niederschlägt, die keine Steuern zahlen

Die birmanische Politikerin Aung Saan Suu Kyi tritt für einen friedlichen Wandel in ihrem Heimatland ein. Sie zieht ethischen Widerstand dem gewaltsamen Kampf vor.

oder für immense Umweltschäden verantwortlich sind. Dieser ethische Widerstand ermöglicht den Schwachen, sich gegen die Mächtigen zur Wehr zu setzen.

Die „Machtlosen" können dabei alle möglichen Gruppierungen sein, die marginalisiert oder ausgebeutet werden: die Armen, die Ungeborenen, die Tiere, Menschen bestimmter sexueller Orientierung.

Das gute Leben

Der Konsens von 2000 Jahren Ethik ist, dass ein gutes, moralisch tugendhaftes Leben am wahrscheinlichsten zu Glück führt – nicht unbedingt zu materiellem Reichtum, denn tatsächlich wird dieser häufig durch eigensüchtiges Verhalten erlangt. Doch ethisches Verhalten führt schon insofern zu Glück, da wir uns damit als Individuen selbst treu bleiben, frei von Schuld, Scham und Angst vor Entdeckung sein können. Dabei hängt Tugend nicht von Religion ab. Diese bietet dem Menschen zwar einen fertigen Moralkodex und damit eine Blaupause für tugendhaftes Leben, doch andererseits reklamiert jede Religion das Monopol auf Moral meist für sich allein. Doch wie schon Aristoteles meinte, sei ein tugendhaftes Leben eines, in dem wir unser Potenzial erfüllen können. Andererseits lässt sich Tugend nicht in der Isolation praktizieren. Nicht alle können leben wie Diogenes. Wirklich gut zu leben heißt also, zu anderen Menschen auf ethische Weise in Beziehung zu treten – und damit die Tugend in unsere politischen und sozialen Strukturen zu tragen.

arecen altos
ar arrodillados!

KAPITEL 6

Wie schaffen wir eine **GUTE GESELLSCHAFT?**

„Ich bin weder Athener noch Korinther, sondern Bürger der Welt.“

Diogenes von Sinope (nach Epiktet)

„Wir halten diese Wahrheiten für ausgemacht […], dass zur Versicherung dieser Rechte Regierungen unter den Menschen eingeführt worden sind […]; dass sobald eine Regierungsform diesen Endzwecken verderblich wird, es das Recht des Volks ist, sie zu verändern oder abzuschaffen.“

Thomas Jefferson, *Unabhängigkeitserklärung der Vereinigten Staaten von Amerika*, 1776

In einer guten Gesellschaft haben die Bürger das Recht und die Freiheit zu protestieren.

Die zwei grundlegenden Fragen „Wie lebt man ein gutes Leben?“ und „Wie schafft man eine gute Gesellschaft?“ sind voneinander nicht zu trennen, da wir alle mit anderen Menschen zusammenleben müssen. Die Ethik sollte Grundlage jedes politischen und gesetzlichen Systems sein, doch gilt es auch andere Gesichtspunkte zu berücksichtigen.

Dehnt man die Frage, was „richtig“ ist, auf eine ganze Gesellschaft aus, müssen zwangsläufig Kompromisse gemacht werden. Hier sind wir wieder bei der Kritik an Diogenes: Die einfache Lebensweise, die er allen zur Nachahmung empfahl, kann nicht von der Gesellschaft als Ganzes befolgt werden. Wir können nicht alle jeglichen materiellen Besitz aufgeben.

Der ethische Bürger in einer ethischen Gesellschaft

Die Philosophen sind sich nicht einig, in welchem Ausmaß ethische Normen Politik und Gesetzeswesen bestimmen sollen. Der italienische Politiker und Diplomat Niccolò Machiavelli (1469–1527) hielt sich nicht mit Moralfragen auf. Sein rein pragmatischer Ansatz ist das Gegenteil zu Bentham, der eine Überprüfung der bestehenden Gesetze nach ethischen Gesichtspunkten forderte. Doch es stellen sich noch andere Fragen: Wer soll die Gesetze machen und wie setzt man sie durch? Wer oder was legitimiert eine Regierung? Was sind die Pflichten einer Regierung gegenüber den Bürgern und umgekehrt? Und kann es schließlich rechtens sein, eine Regierung zu stürzen?

Der Gesellschaftsvertrag

Die Idee eines Gesellschaftsvertrags, der zwischen dem Einzelnen und der Gesellschaft geschlossen wird, erscheint zum ersten Mal bei Platon und hat Bestand bis heute. In *Kriton* lässt Platon den Sokrates sagen, dass er mit der Stadt Athen einen Vertrag abgeschlossen habe, weil er volljährig geworden und in der Stadt geblieben ist. Infolge dieses Vertrags habe er sich den Gesetzen der Stadt und ihrer Rechtssprechung zu beugen. Daher müsse er sein Todesurteil akzeptieren, auch wenn er es als unrechtmäßig empfindet.

Niccolò Machiavellis (links) Werk Der Fürst *wurde von vielen Politikern eingehend studiert, unter anderem auch von Joseph Stalin.*

IST DAS GANZE ETWAS ANDERES ALS DIE SUMME SEINER TEILE?

Grob gesprochen gibt es innerhalb der politischen Philosophie zwei Richtungen: Der individuelle Ansatz betrachtet Gesellschaft als die Gesamtheit der Individuen, die sich in ihr zusammengeschlossen haben. Für die kollektivistische Richtung ist Gesellschaft nicht nur eine Menge von Individuen, sondern etwas, das eine eigenständige Identität besitzt, hinter der der Einzelne zurücktritt.

Das Wohl des Staates

Platons *Der Staat* ist der erste bedeutende Text zur politischen Philosophie. Er beschreibt ein utopisches Staatswesen, das von einer Elite gelenkt wird, die von Geburt an auf dieses Amt vorbereitet wird. Der Rest der Gesellschaft teilt sich in die Wächter sowie die Handwerker und Bauern. Der Idealbürger in diesem Staat ist der, der es versteht, seine Talente zum Besten aller einzusetzen und genau dies tut. Alles ist so organisiert, dass es dem Wohl des Staates dient, wobei die Freiheit des Einzelnen und die Persönlichkeitsrechte eine untergeordnete Rolle spielen. Nach Platons Ansicht würde ein solcher Staat alle seine Bürger gerecht behandeln und jedem nach Gebühr geben bzw. von ihm nehmen. Ein solcher Staat könne auch nicht unterworfen werden, weil er stärker sei als jedes staatliche Gebilde seiner Feinde.

In *Der Staat* dehnt Platon seine Ideenlehre auf die Politik aus. Alle realen Staaten sind nur Annäherungen an oder ein Abglanz seines idealen Staates und keinem

VIER POLITISCHE GRUNDOPTIONEN

Die folgenden vier politischen Positionen lassen sich grob unterscheiden:

Liberalismus: Strebt nach Freiheit und Gleichheit für alle. Da es aber Unterschiede zwischen den Menschen (z. B. in der Intelligenz) gibt, muss Gleichheit sich notwendig auf Chancengleichheit beschränken.

Konservatismus: Misstraut großen Umwälzungen aus der Überzeugung, dass Dinge, die nicht funktionieren, von selbst verschwinden. Glaubt, dass alles sich selbst reguliert, einschließlich des Marktes, und befürwortet daher den Kapitalismus des freien Marktes.

Sozialismus: Glaubt, dass mit Ressourcen besser umgegangen wird, wenn sie im Besitz der Gemeinschaft sind, sodass die Interessen von Einzelnen nicht die Gesellschaft als Ganzes schädigen können. Die Befürwortung von Staatseigentum kann aus ethischen oder praktischen Gründen erfolgen.

Anarchismus: Vertritt die Ansicht, dass ein gutes Leben (das sich für jeden anders gestaltet) unmöglich ist, wenn der Mensch unter dem Zwang von Obrigkeiten oder Normen steht. Das Problem beim Anarchismus ist, festzumachen, welche sozialen Organisationsformen sich natürlich herausbilden (und Teil eines guten Lebens sind), und welche aufoktroyiert sind.

gelingt es (jetzt oder zu Platons Zeit), das Wohl aller Bürger zu fördern, wie es den idealen Staat auszeichnet.

Platons idealer Staat wurde in den vergangenen 2300 Jahren immer wieder kritisiert. Der britische Philosoph Bertrand Russel (1872–1970) warf Platon vor (freilich aus verständlichen historischen Gründen), unter einem sozialistischen bzw. kommunistischen Deckmäntelchen einem elitär-totalitären Regime das Wort zu reden. Da im 20. Jahrhundert eine Reihe totalitärer Staaten grandios scheiterte, muss diese Utopie vielleicht wirklich überdacht werden.

FACHBEGRIFFE: UTOPIA

„Utopia" bezeichnet einen gedachten idealen Staat mit einer vollkommenen Verfassung und sozialen Ordnung.

Die Verfassung als Seele

Auch Aristoteles, Platons Schüler, kritisiert das Modell seines Lehrers heftig. Als Lehrer des Sohns von Philipp II. von Makedonien (des späteren Alexanders des Großen) kannte er „Spitzenpolitiker" aus nächster Nähe. In seiner Schrift *Politik* sagt er, es sei die Aufgabe der Herrschenden, Gesetze bzw. eine Verfassung aufzustellen, für deren Einhaltung zu sorgen und sie im Bedarfsfall zu verbessern. Er glaubte, dass es in der Natur des Menschen liege, vernünftig und tugendhaft zu handeln. Diese Eigenschaft sollten sich staatliche Gebilde zunutze machen und widerspiegeln.

Für Aristoteles ist die Verfassung für den Stadtstaat, was die Seele für ein Lebewesen ist. Stadtstaaten sind Gebilde mit einer bestimmten Bevölkerungsstruktur auf einem bestimmten Gebiet mit einer Verfassung, in der sich die Ziele dieses Stadtstaates ausdrücken. Das Ziel eines „ordentlichen" Stadtstaates ist das Glück seiner Bürger. In seiner *Politik* beschreibt er den idealen Stadtstaat und erörtert die Vor- und Nachteile verschiedener Regierungsformen.

Der Mensch hat nach Aristoteles die natürliche Neigung, Gemeinschaften zu bilden (politischer Naturalismus). Der Mensch sei ein „staatenbildendes Lebewesen". Seine Definition des „Bürgers" schließt allerdings Frauen, Sklaven, Kinder und Fremde aus. Nur der Rest sind die Vollbürger, die an den Geschäften des Stadtstaates mitwirken dürfen.

Platon folgend teilt er Regierungsformen in „recht" und „entartet" ein (*siehe* ▸▸ Tabelle gegenüber).

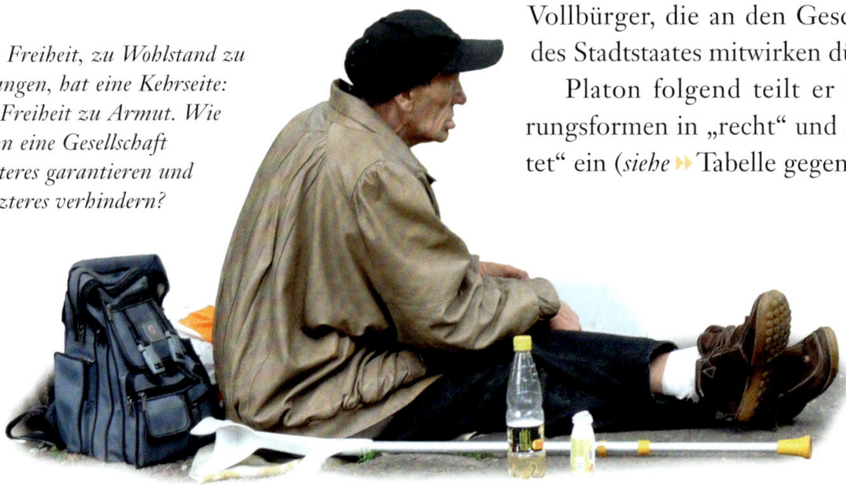

Die Freiheit, zu Wohlstand zu gelangen, hat eine Kehrseite: die Freiheit zu Armut. Wie kann eine Gesellschaft Ersteres garantieren und Letzteres verhindern?

Ist für Aristoteles die Ausübung absoluter Macht über die Bürger Tyrannis, so hat er keine Einwände, wenn diese Macht über Sklaven, Frauen oder Kinder ausgeübt wird. Frauen und Kinder bedürften der Anleitung, da ihre Urteilskraft schwächer sei, ebenso wie „Sklaven von Natur“, die nur geringen Anteil an der Vernunft hätten.

Die Gerechtigkeit fordert nach Aristoteles, dass Bürger vom Staat entsprechend ihrer Verdienste belohnt werden. Der Stadtstaat sei weder ein Wirtschaftsbetrieb, der Wohlstand maximiere (die oligarchische Sicht), noch ein Zusammenschluss, um Freiheit und Gleichheit voranzutreiben (der demokratische Standpunkt). Sein Zweck sei das „gute Leben“, das von edlen Taten geprägt ist. Die ideale Ordnung sei die, in der die Bürger sittlich vervollkommnet sind.

Diese in Stein gehauenen Gesetzestexte aus dem alten Griechenland zeugen von dem Willen einer Gesellschaft, sich ein festes, in Worte gegossenes Regelwerk zu geben, auf das man sich zur Schlichtung von Rechtsstreitigkeiten beziehen kann.

Aristoteles kritisiert an Platons *Staat*, dass er sich zu sehr auf den Stadtstaat statt auf den einzelnen Bürger konzentriere und sein Modell der menschlichen Natur zuwiderlaufe. Sein eigener Ansatz ist praxisorientierter. Auch wenn er über die

	rechte Regierungsform	entartete Regierungsform
ein Herrscher	Königtum	Tyrannis
wenige Herrscher	Aristokratie	Oligarchie
viele Herrscher	Politie	Demokratie

> *„Da jeder Staat uns als eine Gemeinschaft entgegentritt und jede Gemeinschaft als eine menschliche Einrichtung, die ein bestimmtes Gut verfolgt – denn um dessentwillen, was ihnen ein Gut zu sein scheint, tun alle alles –, so erhellt, dass zwar alle Gemeinschaften nach irgendeinem Gute streben, vorzugsweise aber nach dem allervornehmsten Gute diejenige, die die vornehmste von allen ist und alle anderen in sich schließt. Dies ist aber der sogenannte Staat und die staatliche Gemeinschaft."*
>
> Aristoteles, *Politik*

ideale Verfassung nachdenkt, so ist ihm doch bewusst, dass Gesetzgeber diese gewöhnlich nicht umsetzen können, sondern Kompromisse eingehen müssen.

In der Praxis bedeutet das, dass die beste Regierung oft die Regierung der Mehrheit ist. Demokratie ist für ihn zwar eine entartete Gesellschaft, eine vom „Mittelstand" getragene Regierung sei aber der Herrschaft einiger weniger Reicher vorzuziehen. Sowohl Reich wie Arm würden dazu neigen, aufgrund ihrer jeweiligen Interessenlage unpassende Entscheidungen zu treffen, der Mittelstand hingegen sei gemäßigter.

Aristoteles behandelt ausführlich viele immer noch aktuelle Fragen der politischen Philosophie: die Rolle der menschlichen Natur, der Ideale und moralischen Grundsätze in der praktischen Politik; die Beziehung zwischen Staat und Individuum; die Gerechtigkeitstheorie und die Rolle des Gesetzes sowie die verschiedenen Verfassungen und die Ursachen von Revolutionen.

Gleichheitsdämmerung

Wir sind vielleicht geneigt, Aristoteles seine Ansichten über Frauen und Sklaven nachzusehen, weil damals alle so dachten. Doch ein Philosoph muss alle Standpunkte kritisch untersuchen. Seneca, der in Rom (ebenfalls eine Sklavenhaltergesellschaft) wirkte, vermochte sich von herrschenden Vorstellungen zu lösen, als er, wohl um das Jahr 65, schrieb:

„Bedenke, dass der, den du deinen Sklaven nennst, derselben Wurzel entsprungen

Mark Aurel war nicht nur römischer Kaiser, sondern auch stoischer Philosoph. Von 161–169 herrschte er mit seinem Mitkaiser Lucius Verus, von 169–180 allein.

ist, denselben Himmel genießt und ebenso wie du atmet, lebt und stirbt."

Die Stoiker vertraten die Ansicht, dass die äußeren Unterschiede zwischen den Menschen bedeutungslos seien, da alle Menschen gleich geboren sind. Natürlich ist die Vorstellung, dass alle Menschen gleich sind, für die Herrschenden unbequem und verschwand deswegen für lange Zeit aus der politischen Philosophie.

Mark Aurel (ca. 121–180), der römische Kaiser, der sich dem Stoizismus zugewandt hatte, war eine Art wandelnder Widerspruch. Zeigte er sich in seinen *Selbstbetrachtungen* zwar besorgt um Arme, Sklaven und Gefangene, verfolgte er dennoch weiter die Christen. Die *Selbstbetrachtungen* sind eine Sammlung von Aphorismen, in die er seine Ideen zu Ethik und Politik fasst, aber nicht weiter ausführt, analysiert oder begründet. Etwas boshaft könnte man sagen, dass der Stoizismus die ideale Lehre für jeden Herrscher ist, da er die Menschen auffordert, die Dinge so zu nehmen wie sind und in sich selbst nach Glück zu suchen. Der Stoa zufolge streben alle Lebewesen nach Selbsterhaltung, d. h. nach dem, was ihnen ihrer Natur nach zuträglich und zugehörig ist. Für den Menschen ist das allzeit Gute die Tugend.

Gott in die Stadt tragen

Augustinus wurde in Nordafrika geboren, verbrachte aber einige Jahre in Rom und Mailand. In seinen frühen Dreißigern konvertierte er zum Christentum und versuchte zu beweisen, dass die Vernunft den Glauben stützt.

Versuchten Augustinus und Thomas von Aquin, christliches mit (neu-)platonischem bzw. aristotelischem Gedankengut zu versöhnen, so zeigte die christliche Philosophie des Mittelalters trotz dieses Erbes wenig Interesse für politische Fragen. Es sei nicht Sache eines Christenmenschen, sich mit Politik zu befassen. Das Gebot, dem Kaiser zu geben, was des Kaisers ist, schien sowohl weltliche Macht als auch politische Belange zu umfassen. Augustinus schrieb, die christliche Gemeinschaft sei eine spirituelle und keine politische. Achthundert Jahre später unterschied Thomas von Aquin vier Arten von Gesetzen, wobei das göttliche Gesetz in seiner Hierarchie ganz oben stand und das weltliche ganz unten – immer noch nicht sehr spannend. Erst mit den Turbulenzen und dem Erkenntnisfortschritt der Renaissance trat die politische Theorie wieder ins Blickfeld der Philosophen.

Der Teufel, den man kennt …

Niccolò Machiavelli, geboren in Florenz zur Zeit der Machtkämpfe zwischen den großen italienischen Adelsfamilien, war der einflussreichste politische Philosoph der Renaissance. In seinem Werk *Der Fürst*, einem Handbuch für Herrscher, beschreibt er detailliert Techniken der politischen Durchsetzung. Der Text ist eher amoralisch als unmoralisch, und die gängige Charakterisierung Machiavellis als schlecht und hinterhältig tut ihm unrecht, doch dass der Begriff „machiavellistisch" zum Schimpfwort wurde, zeigt, welchen Ruf er hatte.

> *„Freiheit wird nicht durch Befriedigung aller Wünsche erreicht, sondern durch die Auslöschung der Begierde."*
>
> Epiktet (ca. 55–135)

Der Rat, den Machiavelli den Herrschern gibt, ist rein praktischer Natur und hält sich nicht mit moralischen Überlegungen auf. Seiner Ansicht nach heiligt der Zweck die Mittel – und zwar so gut wie jedes Mittel –, solange der Zweck sich lohnt, d. h. politisch „gut" und erstrebenswert ist. Die drei Ziele, die jeder effektiv handelnde Herrscher anstreben sollte, sind nach Machiavelli nationale Sicherheit, Unabhängigkeit und eine stabile Verfassung. Doch diese Ziele ohne ausreichende Hilfsmittel erreichen zu wollen, könne nur zum Scheitern führen. Er rät dem Herrscher, seine Überzeugungen mit Mut und Stärke zu verfolgen und zu tun, was dazu nötig ist.

Die meisten von Machiavellis Ratschlägen drehen sich darum, wie man Menschen manipuliert – Anhänger, Verbündete, das Volk und andere Herrscher –, um die Macht zu erobern und zu behalten. Er merkt an, dass es oft nützlich sei, sich tugendhaft zu geben, um sich Unterstützung zu sichern. Dagegen sei es ungünstig, sich tyrannisch zu gebärden, weil das

DAS PROBLEM DES „GERECHTEN KRIEGES"

Ein Problem der politischen Philosophie ist die Frage des „gerechten Krieges", die erstmals von Augustinus in *Vom Gottesstaat* aufgeworfen wurde. Platon lässt in *Der Staat* den Thrasymachos sagen, die Gerechtigkeit habe dem Vorteil des Stärkeren zu dienen. Damit wäre Gerechtigkeit das Recht des Stärkeren. Augustinus teilt das Problem in zwei Fragen auf: „Ist Krieg rechtens?" und „Was ist im Krieg erlaubt?" Dann stellt er vier Bedingungen auf, die erfüllt sein müssen, wenn ein Krieg als moralisch gerechtfertigt gelten soll:

1. Legitime Autorität: Die Entscheidung für einen Krieg muss durch eine politisch und gesetzlich legitimierte Regierung getroffen werden.
2. Gerechter Grund: Dieser Krieg muss sich gegen begangenes, schweres Unrecht richten.
3. Gerechte Absicht: Der Krieg darf nur geführt werden, um dieses Unrecht zu beseitigen (keine heimliche „Erweiterung des Mandats").
4. Letztes Mittel: Krieg ist die letzte verbleibende Option, nachdem alle anderen Mittel ohne Ergebnis blieben.

Sind diese Bedingungen erfüllt, stellt sich des Weiteren die Frage, was in einem solchen Krieg moralisch erlaubt ist. Militärische Gewalt darf nur angewendet werden, um begangenes Unrecht zu beseitigen, und darf nicht schlimmer sein als dieses Unrecht. Das Militär darf keine unschuldigen, nicht an Kampfhandlungen beteiligten Zivilisten angreifen. Soldaten sind nicht verantwortlich für unvorhergesehene Schäden, solange das Gute, das durch diesen Krieg erreicht wurde, das Schlechte überwiegt und der Krieg in gerechter Absicht geführt wurde.

Augustinus formulierte diese Bedingungen in einer Zeit, als das untergehende römische Reich unter fremde Herrschaft geriet. Die Frage der moralischen Zulässigkeit von Kriegen war also von drängender Aktualität – und ist es bis heute geblieben.

Demonstranten gegen den Irakkrieg. Augustinus zufolge muss ein gerechter Krieg einen gerechten Grund haben und das allerletzte Mittel sein. Ein Krieg könne nur von einer legitimierten Autorität erklärt werden und müsse sich darauf beschränken, begangenes Unrecht zu beseitigen.

Widerstand verursache, das Regieren erschwere und die Stellung des Herrschers gefährde. Ist das Volk zufrieden, ist es leicht zu regieren und hegt keine Umsturzgelüste, und allein deswegen sei es vernünftig, ihm eine freundliche, aber feste Hand zu zeigen. Die beste Regierungsform, sagt er in seinen *Discorsi* (ca. 1517), sei eine Republik unter der Führung von Fürsten, die von Adel und Bürgern kontrolliert würden.

Vollkommene Welten

Mehrere Philosophen taten es Platon nach und entwickelten ihr eigenes Modell einer vollkommenen Gesellschaft bzw. eines Idealstaats. Der englische Philosoph und Staatsmann Thomas Morus (1478–1535) nennt sein fiktives Land „Utopia", das er in dem gleichnamigen Buch beschreibt. (Der griechische Titel kann als *eu-topos*, „glücklicher Ort", oder *ou-topos*, „Nicht-Ort", gedeutet werden.) Morus stand lange als Ratgeber im Dienste Heinrichs VIII., doch als der gläubige Katholik Morus sich der Scheidung, Wiederverheiratung und Einsetzung Heinrichs als Oberhaupt der neuen Church of England widersetzte, ließ Heinrich ihn 1535 hinrichten.

Utopia ist in Dialogform geschrieben. Der Reisende Raphael Hythlodeus erzählt von seinen Erlebnissen auf der Südseeinsel Utopia, von der er gerade nach siebenjährigem Aufenthalt zurückgekehrt ist. Utopia ist dem Grunde nach ein kommunistischer Staat. Privateigentum ist verboten, es gibt weder persönlichen Ehrgeiz noch Handel (außer mit anderen Ländern). Die Menschen sind weitgehend gleichgestellt mit Ausnahme der Zwangsarbeiter – Kriminelle oder Ausländer, denen die Todesstrafe droht –, welche die unangenehmen Arbeiten erledigen. Alle arbeiten sechs Stunden am Tag, tragen dieselbe Kleidung und wohnen in Häusern, die alle gleich aussehen. Diese Häuser müssen sie regelmäßig tauschen, damit die Bewohner sie nicht individuell ausgestalten und zu sehr daran anhaften

> *„Das Leben in Morus' Utopia wäre, wie in jedem anderen Utopia, unerträglich öde. Glück ist ohne Vielfalt nicht möglich und davon gibt es in Utopia so gut wie keine."*
>
> Bertrand Russell

Der Humanist Thomas Morus (von der katholischen Kirche heiliggesprochen) wurde hingerichtet, weil er sich Heinrich VIII. widersetzte.

können. Alle Städte sind ganz gleichmäßig angelegt. Die Menschen essen gemeinsam und jeder hat alles, was er braucht.

Von den totalitären kommunistischen Regimes des 20. Jahrhunderts unterscheidet Utopia sich durch seine Religionsfreiheit: Alle Religionen sind akzeptiert, nicht aber der Atheismus. Morus war der Ansicht, dass Atheisten auch keine Autorität anerkennen würden und daher unregierbare Bürger seien.

Politische und intellektuelle Ämter werden nach Verdienst besetzt, und die Betreffenden behalten ihre Position nur, solange sie sie gut erfüllen. Ämter sind nicht erheblich. Das Staatsoberhaupt wird gewählt und kann abgesetzt werden, wenn es tyrannische Züge zeigt.

Mit *Utopia* konnte Morus ein alternatives Gesellschaftsmodell zeigen, ohne Heinrich VIII. offen zu kritisieren. In diesem Buch formuliert er sozialistische Ideale, die für das England der Tudors völlig neu waren. Ob Morus mit *Utopia* eine mögliche oder gar erstrebenswerte Gesellschaft abbilden wollte, ist ungeklärt, doch viele andere Autoren verfassten, von ihm inspiriert, ihre eigenen Utopien. Tatsächlich geht es in Shakespeares Stück *Der Sturm* (1623) um ein ähnliches Thema: Der Zauberer Prospero versucht (vergeblich), auf einer einsamen Insel für sich und seine Tochter ein Paradies zu schaffen.

Naturmensch und Naturrecht

Im 17. und 18. Jahrhundert beschäftigten sich einige sehr einflussreiche Denker mit Fragen nach der Natur der Gesellschaft und der Gesellschaftsverträge, auf denen sich eine Gesellschaft gründet. Thomas von Aquin zählt vier Arten von Gesetzen auf. Eine davon ist das Naturrecht, dessen Regeln sich weitgehend aus der Vernunft ableiten. Das Konzept des Naturrechts und die Frage, wie Menschen sich im „Naturzustand" verhalten, hat speziell einige politische Philosophen stark beschäftigt. Ihre Ansichten über diesen (nicht-zivilisierten) „Naturzustand" weichen sehr stark voneinander ab, da dieser sich nirgends direkt beobachten ließ. Reiseberichte über die Ureinwohner neu entdeckter Länder wie Amerika oder Australien speisten diese Diskussion mit eher unzuverlässigen Daten.

Anwendung der Naturgesetze auf die Gesellschaft

Der englische Philosoph Thomas Hobbes (1588–1679) suchte seine politische Philosophie auf neue methodische Grundlagen zu stellen. Wie Descartes orientierte er sich an den naturwissenschaftlichen Entwicklungen seiner Zeit. Gehorchten die Himmelskörper, wie Galileo und Newton bewiesen hatten, einem Naturgesetz, warum nicht auch soziale Körperschaften? Und so führte Hobbes die Herrschaft der Naturgesetze in den Bereich des Politischen ein. Seine erste politische Abhandlung, *Elements of Law*, wurde 1640 unter den Anhängern König Karls I. verteilt, um dessen Aktionen gegenüber dem immer feindlicher gesonnenen Parlament zu rechtfertigen. Die folgenden zehn Jahre verbrachte Hobbes in Frankreich im Exil. Dort schrieb er *De Cive* (1642), eine Verteidigung der absoluten Monarchie. Dieses Thema wird im *Leviathan* (1651) weiterentwickelt.

Der *Leviathan* beginnt mit der Annahme, dass die Menschen von Natur aus nur den eigenen Vorteil suchen. Setzt man

Obwohl Hobbes sein Bestes tat, war das britische Volk nicht dazu zu bewegen, seine Geschicke in die Hände eines absoluten Monarchen zu legen, und Karl I. endete auf dem Schafott.

diesem Instinkt keine Grenzen, ist soziales Chaos die Folge. Um sich nicht gegenseitig zu zerfleischen, treten die Menschen freiwillig ihre individuellen Rechte an einen Herrscher ab (der ein Monarch oder eine regierende Versammlung sein kann). Im Gegenzug garantiert der Herrscher Wohlergehen und Sicherheit der Menschen. Für Hobbes ist der Naturzustand also bestimmt von Kampf und Auseinandersetzung, und nur mit Gewalt auferlegte Regeln hindern den Menschen daran, in diesen Zustand zurückzufallen. Ohne diesen Vertrag zwischen den Einzelnen und dem Herrscher würde die Gesellschaft zerfallen und in einem Krieg aller gegen alle enden. Unser Leben wäre ebenso kurz wie bestialisch.

Der Gesellschaftsvertrag bewahre die Menschheit vor einem derartigen Rückfall und werde eingehalten, weil er dem Einzelnen Sicherheit und alles Lebensnotwendige biete. So sei für die Interessen aller gesorgt, auch wenn der Einzelne nach wie vor selbstbezogen ist.

Nicht nur schlecht

John Locke hatte ein etwas freundlicheres Menschenbild. Zwar glaubte auch er, dass die menschliche Natur zur Selbstsucht neige, doch sah er darin auch Vernunft und Toleranz am Werk. Er sagte, der Einzelne habe im Naturzustand das Recht, sein Leben, Gesundheit, Freiheit und Besitz zu verteidigen. Menschen hätten sich zusammengetan, um Konflikte zu lösen und ihre Rechte auf zivilisierte Weise zu verteidigen, weil sie festgestellt hätten, dass dies in der Gruppe leichter war. Die Schaffung und Mehrung von Wohlstand sei anfangs beschränkt gewesen: auf die Erzeugung meist verderblicher Güter durch Arbeit.

Die Einführung des Geldes ermöglichte es später, verderbliche Güter gegen dauerhaftere und wertbeständigere einzutauschen. Die Anhäufung von Reichtum unterlag also keinen Beschränkungen

Entdecker beschrieben Ureinwohner, die im sogenannten „Naturzustand" lebten, entweder als edle Wilde oder als verkommene Untermenschen: Der Philosoph konnte sich's aussuchen.

mehr. Locke glaubte an die Kräfte des Marktes und daran, dass der Wert eines Gutes in Abhängigkeit von Angebot und Nachfrage steigt oder fällt.

Er sah Geld als etwas Positives, weil es Verschwendung verhinderte, und betrachtete den Nichtgebrauch von Besitz als verschwenderischen Verstoß gegen die Natur. Für Locke war soziale Ungleichheit die Folge einer stillschweigenden Übereinkunft, die eine Gesellschaft über die Verwendung von Geld trifft. Es sei die Aufgabe einer Regierung, Regeln einzuführen, die den Konflikt zwischen der ungezügelten Anhäufung von Reichtümern und deren gerechter Verteilung entschärften. Doch wie das geschehen sollte, dazu äußerte sich Locke nicht.

Locke befürwortete eine konstitutionelle Monarchie, lehnte aber das Gottesgnadentum ab, wonach ein König von Gott eingesetzt und daher nicht abgesetzt werden könne. In seinen *Zwei Abhandlungen über die Regierung* spricht er sich gegen die absolute und die Erbmonarchie aus. Eine Regierung sei nur legitim, wenn die Herrscher mit Zustimmung durch die Bürger herrschten. Für Locke ist ein Gesellschaftsvertrag etwas Gegenseitiges: Das Volk habe den Herrschenden zu gehorchen, doch die Herrschenden haben für das Wohlergehen der Bürger zu sorgen.

Der edle Wilde

Jean-Jacques Rousseau sah den Naturzustand des Menschen weit positiver. Im Gegensatz zu Hobbes, der glaubte, die Menschen würden sich für ein Stück Brot gegenseitig umbringen, hielt Rousseau den Menschen für grundsätzlich gut.

Menschen im Naturzustand kennen ihm zufolge weder Gut noch Böse, sondern

Thomas Hobbes sah den Menschen in einem düsteren Licht. Er glaubte, ließe man den Menschen ohne regulierende soziale Strukturen gewähren, würde er sich egoistisch und zerstörerisch verhalten.

nur Unabhängigkeit. Ihre Leidenschaften seien friedlich und da sie kein Laster kennen würden, würden sie auch nichts Schlechtes tun.

Diese zutiefst optimistische Sicht verlegt den Ursprung aller menschlichen Schlechtigkeit in die sozialen Strukturen, die wir geschaffen haben. Das gesamte künstlerische und philosophische Schaffen der Romantik entspringt der Rousseau'schen Vorstellung, dass die ursprüngliche Natur des Menschen sich durch Edelmut und Größe auszeichne. Je näher wir wieder unserer eigenen Natur und der Natur selbst kämen, desto besser wäre unser Leben.

In *Vom Gesellschaftsvertrag* (1762), dem wohl einflussreichsten politischen Text des 18. Jahrhunderts, beschreibt Rousseau seine Vorstellungen von einer vollkommenen Gesellschaft. Er knüpft an die *Abhandlung über die Ungleichheit* (1754) an, in der er die zu seiner Zeit herrschende

> *„Der Mensch wird frei geboren, und überall ist er in Banden. Mancher hält sich für den Herrn seiner Mitmenschen und ist trotzdem mehr Sklave als sie."*
>
> Jean-Jacques Rousseau, *Der Gesellschaftsvertrag*, 1762

mangelnde Gerechtigkeit thematisierte. Für diese Ungerechtigkeit machte er die Gesellschaft und das Erziehungssystem verantwortlich, welche die natürlichen Anlagen des Menschen unterdrückten.

Im berühmten Einleitungssatz zum *Gesellschaftsvertrag* (siehe ▸▸ Kasten oben) sagt er, dass die Gesellschaft den Menschen der Würde und natürlichen Freiheit beraube. Ein Gesellschaftsvertrag, eine Übereinkunft zwischen Individuen, welche Regierung sie sich geben wollen, mache den Menschen wieder frei. Die Freiheit, die der Mensch als Einzelgänger genießt, ist die Freiheit, sein persönliches Wohlergehen zu verfolgen, ohne sich mit anderen zu vergleichen. Ehrgeiz und Besitzstreben, hervorgebracht durch die jetzige Gesellschaft, nehmen uns diese Freiheit. Wir vergleichen uns mit anderen in Bezug auf Stellung und Besitz und werden unzufrieden, habgierig, neidisch und grausam. Wir richten unser Streben nicht mehr auf die Erfüllung unserer natürlichen Bedürfnisse (Essen, Unterkunft, einen Partner), sondern auf nutzlose Dinge, auf welche die Gesellschaft unser Wollen umgelenkt hat. Das sei nur deshalb möglich, weil die Gesellschaften, die wir bis jetzt errichtet hätten, auf einem falschen Gesellschaftsvertrag fußten. Die Menschen würden gezwungen, ihre natürliche Freiheit aufzugeben für eine Art Sklaverei in einer Gesellschaft, die durch und für die Reichen geschaffen wurde.

Rousseau zufolge gründet sich eine gute Gesellschaft auf die klassischen Prinzipien des Republikanismus: Gesetze werden in einem öffentlichen Prozess aktiv von den Bürgern beschlossen und diese Gesetze dienen dem Wohl der ganzen Gesellschaft. Da diese Gesetze den Willen aller ausdrücken, liegt es im Interesse jedes Einzelnen, diese Gesetze zu befolgen. In einem solchen Verhalten drücke sich Freiheit aus bzw. werde so erlangt. Dieser Gedanke veranlasste Rousseau zu der ebenso paradoxen wie verstörenden Aussage, der Mensch müsse zur Freiheit gezwungen werden oder, mit anderen Worten, dazu gebracht werden, den Gesetzen zu gehorchen, die ihn durch Teilnahme am Sozialvertrag frei machen sollen.

> „Der Erste, dem es in den Sinn kam, ein Grundstück einzuhegen und zu behaupten: „Das gehört mir" und der Menschen fand, einfältig genug, ihm zu glauben, war der eigentliche Gründer der bürgerlichen Gesellschaft. Wieviel Verbrechen, Kriege, Mordtaten, Elend und Scheußlichkeiten hätte der Mann dem Menschengeschlecht erspart, der die Pfähle herausgerissen, den Graben eingeebnet und seinen Mitmenschen zugerufen hätte: ‚Hütet euch, diesem Betrüger zu glauben! Ihr seid verloren, wenn ihr vergesst, dass die Früchte allen gehören und die Erde niemandem!"
>
> Jean-Jacques Rousseau, *Abhandlung über die Ungleichheit,* 1754

JEAN-JACQUES ROUSSEAU (1712–1778)

Rousseau wurde in Genf als Sohn eines Uhrmachers geboren. Seine Mutter starb im Kindbett. Sein Vater ließ ihn mit zehn in Genf zurück, weil er vor drohender Strafverfolgung fliehen musste. Mit fünfzehn verließ auch Rousseau die Stadt und begann ein Wanderleben. Schließlich nahm die 29-jährige Françoise-Louise de Warens ihn bei sich auf, eine Adlige, die vom Herzog von Savoyen eine Pension erhielt, um für den katholischen Glauben zu werben. Mit zwanzig wurde Rousseau ihr Geliebter. Mit vierzig schrieb er sein erstes Buch, das ihn schon bald berühmt machte.

Obwohl Rousseau ein fast modern zu nennendes Buch über Erziehung geschrieben hat, war er selbst nicht unbedingt ein Familienmensch. Mit seiner Geliebten Thérèse Levasseur hatte er in Paris mehrere uneheliche Kinder, von denen sie einige auf sein Verlangen ins Waisenhaus gab. Spätere Versuche, seinen Sohn wieder aufzufinden, blieben erfolglos. Von seinen Gleichheitsidealen blieben Frauen ausgeschlossen, deren Platz er im Haus unter der Obhut ihrer Ehemänner sah.

Rousseau wurde zum führenden französischen Philosophen der Aufklärung und überwarf sich mit so gut wie allen und jedem: Madame de Warens, David Hume, mit dem er befreundet war, Katholiken, Protestanten und der französischen Regierung. Er floh von Land zu Land, ehe er sich in Paris niederließ, wo er (vermutlich an einer Hirnblutung) starb. Sechzehn Jahre später wurde sein Leichnam ins Panthéon überführt.

Der Gemeinwille hat absoluten Vorrang vor dem Willen des Einzelnen. Rousseau verneint sogar individuelle Freiheitsrechte und sagt, dass man diese Vorstellung aufgeben müsse. In einer guten Gesellschaft seien sie auch nicht mehr erforderlich, denn was gut für alle sei, sei notwendigerweise gut für den Einzelnen. Eine sehr optimistische Sicht, denn es sind durchaus Situationen vorstellbar, in denen das, was für viele gut ist, für den Einzelnen nicht gut ist. Rousseau gab zu, dass der Mensch nicht immer weiß, was gut für ihn ist. In diesem Fall müsse ein großer Gesetzgeber dem Menschen seinen „wahren Willen“ enthüllen.

Die viktorianischen Erzkonservativen wiesen jegliche Forderung nach sozialen Reformen zurück. Konservative glauben, dass Missstände mit der Zeit von selbst verschwinden. Doch wie viel menschliches Leid fordern sie bis dahin?

Dem Gemeinwillen vertrauen

Der Gemeinwille ist mehr als die Summe der Sonderwillen. Im Gemeinwillen richtet sich das Wollen aller auf das Gemeinwohl statt auf das Wohl des Einzelnen: „Jeder von uns unterstellt der Gemeinschaft seine Person und alles, was sein ist, der höchsten Leitung des Gemeinwillens; und wir als Körperschaft empfangen jedes Mitglied als vom Ganzen unabtrennbaren Teil."

Der Gemeinwille wird zu einer Art autonomer Größe, was der Ausbeutung oder Benachteiligung von Minderheiten ein Ende setzt. Ein Beispiel: In einem Land, in dem es eine rothaarige Minderheit gibt, würden alle Nicht-Rothaarigen davon profitieren, wenn man den Besitz der Rothaarigen beschlagnahmen und unter den Nicht-Rothaarigen verteilen würde. Das aber hieße, den Willen der Mehrheit über den Gemeinwillen zu stellen. Der Wille der Einzelnen, welche die Gesellschaft bilden, ist es, den eigenen Wohlstand zu mehren. Der Gemeinwille aber möchte eine gerechte, stabile Gesellschaft mit einem Minimum an Konflikten und Ungerechtigkeit schaffen. Der Mehrheitswillen wäre durch Enteignung und Umverteilung des „rothaarigen" Eigentums erfüllt, der Gemeinwille jedoch, wenn Rothaarige wie alle anderen Besitz haben dürfen.

Für Rousseau ist ein Herrscher Diener, nicht Herr. Doch für seine Aussage, dass der Einzelne sich dem zu beugen habe, was als Gemeinwohl erachtet wurde, hat man ihm den Vorwurf gemacht, Tyrannei und Totalitarismus gutzuheißen. Dem hielt er entgegen, dass ein Regierender Gesetze nur im Namen des Gemeinwillens erlassen kann und folglich kein Despot ist, weil sein Gesetz und die Interessen des Volkes identisch seien.

Rousseau betonte, dass sein Modell nur in kleinen Stadtstaaten wie denen des alten Griechenland funktionieren könne – ein Problem in einer Welt großer Nationalstaaten, ja sogar Weltreiche. Am Ende des *Gesellschaftsvertrages* fragt Rousseau, was also zu tun sei. Die Antwort ist, dass jeder seine Tugenden pflegen und dem Gesetz gehorchen solle. Die Antwort, die das französische Volk gab (und die die Herrscher das Fürchten lehrte), war, die alten Gesetze umzustürzen und etwas Besseres an ihre Stelle zu setzen.

„Zur Freiheit zwingen": Diejenigen zu bestrafen, welche gegen Gesetze für das Gemeinwohl verstoßen, heißt nach Rousseau, sie zur Freiheit zu zwingen.

Revolution!

Der Sonderwille, extravagante Spritfresser zu fahren, steht im Konflikt zum Gemeinwillen, die Umwelt zu schützen.

Eine zentrale Frage der politischen Philosophie ist, wann es rechtens ist, einen Herrscher zu stürzen. Aristoteles argumentierte, ein Tyrann verhalte sich nicht wie ein Herrscher und gehe so des Rechtes zu herrschen verlustig. Thomas von Aquin übernahm diese Ansicht, die bis ins Mittelalter gültig blieb. Machiavelli zeigte den Herrschern Wege, die Schwelle zur Tyrannei nicht zu überschreiten, damit das Volk sich nicht erhob. „Richtige" Revolutionsphilosophen aber gab es erst im 18. Jahrhundert – und mit ihnen Revolutionen.

Gesunder Menschenverstand

1774 emigrierte der in England geborene politische Philosoph Thomas Paine (1737 – 1809) nach Amerika. Er schrieb für das *Pennsylvania Magazine*, dessen Herausgeber er später wurde, und verfasste eine der ersten Schriften, die die Abschaffung der Sklaverei forderten. 1776, bei Ausbruch des Unabhängigkeitskrieges, veröffentlichte Paine das anonyme Pamphlet *Common Sense*, in dem er die Revolution unterstützt. Amerika solle die britische Kolonialmacht abschütteln und unabhängig werden. Neben seiner ausführlich begründeten Ablehnung einer konstitutionellen Monarchie schlägt Paine ein demokratisches Regierungsmodell vor

Bei Meinungsumfragen in Großbritannien wird regelmäßig der Wunsch nach Wiedereinführung der Todesstrafe laut, die im vorigen Jahrhundert abgeschafft wurde und nach der EU-Charta illegal ist – ein Beispiel für Menschen, die ihren „wahren Willen" nicht kennen?

DIE FRANZÖSISCHE REVOLUTION

Die Französische Revolution war die blutigste Revolution des 18. und 19. Jahrhunderts. Der ausschweifende Lebensstil des Adels, aufklärerische Ideen von Freiheit und Gleichheit und der enorme Abgabendruck hatten den Unmut im Volk geschürt. 1789 erhoben sich hungernde Bauern und die Armen in den Städten gegen die herrschende Klasse. Die Revolution brach aus im Juli mit dem Sturm auf das Gefängnis *La Bastille*. 1792 wurde die Republik ausgerufen, Ludwig XVI. ein Jahr später hingerichtet.

Die folgende Zeit war durch Kämpfe und Meinungsverschiedenheiten zwischen den revolutionären Parteien gekennzeichnet. Unter der Schreckensherrschaft von Maximilien Robespierre, dem Führer der Jakobiner, fanden zwischen 1793 und 1794 bis zu 40 000 Menschen den Tod, viele unter der Guillotine. 1795 wurden die Jakobiner entmachtet und das Direktorium übernahm die Kontrolle, bis es 1799 vom Konsulat und Napoleon Bonaparte abgelöst wurde.

> *„Man sollte Ihnen in jeder Stadt dieser Erde ein goldenes Standbild errichten."*
> Kaiser Napoleon Bonaparte im Gespräch mit Thomas Paine

und spricht sich gegen Ämtervererbung und Aristokratie aus. Regierungsmacht dürfe nicht an die soziale Stellung gekoppelt sein. Weiter sagte er, die Unabhängigkeit der amerikanischen Kolonien sei moralisch und auch praktisch gerechtfertigt, da sie sich selbst erhalten könnten.

Nach dem gewonnenen Unabhängigkeitskrieg ging Paine erst nach Frankreich und dann nach England. Als Antwort auf Edmund Burkes *Über die Französische Revolution* (1790) verfasste er seine grundlegende demokratische Schrift *Die Rechte des Menschen* (1791). Darin sagt er, dass alle Menschen von Geburt dieselben Rechte haben, das soziale Zusammenleben es aber mit sich bringe, dass manchmal unsere Rechte verletzt werden bzw. wir die Rechte anderer verletzen. Wenn wir

In diesem Cartoon von James Gillray hat Thomas Paine einen Albtraum: Ihm erscheinen drei Richter mit langen Anklage- und Straflisten.

Edmund Burke sagte voraus, ein „beliebter General" würde sich zum Herrn der Nationalversammlung und der ganzen Republik aufwerfen. Napoleon gelangte 1799 an die Macht und wurde 1804 zum Kaiser gekrönt.

EDMUND BURKE, *ÜBER DIE FRANZÖSISCHE REVOLUTION* (1790)

Der irische Staatsmann und Philosoph Edmund Burke (1729–1797) sagte voraus, die Französische Revolution werde katastrophal scheitern, da ihre geistigen Grundlagen der menschlichen Natur nicht Rechnung tragen würden. Der Gegner der Aufklärung und der Hobbes'schen Ideen betrachtete die menschliche Gesellschaft als komplexen Organismus, der mit viel Fingerspitzengefühl behandelt werden müsse und nicht auf ein paar Regeln reduziert werden könne. Er befürwortete eine langsame Anpassung der Verfassung und eine schrittweise Einführung neuer Freiheitsrechte statt eines radikalen Umsturzes im Namen der Freiheit. Burke erkannte ganz richtig, dass die Französische Revolution in Machtkämpfen zwischen den einzelnen Lagern enden würde und aus diesen Auseinandersetzungen ein General siegreich hervorgehen und sich zum Tyrannen entwickeln würde.

uns einen Staat und eine Verfassung geben, können wir darin unsere Rechte als Bürgerrechte festschreiben, die sowohl für als auch gegen uns durchgesetzt werden können. Paine zufolge ist die einzige moralisch akzeptable Herrschaftsform die demokratisch regierte Republik, deren Regierung von den Bürgern gewählt wird. Die Verfassungen Englands und Frankreichs seien unmoralisch, weil sie den Bürgern dieses Recht verwehren. Dies gebe den Bürgern Englands und Frankreichs das Recht, ihre Regierungen zu stürzen.

Das brachte Paine eine Anklage wegen Verrats ein, vor der er nach Frankreich floh, während die Regierung die schwelenden Aufstände niederschlug. Paine wurde in Frankreich begeistert aufgenommen und erhielt einen Sitz in der Nationalversammlung. Doch die politische Lage in Frankreich war noch nicht gefestigt und Paine wurde später auf Anordnung Robespierres verhaftet. Er entging der Hinrichtung nur, weil Robespierre kurz nach Paines Verhaftung gestürzt wurde. 1802 kehrte Paine nach Amerika zurück, doch seine Ablehnung der organisierten Religion und eines rächenden Gottes trugen ihm im zutiefst christlichen Amerika massive Antipathien ein. Er starb in Vergessenheit.

> *„Der größte Scharlatan, den die Welt je gesehen hat."*
>
> Thomas Paine über Napoleon Bonaparte

„Hyäne im Unterrock"

Ähnliche Ideen wie Paine vertrat Mary Wollstonecraft (1759–1797), eine der wenigen einflussreichen Philosophinnen vor dem 20. Jahrhundert. Wollstonecraft, die sich als politische Philosophin auszeichnete, erlangte große Berühmtheit mit ihrem Text *Die Verteidigung der Frauenrechte* (1792), der wohl die Frauenrechtsbewegung ausgelöst hat.

Davor war die *Verteidigung der Menschenrechte* entstanden, eine Antwort auf

Seiner Zeit um dreihundert Jahre voraus, forderte Paine eine Erbschaftssteuer, um damit ein System der sozialen Sicherung zu finanzieren.

Burkes *Über die Französische Revolution*. In dieser Schrift meinte Wollstonecraft, ein Volk habe das Recht, einen schlechten König zu stürzen. Sie verurteilte Sklaverei und die damaligen Lebensbedingungen der Armen als unmoralisch. Die Philosophin forderte leidenschaftlich die Abschaffung der Monarchie und ein Ende der Vormachtstellung der Kirche, die sie als repressiv erachtete. Im Zentrum ihres Reformprogramms stand die Erziehung. Die herrschenden Erziehungspraktiken würden weder den Fähigkeiten der Frauen Rechnung tragen noch sie auf eine staatsbürgerliche Betätigung hinführen, sondern sie nur zu hübsch anzusehenden Handlangerinnen ihrer Männer machen. Sie beklagte, dass Frauen nur für ihr Aussehen honoriert würden und selbst Geschlechtsgenossinnen ihnen Fügsamkeit schmackhaft machen wollten. Ehen seien nichts anderes als „legale Prostitution“.

Wollstonecraft schrieb, sie habe diverse Bücher über Erziehung und die Erziehungsgepflogenheiten von Eltern und Schulen studiert, und sei deshalb zutiefst überzeugt, dass die Ursachen der von ihr beklagten Missstände in der Vernachlässigung der Frauenbildung lägen.

Die Unterdrückung der Frau schade Wollstonecraft zufolge Männern und Frauen gleichermaßen, weil sie das Wissen und die Fähigkeiten ungenutzt lasse, mit denen Frauen zum Gemeinwohl beitragen könnten. Die schlechte Behandlung von Frauen mache diese hinterhältig, schaffe häuslichen Unfrieden und lasse sie falsche Werte an ihre Kinder weitergeben, durch welche die bestehenden Verhältnisse fortgeschrieben würden. Weiter argumentierte sie, wenn man Frauen ihre Rechte vorenthalte, dürfe man ihnen auch keine Pflichten auferlegen. Rechte und Pflichten gehörten untrennbar zusammen.

Wäre Wollstonecraft nicht mit 38 im Kindbett gestorben, hätte die feministische Philosophie vielleicht schnellere Fortschritte gemacht. Ihre Tochter Mary Wollstonecraft-Shelley kennen wir als Autorin von *Frankenstein* (1823).

„Die kultivierten Frauen dieses Jahrhunderts trachten, mit ein paar Ausnahmen, allein danach, Liebe zu erwecken, während sie doch edlere Bestrebungen hegen sollten und durch ihre Tugenden Achtung und Respekt einfordern sollten.“

Mary Wollstonecraft, *Die Verteidigung der Frauenrechte*, 1792

Mary Wollstonecraft: die erste Philosophin der Neuzeit von Rang

Sozialmathematik

Mochte Burke auch eine Regierung gefordert haben, welche den Werten des Gemüthaften folgt, geht man Ende des 18. Jahrhunderts an Fragen von Gesellschaft und Gesetzgebung nahezu mathematisch-mechanisch heran: Es entstehen die „Bibeln" des Kapitalismus und des Utilitarismus.

Die Mathematik des Geldes

Exakt zur selben Zeit, als Paine mit *Common Sense* den Aufruhr schürte, verteidigte der schottische Moralphilosoph Adam Smith (1723–1790) den Status quo und die innerhalb des politischen Systems herrschende Ungleichheit. Mit *Der Wohlstand der Nationen* veröffentlichte er 1776 so etwas wie die „Bibel" des Kapitalismus.

Smith ist ein Befürworter des freien Marktes. Er ist überzeugt, dass jeder, auch wenn er glaubt, nur sein eigenes Interesse zu verfolgen, tatsächlich dem Wohl der ganzen Gesellschaft dient. Ein Beispiel: Jemand entschließt sich, künftig Gemüse von Tür zu Tür zu verkaufen, um sich auf

VOM GEIST DER GESETZE

Charles-Louis de Secondat, Baron de Montesquieu, unterschied 1748 in seiner Analyse politischer Systeme drei Staatsformen nach dem Prinzip, auf dem sie gründen:

- Demokratische und aristokratische Republiken gründen sich auf Tugend, d. h. die Bereitschaft, das Wohl aller über die eigenen Interessen zu stellen. (In einer aristokratischen Republik ist die Macht in Händen einiger weniger adliger Familien konzentriert, die Stimmrecht besitzen. In einer demokratischen Republik besitzen alle Bürger – zumindest die männlichen – Stimmrecht.)
- Monarchien gründen sich auf das Verlangen nach Ehre, auf das Streben nach Ansehen und Privilegien.
- Despotien gründen einzig auf Furcht.

Ist das Prinzip, auf das ein System sich gründet, nicht stark genug, um die soziale Ordnung aufrechtzuerhalten, bricht das System zusammen – wie die Republik unter Cromwell, weil das Verlangen nach Tugend zu schwach gewesen sei.

diese Weise seinen Lebensunterhalt zu verdienen und sein eigener Herr zu sein. Doch sein Entschluss hat auch für andere Vorteile, an die er gar nicht gedacht hat. Seine Kunden sparen sich den Weg zum Laden und den Bauern, bei denen er einkauft, eröffnet sich eine Einnahmequelle. Wenn sein Geschäft wächst und er Leute einstellen muss, schafft er neue Arbeitsplätze. In einer freien Marktwirtschaft stellen sich diese unbeabsichtigten Vorteile freilich nur ein, wenn sein Gemüselieferdienst für die lokale Gemeinschaft einen echten Vorteil bietet. Nehmen zu wenige Kunden seine Dienste in Anspruch, wird sein Geschäft floppen oder er muss es den Marktbedingungen anpassen.

Das klingt alles plausibel, doch die Probleme dieses Systems liegen auf der Hand. Menschen essen nur eine bestimmte Menge Gemüse und wenn sie bei diesem Gemüsehändler kaufen, dann kaufen sie nicht bei anderen Gemüsehändlern, welche die nachteiligen Effekte des Wettbewerbs zu spüren bekommen. Für dieses Problem gibt es keine einfache Lösung.

Smiths System sieht keinen Ausgleich für all die Ausgebeuteten vor, welche im Spiel des freien Marktes zu Verlierern werden, seien es die Fabrikarbeiter von einst, die Sklaven auf den Plantagen in den amerikanischen Südstaaten oder in heutiger Zeit die Lohnsklaven in den Schwellenländern Südamerikas, Afrikas und Asiens. Dennoch ist *Der Wohlstand der Nationen* immer noch eine der einflussreichsten Schriften zur Ökonomie und politischen Philosophie.

Der schottische Ökonom Adam Smith beeinflusst auch 200 Jahre nach seinem Tod noch die Finanzpolitik.

Utilitarismus: der größtmögliche Nutzen

Die Überzeugung, dass die „unbeabsichtigten Auswirkungen einer beabsichtigten Handlung“ der Gesellschaft als Ganzes zugutekämen, beeinflusste nicht nur die philanthropischen Wirtschaftsmagnaten des 18. und 19. Jahrhunderts, sondern auch das Denken von Philosophen wie Jeremy Bentham. Bentham entwickelte das Prinzip des „Nutzens“, das besagt, der Mensch strebe nach Glück und wolle Leid vermeiden. Diesen Grundsatz wandte er auf die Politikwissenschaft an und entwarf Pläne für eine Gesellschaft und ein Rechtssystem, welche das größtmögliche Glück für die größtmögliche Anzahl von Menschen ermöglichen. In *Eine Einführung in die Prinzipien der Moral und Gesetzgebung* (1789), die erste Darstellung des Utilitarismus, sagt Bentham, es sei Aufgabe der Gesetzgebung, gesellschaftliche Interessen mit dem Glücksstreben des Einzelnen in Einklang zu bringen.

Bentham war ein bedeutender Sozialreformer, der unter anderem für die Abschaffung von Sklaverei und Todesstrafe eintrat, für die Gleichberechtigung der Frauen, für die Entkriminalisierung der Homosexualität sowie für Tierrechte. Mit einigen seiner Forderungen war er seiner Zeit weit voraus – wohl auch deswegen erschien sein Aufsatz über Homosexualität erst 1931.

Berühmt ist Benthams Entwurf für ein Gefängnis, das Panopticon, in dem der Wärter die Gefangenen jederzeit sehen und überwachen kann (*siehe* ▸▸ Abb. S. 186). Bentham glaubte, eine ständige Überwachung würde das Wohlverhalten der Gefangenen fördern und damit das größtmögliche Wohl der größtmöglichen Anzahl von Individuen. Bei guter Führung würden sie nicht bestraft, müssten also keinen Schmerz erdulden. Strafe sollte der Besserung dienen und das Strafmaß wohldosiert sein, sodass langfristig mehr Wohlbehagen möglich wäre.

Bentham stellt die Moral auf eine recht pragmatische, messbare Grundlage und entwickelt sogar ein Berechnungsverfahren, das sogenannte „hedonistische Kalkül", zur Bewertung einer Handlung oder eines Gesetzes. In *Eine Einführung in die Prinzipien der Moral und Gesetzgebung* unterscheidet er zu diesem Zweck 12 schmerzvolle und 14 lustvolle Empfindungen. Bei jeder Handlung sollten wir untersuchen, was uns daraus an Befriedigung oder Schmerz erwächst, und zwar unter den Gesichtspunkten von Intensität, Dauer, Wahrscheinlichkeit, zeitlicher Nähe, Fruchtbarkeit (folgen einer Empfindung weitere derselben Art?), Reinheit (folgt einer Empfindung die gegenteilige Empfindung?) und Ausmaß (wie viele Menschen werden betroffen?). Bentham wünschte sich eine Strafrechtsreform auf der Grundlage seines Kalküls, denn damit würde es möglich, für jedes Verbrechen die zur Abschreckung jeweils nötige Mindeststrafe zu berechnen.

Smiths Lehre vom freien Markt hatte als „unbeabsichtigte Konsequenz" im Zuge der industriellen Revolution extreme Armut, Entbehrung, ausbeuterische Arbeitsbedingungen und ein Leben in Elend und Erniedrigung für die Arbeiter zur Folge.

„Aufgabe der Regierung ist es, durch Strafen und Belohnen das Glück der Gesellschaft zu befördern […] Nach dem Ausmaß, mit dem eine Handlung dieses Glück stört, nach dem Ausmaß der Schädlichkeit dieser Störung, wird sich die Forderung nach Strafe bemessen, die sie auslöst."

Jeremy Bentham, *Eine Einführung in die Prinzipien der Moral und Gesetzgebung*, 1789

BENTHAMS PANOPTIKUM

Benthams Gefängnisentwurf sieht auf mehreren Ebenen ringförmig um einen zentralen Wachturm angeordnete Zellen vor. Die Zellen haben Glasfronten, sodass sie für den Wächter auf dem Wachturm jederzeit einsehbar sind, während die Zelleninsassen die Aufseher nicht sehen können. Foucault bezeichnete das Panoptikum als Maschine, welche die Dichotomie von Sehen und Gesehenwerden auflöse. Im äußeren Ring sei man jederzeit sichtbar, ohne je zu sehen. Vom Wachturm in der Mitte aus sehe man alles, ohne gesehen zu werden. Und das Panoptikum ist in der Tat eine Maschine: eine Maschine, welche das Überwachen den Überwachten überträgt, von Bentham so konzipiert, dass die Überwachung sichtbar, aber nicht nachweisbar ist. Mit anderen Worten: Die Gefangenen wissen, dass sie überwacht werden, aber sie wissen nicht wann. Das Ergebnis sei das gleiche, als würden sie ständig überwacht, da die Gefangenen ihr Verhalten von selbst kontrollieren.

Fig. III.—Ground Plan.

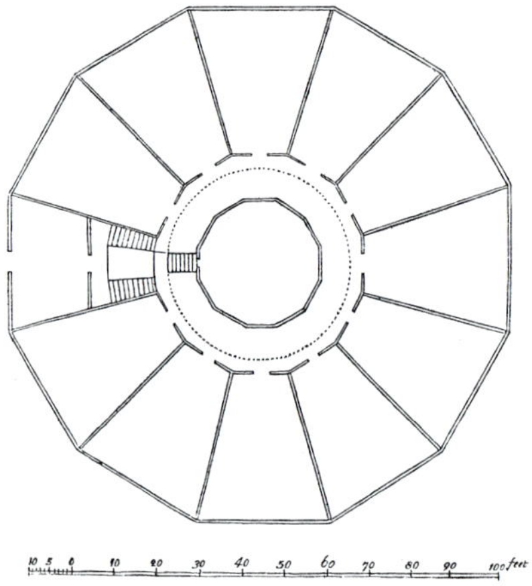

Bentham ersann einen Knittelvers, der das ganze Geheimnis um Moral und Gesetz auf den Punkt bringt:

Intensiv, lang, gewiss, schnell, breit und rein –
Sollen die Merkmale von Schmerz und Vergnügen sein.
Nach solchen Freuden strebe ruhig für dich allein,
doch lass es mehr noch, wenn für andere, sein.
Solcherart Schmerzen dulde kaum für dich allein:
Wenn Schmerz denn sein muss, lass es wenig sein.

Was Mill nicht will …

Bentham unterscheidet nicht zwischen Lust und Freude und betrachtet Lust- und Schmerzempfindungen als messbare Größen, die sich direkt miteinander vergleichen lassen. Gegen diese Sicht wendet sich sein Nachfolger John Stuart Mill. Wie Rousseau ordnet Bentham das Wohl des Einzelnen dem Gesamtwohl in einer Form unter, die, weitergedacht, dazu führen könnte, dass Ersteres Letzterem vollständig geopfert werden kann. Dieses Problem löst auch Mill nicht, als er das utilitaristische Gedankengut weiterentwickelt.

Mill stimmt mit Bentham überein, dass moralische Handlungen auf größtmögliche Lust und geringstmöglichen Schmerz

Der Vorstellung, der Mensch würde sich gesetzestreu verhalten, wenn er weiß, dass er überwacht wird, verdanken wir Radarfallen und Überwachungskameras.

zielen sollten und wir unser Handeln an dieser Vorgabe ausrichten können.

Mill sagt jedoch, Lust- und Unlustempfindungen dürften nicht nur quantitativ gemessen werden, es müsste auch ihre Qualität betrachtet werden. Lust- bzw. Unlustempfindungen seien nicht einfach gleichzusetzen. Der Schmerz über den Verlust eines Haustieres ist ein anderer als der beim Tod der Eltern. Schmerz und Freude würden zudem individuell unterschiedlich empfunden. Benthams hedonistisches Kalkül trage dem nicht ausreichend Rechnung. Mill betont weiter, bestimmte Glückszustände seien wertvoller als andere, deshalb müsse ein utilitaristisches Kalkül zwischen „höheren“ und „niedereren“ Freuden unterscheiden.

Schenkte Bentham den Freiheitsrechten des Individuums wenig Beachtung, so nimmt Mill einen radikal liberalen Standpunkt ein. Es sei nicht notwendig, so Mill, sich bei jeder Handlung zu fragen, ob sie das größtmögliche Glück für die größtmögliche Zahl an Menschen bewirke. Eine solche Überprüfung sei nur in moralischen Dingen erforderlich. Er verteidigt die persönliche Freiheit und die Rechte des Einzelnen gegenüber dem Staat, selbst wenn dieser Staat demokratisch gewählt ist. In *Über die Freiheit* (1859) sagt Mill, der einzig rechtmäßige Grund, über einen Menschen gegen seinen Willen Macht auszuüben, sei, andere vor Schaden zu bewahren.

Utilitarismus heute

Der australische Moralphilosoph Peter Singer ist ein Vertreter des sogenannten Präferenzutilitarismus. Hat der klassische Utilitarismus den moralischen Wert einer Handlung nach der Formel „größtmögliches Glück für die größtmögliche Anzahl“ berechnet, beurteilt Singer sie danach, inwieweit sie die Wünsche und Präferenzen der Betroffenen erfüllt: Für die moralische Bewertung einer Handlung müssen wir die Interessen aller Beteiligten bzw. Betroffenen betrachten und uns für die Option entscheiden, welche die meisten Wünsche und Präferenzen zufriedenstellt bzw. die wenigsten verletzt. Das klingt soweit konsensfähig, doch vertritt Singer im Weiteren Positionen, die viele als extrem betrachten.

Für Singer ist Leben kein absoluter Wert. Vielmehr müsse die Qualität dieses Lebens betrachtet werden, einschließlich

Peter Singer vertritt in seinem Buch Animal Liberation *(dt.* Die Befreiung der Tiere*) die Auffassung, dass Grausamkeit gegen Tiere moralisch nicht zu rechtfertigen ist.*

> *„Die Natur hat den Menschen unter die Herrschaft zweier Souveräne gestellt: Leid und Freude […] Sie beherrschen uns in allem, was wir tun, sagen, denken: Jede Anstrengung, die wir unternehmen, um uns von ihrem Joch zu befreien, zeigt nur umso mehr, wie sehr wir ihnen unterworfen sind. Ein Mann mag mit Worten sich als frei von ihnen erklären, in Wirklichkeit aber ist er stets ihr Knecht."*
>
> Jeremy Bentham, *Eine Einführung in die Prinzipien der Moral und Gesetzgebung*, 1789

der Fähigkeit des Betreffenden, sich selbst zu verwirklichen, Freude zu erfahren und Leid zu vermeiden. Es seien Fälle vorstellbar, in denen dies nicht möglich ist, das Leben folglich nicht lebenswert ist. Auf dieser Grundlage befürwortet er Selbstmord, Abtreibung, Sterbehilfe und sogar Euthanasie, wenn die Person aufgrund physischer Einschränkungen diese Entscheidung nicht selbst treffen kann. Es solle erlaubt sein, schwerstbehinderte Neugeborene bis zum Alter von 28 Tagen zu töten, wenn dies das Beste für das Kind und/oder die Familie sei, zumal aus philosophischer Sicht zwischen Abtreibung und Tötung eines Neugeborenen kein Unterschied bestehe.

Doch Singer ist nicht bloß für gnadenlose Selektion. Für ihn ist es moralisch nicht haltbar, dass Tiere nicht dieselben Rechte haben wie Menschen, da auch Tiere fühlende Wesen und zur Schmerzempfindung fähig sind. Er verurteilt Grausamkeit gegen Tiere einschließlich Tierversuche und Massentierhaltung als „Speziesismus", der Rassismus und Sexismus vergleichbar ist.

Der Grund ist nicht, dass Mensch und Tier gleich seien (ebenso wenig wie die Menschen gleich sind, was ihre individuellen Fertigkeiten angeht), sondern dass die Interessen der Tiere gleichermaßen berücksichtigt werden müssen.

Singers utilitaristische Haltung lässt sich auch auf Fragen der Wohlstandsverteilung anwenden. Wenn wir zugeben, dass Leid und Tod infolge von Hunger und dem Fehlen von medizinischer Versorgung bzw. einer angemessenen Unterkunft schlecht sind und wir diese Zustände in anderen Ländern abstellen können, ohne hier größeren Schaden zu verursachen, dann sollten wir das seiner Ansicht nach tun. Wenn wir sähen, wie ein Kind in einen Teich stürzt und zu ertrinken droht, dann würden wir ja auch ins Wasser springen, um das Kind zu retten, selbst wenn wir uns Kleidung und Schuhe ruinieren, weil wir das Leben des Kindes als höheres Gut bewerten als den Verlust unserer Kleidung. Die räumliche Trennung zwischen uns und dem, der leidet, spielt dabei keine Rolle. Wenn wir Leiden verringern können, sollten wir das tun. Wenn wir also bereit sind, unsere Schuhe für

MILLS PRINZIP DES „GRÖSSTMÖGLICHEN GLÜCKS"

Handlungen sind in dem Maß richtig, in dem sie Glück befördern, und falsch in dem Maß, in dem sie das Gegenteil von Glück bewirken. Unter Glück wird Lust und das Fehlen von Schmerz verstanden, unter Unglück Schmerz und das Entbehrenmüssen von Lust.

2011 wurde in Großbritannien ein ohne Genehmigung errichtetes Camp von Landfahrern auf der Dale Farm polizeilich geräumt. Vonseiten der angestammten Bevölkerung gibt es oft Widerstand gegen die feste Ansiedlung von Landfahrern oder auch „Zigeunern". Utilitaristisch könnte man argumentieren, dass der Unmut der festansässigen lokalen Mehrheit über eine solche Ansiedlung schwerer wiegt als die Zufriedenheit der Minderheit der Landfahrer. Dem kann man aber entgegenhalten, dass die globale Anwendung dieses Prinzips ihnen nirgendwo mehr Platz zum Leben lassen würde.

das Leben eines ertrinkenden Kindes zu opfern, dann sollten wir nicht zögern, mit dem, was ein Paar Schuhe kostet, ein medizinisches Hilfsprogramm in einem Entwicklungsland zu unterstützen, wenn dies das Leben eines Kindes retten kann.

Auf dem Weg zum Kommunismus

Zur Französischen wie zur Amerikanischen Revolution haben auf beiden Seiten zahlreiche Philosophen kommentierend und unterstützend beigetragen, doch den weitaus größten Einfluss auf das politische Geschehen sollten zwei deutsche Philosophen und Sozialtheoretiker des 19. Jahrhunderts haben. Die Rede ist von Karl Marx (1818–1883) und Friedrich Engels (1820–1895), welche vermutlich die Welt mehr verändert haben als alle anderen politischen Denker, denn ihre Schriften wurden nicht nur gelesen, sondern in revolutionäre Praxis umgesetzt.

Marx und Engels

Marx und Engels, deren Namen oft in einem Atemzug genannt werden, entwickelten viele ihrer Ideen quasi als Gemeinschaftswerk. Karl Marx ist berühmt als Verfasser von *Das Kapital. Kritik der politischen Ökonomie* (1867–1893), kurz *Das Kapital* genannt. Friedrich Engels ist vor allem für seine Schrift *Die Lage der arbeitenden Klasse in England* (1845) bekannt. Zusammen verfassten sie *Das Kommunistische Manifest* (1848). Methodisch schließen ihre Schriften an Hegel und seine Dialektik an. Die Dialektik versucht eine Annäherung an die Wahrheit durch das fortgesetzte Aufstellen von Thesen, denen widersprechende Antithesen entgegengesetzt werden, um aus beiden eine Synthese abzuleiten. Doch während Hegels Dialektik auf eine absolute (göttliche) Wahrheit zielt,

„Wenn ein höherer Grad an Intelligenz einen Menschen nicht berechtigt, einen anderen zu seinem Vorteil zu benutzen, wie kann er dann Menschen berechtigen, nichtmenschliche Wesen auszubeuten?"

Peter Singer, *Animal Rights and Human Obligations*, 1989

propagierten Marx und Engels den „dialektischen Materialismus“, der weder auf Gott hinzielt noch sich mit Ideen befasst, sondern einzig mit der Welt der Tatsachen. Das klingt komplizierter, als es ist. Marx und Engels glaubten, die Geschichte sei gekennzeichnet von sich wiederholenden sozialen Konflikten, die (durch Klassenkämpfe) schließlich die „richtige“ Gesellschaftsform hervorbringen würden.

Für Marx und Engels ist das Dasein des Menschen wesentlich durch die Notwendigkeit bestimmt, aus den Rohstoffen, die er in der Natur vorfindet, die Güter herzustellen, die er zum Überleben braucht. Dies hat zur Folge, dass die Produktionsmittel bzw. die Kontrolle darüber die Gesellschaftsform bestimmen: „Die Handmühle ergibt eine Gesellschaft mit Feudalherren, die Dampfmühle eine Gesellschaft mit industriellen Kapitalisten.“ Für Marx und Engels ist die politische Geschichte gekennzeichnet durch Klassenkämpfe, in deren Gefolge eine Gesellschaftsform die andere ablöst. Gegen die feudalen Grundherrn erhob sich das aufsteigende Bürgertum und brachte (als Synthese) die neue Klasse der Industriekapitalisten hervor. Gegen die neue These des Kapitals erhebt sich die desillusionierte Arbeiterklasse, das Proletariat. Das zwangsläufige Ergebnis dieser Entwicklung würde der Kommunismus sein. Marx und Engels befürworteten den Kommunismus nicht aufgrund moralischer Überlegungen von Recht oder Unrecht. Der Kommunismus sei einfach die effizienteste Methode, die Menschen mit den für ihr Überleben notwendigen Gütern zu versorgen und würde sich natürlich aus den ökonomischen Bedingungen entwickeln.

Sah Hegel Veränderungen im Denken und in der Erkenntnis als Triebkräfte sozialer und politischer Veränderungen, führen laut Marx und Engels veränderte ökonomische und soziale Bedingungen zu einem veränderten Bewusstsein. So sieht

Welche moralische Entschuldigung gibt es, humanitäre Hilfsprogramme nicht durchzuführen?

„Die Philosophen haben die Welt nur verschieden interpretiert; es kommt aber darauf an, sie zu verändern."

Karl Marx, *Thesen über Feuerbach*, 1845 aus dem Nachlass

Marx die Beziehung zwischen Bewusstsein und Außenwelt. Doch ist für Marx das Bewusstsein keine passive Größe. Er teilt Kants Ansicht, dass der Geist seine Wissensobjekte aktiv gewinnt. Doch geht er über Kant hinaus und sagt, Bewusstsein und Welt würden sich ständig verändern und anpassen. Wir würden unsere Erfahrung stets so modifizieren, dass sie unserem Überleben dient. Daher glaubte Marx nicht, dass die Gesellschaft sich von oben verändern lasse, indem politische Denker Reformideen vorbringen. Wirkliche gesellschaftliche Änderungen könnten nur von der Basis her erfolgen – wenn die Arbeiterklasse sich ihrer Unterdrückung bewusst werden und dagegen aufstehen würde. Das Bewusstsein würde sich erst ändern, wenn sich das Sein verändert hätte. Daher kann man Marx zufolge auch nicht vorhersagen, wie eine kommunistische Gesellschaft konkret aussehen würde. Dies würde erst klar, wenn die sozialen und ökonomischen Umwälzungen erfolgt seien.

Im Gegensatz zu vielen Zeitgenossen war für Marx und Engels das Proletariat keine beklagenswerte Erscheinung, die man schnell abschaffen musste (wie durch Automatisierung und Digitalisierung weitgehend geschehen). Sie glaubten, je stärker das Proletariat anwüchse, desto früher würde die Revolution eintreten, da seine elenden Lebensbedingungen ihm die Notwendigkeit einer Veränderung bewusst machen würde. Dies geschah sowohl in Russland wie in China, kostete aber zahllose Menschen das Leben. Welche Konsequenzen die sich verschlechternden Lebensbedingungen von Proletariat und Mittelschicht im 21. Jahrhundert haben werden, kann jetzt noch niemand sagen.

Karl Marx wurde 1818 im damals preußischen Trier geboren. 1843 zog er nach Paris, musste aber 1849 ins Exil nach London gehen, wo er den Rest seines Lebens verbrachte.

Konter-Kommunismus

Natürlich schmeckte dem Großkapital die Idee nicht, durch eine proletarische Revolution entmachtet zu werden. Ein solches Szenario schien sich mit den Ideen des britischen Ökonomen John Maynard Keynes (1883 – 1946) verhindern zu lassen. Seiner Wirtschaftslehre zufolge ist ein Wirtschaftsabschwung ein Kurzzeitproblem, entstanden durch mangelnde Nachfrage. Es könne beseitigt werden, wenn die öffentliche Hand ihre Ausgaben erhöht und so die Nachfrage ankurbelt. Durch solche Eingriffe der Regierung könne eine stabile freie Marktwirtschaft geschaffen und der Zusammenbruch des Kapitalismus und der Aufstieg des Kommunismus verhindert werden. Keynes stellt sich somit gegen Smith und Mill, die glaubten, wenn man den Kräften

Während der Russischen Revolution im Februar 1917 wird das Zarenregime nach einem Arbeiteraufstand gestürzt.

des Marktes freien Lauf ließe, würde dies sowohl dem Einzelnen als auch der Gesellschaft zugutekommen.

Revolution extrem

Aus der Schwierigkeit, eine funktionierende und gerechte Gesellschaft zu errichten, haben einige Denker den Schluss gezogen, dass dies prinzipiell unmöglich sei und man deshalb alle sozialen Strukturen abschaffen sollte. Der russische Revolutionär Michail Bakunin (1814–1876) war der erste wirklich anarchistische Denker. Er forderte den Sturz sämtlicher Autoritäten, angefangen bei Gott, und dass der Mensch sich gänzlich selbst regieren solle.

„Die Freiheit des Menschen besteht einzig und allein darin, dass er den natürlichen Gesetzen folgt, weil er sie selbst als solche anerkannt hat, und nicht weil sie ihm von außen durch einen fremden Willen auferlegt werden, sei dieser ein göttlicher oder menschlicher, ein kollektiver oder individueller."

Michail Bakunin, *Gott und der Staat*, 1871

Bakunin entwickelte den Kollektivistischen Anarchismus, ein sozialistisches Modell, bei dem die Menschen Produktionsmittel, Land etc. besitzen und selbst verwalten. Es besteht Versammlungs- und Vereinigungsfreiheit. Frauen wie Männer haben gleichen Zugang zu Bildung und die gleichen Möglichkeiten, sich ihren Lebensunterhalt zu schaffen. Die Bauern würden „das Land in Besitz nehmen und die Grundeigentümer verjagen, die von anderer Hände Arbeit leben". Im Gegensatz zu Marx schloss Bakunin das Lumpenproletariat nicht aus seinem Programm aus, dessen Erfolg sogar von diesem abhing, da ihm bürgerliche Sehnsüchte angeblich weitgehend fehlten. Bakunin ahnte voraus, dass die Umsetzung der Marx'schen Ideen Probleme bringen würde. Zwar verfolgten beide dasselbe Ziel, doch Bakunins Vorstellung war, dass sich das Proletariat aus eigener Kraft erheben und

John Maynard Keynes empfahl eine Erhöhung der Staatsausgaben, um die Wirtschaft aus einer Rezession zu führen. In der Euro-Krise nach 2008 taten viele europäische Regierungen genau das Gegenteil.

DIE LAGE DER ARBEITENDEN KLASSE IN ENGLAND (1845)

Der russische Kommunist und Revolutionär Wladimir Lenin (1870–1924) nannte Engels Buch *Die Lage der arbeitenden Klasse in England* eine *„entsetzliche Anklageschrift gegen den Kapitalismus und die Bourgeoisie... voll der authentischsten und erschütterndsten Beschreibungen des Elends des englischen Proletariats."*

„Aber welche Garantie hat der Arbeiter, dass er nicht morgen auch an die Reihe kommt? Wer sichert ihm seine Stellung? Wer leistet ihm Gewähr, dass, wenn er morgen von seinem Brotherrn aus irgendeinem Grunde oder Ungrund entlassen wird, er sich mit den Seinigen so lange durchschlägt, bis er einen anderen findet, der ihm ‚Brot gibt'? Wer verbürgt dem Arbeiter, dass der gute Wille zur Arbeit hinreichend ist, um Arbeit zu bekommen, dass Ehrlichkeit, Fleiß, Sparsamkeit und wie die vielen von der weißen Bourgeoisie ihm empfohlenen Tugenden alle heißen, für ihn wirklich der Weg zum Glück sind? Niemand. Er weiß, dass er heute etwas hat, und dass es nicht von ihm selbst abhängt, ob er morgen auch noch etwas hat." Friedrich Engels

alle aufgezwungenen Strukturen beseitigen würde. Marx aber wollte sozusagen im Namen des Proletariats handeln und eine Gesellschaft errichten, die dessen Interessen dient. Dem widersprach Bakunin:

Die gefangenen russischen Großfürstinnen Marija, Olga, Anastasia und Tatjana Nikolajewna 1917. Infolge der Russischen Revolution wurden die Romanows vom Thron gestürzt und die gesamte Familie hingerichtet, um so den Grundstein für einen kommunistischen Staat zu legen.

„Dies würde in Wirklichkeit für das Proletariat ein Kasernenregime bedeuten, bei dem die einförmig gemachte Masse der Arbeiterinnen und Arbeiter beim Schlag der Trommel aufwachen, einschlafen, arbeiten und leben würde."

Ein totalitäres Ende

Die kommunistische Revolution hat, wie wir sehen konnten, letztlich eine Reihe totalitärer Staaten hervorgebracht, in denen die Arbeiter nicht mehr Rechte hatten als in einer rechtsgerichteten Diktatur. Hier wie da zwang ein allmächtiger Staatsapparat die Bürger unter seine Herrschaft. Vor dem Hintergrund einer vom Totalitarismus verwüsteten Welt versuchten Philosophen in der zweiten Hälfte des 20. Jahrhunderts, Modelle für ein humaneres Verhältnis zwischen dem Staat und dem Einzelnen zu entwickeln.

Der amerikanische Linguist und Philosoph Noam Chomsky sagt, dass der Mensch nur ganz bestimmte politische

FACHBEGRIFFE: LUMPENPROLETARIAT

Marx versteht unter *Lumpenproletariat* die unterste Gesellschaftsschicht. Ihr gehören alle an, die nicht arbeiten wollen bzw. können, weil sie krank oder behindert sind:

„Vagabunden, entlassene Soldaten, entlassene Zuchthaussträflinge, entlaufene Galeerensklaven, Gauner, Gaukler, Lazzaroni, Taschendiebe, Taschenspieler, Spieler, Maquereaus [Zuhälter], Bordellhalter, Lastträger, Literaten, Orgeldreher, Lumpensammler, Scherenschleifer, Kesselflicker, Bettler, kurz, die ganze unbestimmte, aufgelöste, hin- und hergeworfene Masse [...]"

Marx, *Der 18. Brumaire des Louis Napoleon*, 1852

Strukturen dulde. Er verwirft die Vorstellung, dass frühe Prägungen bestimmen, was wir akzeptieren, und sagt, dass ein gewisses Maß an Freiheitsverlangen (der Wunsch, selbst zu bestimmen, wie wir handeln und leben wollen) dem Menschen angeboren sei. Jedes politische System, das versucht, diesen Wunsch zu leugnen oder den Einzelnen zu brechen, ist letztendlich zum Untergang verurteilt.

„Es gibt keine Gesellschaft"

„Es gibt keine Gesellschaft", verkündete Margaret Thatcher 1987 – so ihr überspitztes Fazit aus der politischen Philosophie Robert Nozicks (1938–2002). 1974 hatte der amerikanische Philosoph für die Stärkung der Rechte des Einzelnen, Kants kategorischem Imperativ folgend, plädiert: *„Handle so, dass du die Menschheit sowohl in deiner Person, als in der Person eines jeden anderen jederzeit zugleich als*

Die Anhänger der Ökonomie von Keynes fordern Erhöhungen der Staatsausgaben, um während einer Rezession die Märkte zu stützen.

Sowohl in der UdSSR wie in China wurde die militärische Macht zur zentralen Stütze des kommunistischen Regimes.

Zweck, niemals bloß als Mittel brauchst." Kant wird hier zur Rechtfertigung des radikalen neoliberalen Abbaus des Sozialstaates herangezogen.

In *Anarchie, Staat, Utopia* (1974) sagt Nozick, dass der Mensch „sich selbst besitze", alle Rechte der Person hinsichtlich ihres Körpers, Geistes, Fähigkeiten und Besitz seien daher Eigentumsrechte. Diese Rechte seien absolut und könnten vom Staat nicht außer Kraft gesetzt werden. Wenn also ein Sozialstaat Steuern einzieht, so sei dies institutionalisierter Diebstahl, ein progressiver Steuersatz sei eine Form der Zwangsarbeit. Selbst wenn der Staat demokratisch legitimiert ist, verletze es die Rechte des Einzelnen, von ihm Zeit, Geld oder Arbeit zu nehmen. Er propagiert einen minimalen „Nachtwächterstaat", der den Einzelnen vor Gewalt schützt und gesetzlich den einvernehmlichen Erwerb und Austausch von Eigentum sichert. Sämtliche anderen Funktionen, die ein Staat oft ausfüllt, wie Erziehungs-, Gesundheits- und Sozialwesen, sollten von Privatunternehmen und Wohlfahrtseinrichtungen übernommen werden.

Motor der sozioökonomischen Entwicklung wäre der freie Markt, nicht reguliert durch Mietpreisbindung oder Mindestlohn, da diese die Rechte des Einzelnen

„Er nannte mich einen sentimentalen Idealisten und er hatte recht; ich nannte ihn einen arglistigen und hinterhältigen Selbstdarsteller, und ich hatte ebenfalls recht."

Bakunin über seine Begegnung mit Marx, 1844

> *„Alles für den Staat, nichts außerhalb des Staates, niemand gegen den Staat."*
> Benito Mussolini (1883–1945), italienischer Diktator

verletzen würden. Der Verteilungsgerechtigkeit setzt Nozick seine „Anspruchsgerechtigkeit" entgegen: keine staatliche Verteilung von Geldern und der Einzelne behält, was er rechtmäßig erworben hat. Diese Rechtmäßigkeit definiert er mittels komplexer Regeln zu Eigentumserwerb und -übertragung.

Manche von Nozicks Ideen stießen in den Achtzigerjahren bei Politikern des rechten Flügels auf große Sympathie, andere weniger. Denn für ihn ist auch die Kriminalisierung von Prostitution, Selbstmord und Drogenkonsum eine Verletzung der Rechts des Einzelnen, mit seinem Körper zu tun, was er will.

Der Erkenntniskritiker Richard Rorty (1931–2007) trat dafür ein, die Rolle des Staates darauf zu beschränken, den Einzelnen vor Gewalt und extremer Armut zu schützen. Ihm war freilich bewusst, dass die praktische Umsetzung dieser Forderung schwierig ist, und so hoffte er auf die menschliche Kreativität: Das Volk sollte sich als fähig erweisen, „die Zukunft in Worten zu beschreiben, die die Vergangenheit nicht kannte".

Ein Blick in die Zukunft

Machen wir einen Sprung in die Zukunft. Der Staat hat sich zurückgezogen und für die meisten sind die Lebensbedingungen schwierig.

Schon vor über hundert Jahren sagte Friedrich Nietzsche, die Geschichte zeige,

Das Verlangen nach persönlicher Freiheit wird früher oder später jedes repressive System zu Fall bringen – wie z. B. die DDR. Chomsky sagt, der Mensch habe eine angeborene Abneigung gegen Unterdrückung. Totalitäre Regimes könnten dieses Freiheitsverlangen nie vollständig unterdrücken. Es werde daher immer Menschen geben, die dagegen aufbegehren.

FAIRPLAY IN DER LIEBE … UND IM BASKETBALL

Nozick erläuterte sein Konzept der Aneignungsgerechtigkeit anhand der amerikanischen Basketball-Legende Wilt Chamberlain.

Angenommen, jeder Amerikaner hat denselben Geldbetrag erhalten und kann ihn so verwenden, wie er möchte. Nun sagt Chamberlain, jeder, der ihn spielen sehen möchte, muss ihm dafür pro Spiel 25 Cent bezahlen. Am Ende der Saison haben eine Million Zuschauer bezahlt, um ihn zu sehen, sodass Chamberlain jetzt 250 000 Dollar hat und er viel reicher ist als alle anderen. Sein Anspruch auf dieses Geld ist aber berechtigt, denn jeder hat seine 25 Cent freiwillig und in Anerkennung der Bedingungen bezahlt. Alle anderen haben ihr Geld behalten. Gäbe es denn überhaupt eine Begründung, die rechtfertigt, Chamberlain einen Teil dieses Geldes zu nehmen, um es an andere Menschen zu verteilen? Wenn die erste Verteilung (bei der alle denselben Betrag erhalten haben) gerecht war, ist da die neuerliche Verteilung (an Chamberlain) nicht auch gerecht?

dass in der Gesellschaft immer der Starke dominiere: der, der sich selbst verwirklicht und seinen „Willen zur Macht“ schöpferisch bündelt. Dieser habe, so Nietzsche, die moralische Pflicht, dem Schwächeren zu helfen:

„Auch der vornehme Mensch hilft den Unglücklichen, aber nicht oder fast nicht aus Mitleid, sondern mehr aus einem Drang, den der Überfluss von Macht erzeugt.“

Nietzsche, *Jenseits von Gut und Böse*, 1886

Amerikanische Milliardäre geben zwar große Geldsummen für Kunst, Medizin und Erziehung aus, wenn der Drang zur Philanthropie sie überfällt, doch im Allgemeinen funktioniert der „Nachtwächterstaat“ nicht. Der gute Wille einiger weniger reicht nicht aus, um zu verhindern, dass die Schere zwischen Arm und Reich immer weiter aufgeht.

FACHBEGRIFFE: LIBERTARISMUS

Libertarismus hat mehrere Bedeutungen, bezeichnet aber meist die Vorstellung, dass das Individuum von Natur aus frei sei und staatliches Handeln daher massiv begrenzt oder ausgeschaltet werden sollte. Der Anarchismus ist ein extremer Libertarismus.

Ein Schweigemarsch in Griechenland 2012: Ausdruck des Protests gegen die vom Staat beschlossenen Sparmaßnahmen. Die Maßnahmen, so hieß es, seien viel zu spät beschlossen worden und bestraften daher eher die Opfer als die Urheber des Missmanagements, das zur Griechenlandkrise geführt hatte.

Gesellschaft und Soziologie

Der französische Philosoph Auguste Comte (1798–1857) hat als Erster die Gesetzmäßigkeiten menschlichen Zusammenlebens wissenschaftlich untersucht. Aus dieser Betrachtung sozialer Statik bzw. Dynamik entstand schließlich die heutige Soziologie.

Überschattete Anfänge

Ausgehend von einem Teilgebiet der Mechanik, nämlich der Statik, die das Gleichgewicht von Kräften untersucht, folgert Comte, dass jede Änderung im „sozialen Konsens" sich notwendig auf das Ganze auswirkt: Wirtschaftliche, kulturelle und gesellschaftliche Bedingungen beeinflussen einander. Aus der Dynamik, die Bewegungsvorgänge untersucht, leitet er die These ab, dass die Entwicklung von Gesellschaften den Erkenntnisfortschritt widerspiegele. Die soziale Ordnung habe sich über einzelne Stadien der Theokratie, Monarchie und des Anarchismus entwickelt und sei nun unter der Führung der Wissenschaft dabei, eine neue Ordnung hervorzubringen. Hier nun gerät Comte auf merkwürdige Bahnen. Beim Versuch, den für den sozialen Zusammenhalt wichtigen Faktoren Religion und Ideologie einen Platz zu sichern, sieht sich Comte zusehends als Hohepriester einer neuen Menschheitsreligion.

Individuelles und Kollektivbewusstsein

Comtes Nachfolger im Geiste wurde ein Jahr nach dessen Tod geboren. Der französische Soziologe Émile Durkheim

(1858–1917) versuchte nachzuweisen, dass menschliche Gesellschaften durch moralische Normen zusammengehalten und organisiert werden. In seiner historischen Studie *Über soziale Arbeitsteilung* (1893) untersucht er, wie sich soziale Normen innerhalb der Gesellschaft konkret auswirken. Wie Comte glaubt er, hierzu bedürfe es einer „Moralwissenschaft". Die von ihm betrachteten Gesellschaften untersucht er mittels objektiver Analysemethoden und findet heraus, dass sich beim Übergang von Gesellschaften von einem „primitiven" (wie er das nennt) zu einem „modernen" Zustand eine Verschiebung vom kollektiven hin zu einem individuellen Bewusstsein mit den zugehörigen Normen vollzieht. Traditionelle Gesellschaften tendierten zu ausgeprägter Religiosität, ihre Mitglieder teilten dieselben Wertvorstellungen, die auf ihrem gemeinsamen Glauben fußen. Normverstöße werden streng verurteilt und auch bestraft. Durch die gesellschaftliche Entwicklung verlieren Glaubenssysteme an Einfluss, die Moralvorstellungen gehen auseinander und die Toleranz nimmt zu.

Diese Tatsache zeigt aber für Durkheim nicht den Zerfall des Kollektivbewusstseins, sondern nur eine andere Ausdrucksform desselben: Das Kollektivbewusstsein toleriert Individuation, d.h. den Prozess, in dem der Einzelne von der herrschenden Moral abweichende Überzeugungen entwickelt. Es bilde sich ein „Kult des Individuums", ein neuer Moralkodex, der das Recht des Einzelnen betont, sich gemäß seinen eigenen Wertvorstellungen zu entwickeln.

So wie weniger entwickelte Gesellschaften danach trachteten, ein möglichst starkes Gemeinschaftsleben zu schaffen oder aufrechtzuerhalten, so würden moderne Gesellschaften nach immer mehr Gleichheit in den sozialen Beziehungen streben, um die freie Entfaltung sozial nützlicher Kräfte zu ermöglichen, sagt er in *Über soziale Arbeitsteilung*.

Die überraschende Schlussfolgerung aus dieser Feststellung ist, dass der Individualismus nicht etwa alte Werte aushöhle, sondern sich darin neue Wertvorstellungen ausdrückten, die sich durch die Arbeitsteilung ergeben. Moderne Gesellschaften besäßen keine starre, einfach strukturierte Wirtschaftsordnung,

Der amerikanische Philosoph John Rawls meint, die in Nordamerika erfolgte Aneignung indianischen Territoriums erfülle nicht die Bedingungen der Aneignungsgerechtigkeit, daher sollte das Land den Ureinwohnern zurückgegeben werden.

sondern zeichneten sich durch vielfältige wirtschaftliche Beziehungen auf der Grundlage vielfältiger Werte und Überzeugungen aus. Der „Kult des Individuums“ ist also ein neuer Moralkodex, der eine neue soziale und ökonomische Ordnung widerspiegelt.

Nach Durkheim sei es aber verkehrt, den Kult des Individuums mit einem simplen Ego-Kult gleichzusetzen. Ein Haufen Egoisten könne keine Gesellschaft formen und die moderne Gesellschaft funktioniere nur, weil die Berechtigung divergierender Interessen allgemein anerkannt würde, was sich an der Bedeutung zeige, die wir Gleichheits- und Freiheitsrechten beimessen.

Gerechtigkeit als Fairness

Die Frage nach einem gerechten politischen bzw. juristischen System beschäftigt politische Philosophen seit Platons Tagen, ob sie nun ein solches entwerfen oder davon ausgehen, dass es sich natürlich entwickeln werde bzw. schon entwickelt habe. Im 20. Jahrhundert hat – fast möchte man sagen: endlich – nun jemand gefragt, auf welcher Grundlage wir eigentlich entscheiden, welches das beste System ist. Für einen Nietzsche oder Locke mag es in Ordnung sein zu entscheiden, was für alle anderen das Beste ist. Auch das Proletariat kann bestimmen, welches System es möchte und die bestehende Ordnung stürzen, doch die Systeme, die dabei entstehen, dienen immer nur einem Teil der Gesellschaft, ob nun der Arbeiterklasse oder den Intellektuellen. Die Methode des amerikanischen Philosophen John Rawls (1921–2002) zur Schaffung einer gerechten Gesellschaft ist wunderbar einfach und scheint unfehlbar.

Seine „Gerechtigkeit als Fairness“-Theorie ist eine neue Version des Gesellschaftsvertrages, die die Rechte des Einzelnen schützt und gleichzeitig die Verteilungsgerechtigkeit fördert. Diese Theorie geht

In seinem Buch Politischer Liberalismus *(1993) beschreibt Rawls, wie durch politischen Liberalismus ein „überlappender Konsens“ entstehen könne, der die Menschen ermutige, sich auf die „öffentliche Vernunft“ zu konzentrieren, die sie verbinde, statt auf trennende Traditionen oder Glaubensvorstellungen.*

von einem fiktiven Urzustand aus. Die Vertragspartner, welche eine gerechte Gesellschaft errichten wollen, stehen dabei hinter dem „Schleier des Nichtwissens", d. h., sie wissen nicht, welche Stellung sie in dieser Gesellschaft einmal einnehmen werden. Dies zwingt sie, die Prinzipien der sogenannten Maximin-Regel zu befolgen, also maximale Gerechtigkeit für alle anzustreben, um später selbst nicht benachteiligt zu sein. Diese Prinzipien werden beschrieben als Prinzipien, die vernünftige, freie Menschen, die ihren eigenen Interessen dienen wollen, in einer Ausgangssituation der Gleichheit als Grundlage für die Bedingungen ihres Zusammenschlusses akzeptieren.

Rawls glaubte, die Vertragspartner würden zwei Gerechtigkeitsgrundsätze aufstellen. Der erste (Freiheits-)Grundsatz besagt: *„Jede Person hat den gleichen unabdingbaren Anspruch auf ein völlig adäquates System gleicher Grundfreiheiten, das mit demselben System von Freiheiten für alle vereinbar ist."* Diese Grundfreiheiten umfassen Rede-, Versammlungs- und Gedankenfreiheit sowie das Recht auf Besitz. Nicht enthalten sind die „Freiheiten von" wie Freiheit von Ausbeutung, Arbeitslosigkeit oder Angst.

Der zweite (Gleichheits-)Grundsatz hat zwei Unterpunkte. Erstens müsse Chancengleichheit im Hinblick auf Ämter und Positionen gegeben sein, was auch die Schulbildung einschließe. Zweitens seien Ungleichheiten nur akzeptabel, wenn dadurch die Situation der am wenigsten Begünstigten verbessert werde (Differenzprinzip). Niemand dürfe größere Vorteile daraus erwarten, weil er von Natur aus höher begabt ist.

Rawls war bewusst, dass diese beiden Grundsätze in Konflikt geraten könnten, daher habe der Freiheitsgrundsatz immer Vorrang, außer um die Wirtschaft anzukurbeln.

Rawls war aber gegen eine Anwendung des Differenzprinzips auf internationaler Ebene, denn Staaten hätten im Gegensatz zu Individuen keinen Anspruch auf einen Ausgleich für fehlende natürliche Ressourcen. Das Argument des amerikanischen politischen Philosophen Charles Beitz, dass globale Ungleichheit (ähnlich wie Rawls Binnen-Ungleichheit) nur gerechtfertigt werden könne, wenn sie den Interessen der ärmsten Länder diene, wies er zurück.

POLITISCHE GRUNDORDNUNGEN NACH RAWLS

1971 unterschied Rawls fünf politische Systeme auf der Grundlage seiner Grundsätze von Freiheit und Gerechtigkeit:

- Laissez-faire-Kapitalismus
- Staatssozialismus mit Befehlswirtschaft
- Wohlfahrtsstaat-Kapitalismus
- Demokratie mit Eigentumsrechten
- Marktsozialismus

Rawls hatte ursprünglich geglaubt, nur die beiden ersten Systeme würden nicht funktionieren. Doch nach seinen Erfahrungen in den USA in den 1980er- und 1990er-Jahren sprach er sich 2001 auch gegen wohlfahrtsstaatlichen Kapitalismus aus, sodass nur noch die beiden letzten Alternativen übrig bleiben.

FAZIT: Am Ende des Tages

„In der Philosophie fangen wir mit etwas an, das so einfach ist, dass es nicht der Aufmerksamkeit wert scheint, und enden dann mit etwas, das so paradox ist, dass es keiner glaubt."

Bertrand Russell

„Ich denke, dass wir alle Philosophen sind, und dass die, die sich selbst Philosophen nennen, bloß keine ordentliche Arbeit haben, der sie nachgehen könnten."

Kevin Warwick

Die Bocca della Verità *(Mund der Wahrheit): Im Mittelalter glaubte man, dass man seine Hand verliert, wenn man sie in den Mund dieses Reliefs (es befindet sich in Rom an der Kirche Santa Maria in Cosmedin) legt und lügt.*

Der Philosophie unters Hemd geguckt

Der französische Philosoph Jacques Derrida sagt, die Bedeutung von Wörtern sei subjektiv und fließend. Jeder versehe ein Wort oder eine Äußerung mit einer Bedeutung, die sich aus seiner Lebensgeschichte und Erfahrung ergebe, und mit Konnotationen, die sein Gegenüber nicht kennt. Das Geflecht von Assoziationen, das ein Wort umgibt, weite sich räumlich und zeitlich im privaten wie im öffentlichen Raum aus. Das Fehlen objektiver Bedeutungen sei besonders folgenschwer, wenn wir metaphysische Ideen wie „Selbst“ oder „Tugend“ diskutierten. Wenn es ein „Selbst“ gibt, heißt das auch, dass es ein „Nicht-Selbst“ geben muss. Derrida meint, das „Selbst“ sei lediglich ein linguistisches Konstrukt, dem metaphysisch oder ontologisch nichts entspricht. Natürlich sägt ein Philosoph, der die Sprache dekonstruiert, den Ast ab, auf dem er sitzt. Derrida äußert sich nicht darüber, was an die Stelle der Sprache treten könnte, und da er jede Autorität in Frage stellt, kann er auch für sich keine beanspruchen.

Die Nutzanwendung der Philosophie

Die Philosophie ist eine Disziplin, in der wir uns vermutlich nie darauf einigen werden, was „richtig“ ist. In den Naturwissenschaften können wir uns oft auf empirische Beweise stützen: Erbinformationen stehen in unserer DNS, Erdbeben entstehen durch Bewegung der Erdplatten. In der Philosophie dagegen liegen die Dinge anders. Versuche, die Existenz der Wirklichkeit zu beweisen, werden manchen Leuten immer als verdrehte Spekulationen vorkommen. Sie wissen, dass die Wirklichkeit existiert, denn schließlich erfahren sie sie ja mit ihren Sinnen, und das reicht ihnen. Im Alltag genügt das ja auch. Doch es gibt Lebensbereiche, wo wir die Philosophie und ihre Antworten brauchen.

Als Oscar Pistorius 2013 angeklagt wurde, seine Freundin Reeva Steenkamp ermordet zu haben, habe er, so sein Anwalt, „nicht seine Freundin erschießen wollen, sondern einen unbekannten Eindringling“. Ist es ein mildernder Umstand, dass man jemand anderen erschießen wollte? Spielt die Person des Opfers eine Rolle? Soll mit einem solchen Argument gesagt werden, dass ein Leben mehr wert ist als das andere?

Rechte und Pflichten des Einzelnen sowie gesicherte Erkenntnisse sind zum Beispiel im Rechtswesen notwendig, moralische Entscheidungen und die Gestaltung der Beziehungen zwischen Menschen sind für den Gesetzgebungsprozess wichtig. Ethische Fragen treten in Medizin und Naturwissenschaften immer häufiger auf. Sollte die Neurologie recht behalten damit, dass unser freier Wille gar nicht so frei ist, so stellt sich uns die Frage, wie wir Verbrechen sanktionieren sollen. Und die Gottesfrage – ob und an welche/n Gott/Götter wir glauben – sorgt immer noch für Krieg und Gewalt auf der Welt.

Selbst im alltäglichen Umgang mit anderen Menschen kann uns die Philosophie zu einer bewussteren und konsequenten

Als sich der Philosoph John Rawls 2001 darüber klar wurde, dass das Gesundheitssystems in den USA die Armen extrem benachteiligt, lehnte er den Wohlfahrtsstaats-Kapitalismus als nicht umsetzbar ab.

Haltung verhelfen. Was halten wir für unsere Rechte und Pflichten in der Beziehung zu unseren Partnern, Eltern oder Kindern? Und welche Entscheidungen können wir wirklich frei treffen?

Jeder Mensch muss eine Antwort finden auf die Frage, wie er sein Leben führen und welche Ziele er verfolgen will. Wir alle suchen wie Kierkegaard die „Idee, für die ich leben und sterben will“. Diese Antwort wird von Mensch zu Mensch anders ausfallen, doch darauf kommt es nicht an. Letztlich ist die Philosophie also eine sinnvolle Betätigung für jeden denkenden Menschen.

Philosophie muss weder abgehoben noch unzugänglich sein. Richard Rorty (1931 – 2007) meinte, die Philosophen hätten eine allzu hohe Meinung von sich und ihrer Kunst entwickelt. Er war kein Freund verstiegener Spekulationen und sagte, es gebe keine apriorischen philosophischen Wahrheiten, die man entdecken könne. Er glaubte, der Mensch könne Moral und Menschlichkeit eher aus Geschichten lernen und dass die traditionelle philosophische Praxis ihren Nutzwert verloren habe. Das schmeckte einigen Berufsphilosophen natürlich nicht, die ihm vorwarfen, dass er die Philosophie preisgegeben habe, ja, regelrecht zum Anti-Philosophen geworden sei. Wie Derrida hatte er an seinem eigenen Ast gesägt. Doch können wir daraus eine wichtige Lektion lernen, die in dieselbe Richtung geht, die Bertrand Russell einmal angedeutet hat. Russell hatte sich hauptsächlich mit Mathematik und Logik befasst, wandte sich aber später ethischen und politischen Fragen zu. Über diesen Aspekt seiner Arbeit sagte er stets, er habe über diese Fragen nicht als Philosoph geschrieben, sondern als Mensch, der am Zustand der Welt leide und nach Möglichkeit zu seiner Verbesserung beitragen wolle. Er wolle in klaren Worten zu all jenen sprechen, die ähnlich empfänden wie er.

REGISTER